LES ÉVÊQUES

DE CARPENTRAS

LES ÉVÊQUES

DE

CARPENTRAS

ÉTUDE HISTORIQUE

PAR

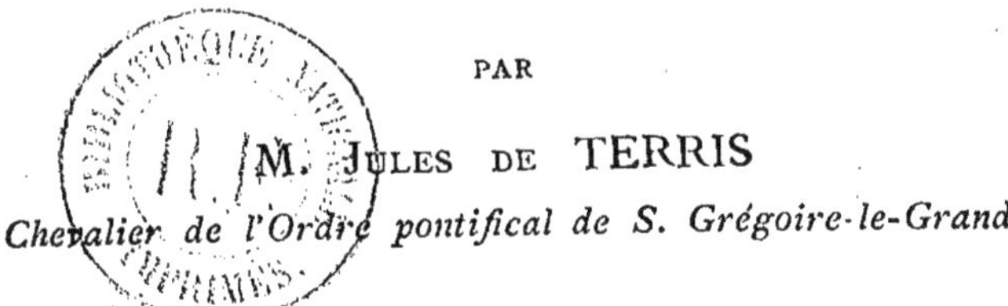

M. JULES DE TERRIS
Chevalier de l'Ordre pontifical de S. Grégoire-le-Grand

(Blasons dessinés par M. Laugier, Officier d'Académie et Conservateur du cabinet des médailles à la bibliothèque de Marseille, et gravés par M. Vabre.)

AVIGNON
SEGUIN FRÈRES, IMPRIMEURS-EDITEURS
13, rue Bouquerie, 13

1886

A LA MÉMOIRE VÉNÉRÉE

DE MONSEIGNEUR

JOSEPH SÉBASTIEN FERDINAND DE TERRIS

Évêque de Fréjus et Toulon,

PRÉLAT DE LA MAISON DE SA SAINTETÉ,
ASSISTANT AU TRÔNE PONTIFICAL,
COMTE ROMAIN, GRAND' CROIX DE L'ORDRE DU SAINT-SÉPULCRE, ETC., ETC.
ANCIEN CURÉ-ARCHIPRÊTRE DE ST-SIFFREIN A CARPENTRAS.

Ce livre, — auquel avait applaudi le pieux Pontife, l'honneur de ma famille en même temps qu'il fut, de nos jours, la gloire de Carpentras, — je viens le déposer sur sa tombe trop prématurément ouverte.

Malgré l'amertume de mes regrets, ce m'est une consolation suprême de penser que, du haut du ciel, celui qui m'avait encouragé dans mon œuvre, daigne agréer l'hommage de ma piété filiale, veiller sur moi et me bénir.

JULES DE TERRIS.

Avignon, le 8 avril 1886.

AVANT-PROPOS

*Il y a quelques années, j'eus la pensée, en publiant un premier travail sur les Évêques d'Apt (1), de payer un tribut d'hommage à la mémoire des prélats illustres qui, durant dix-huit siècles, présidèrent à la naissance et à l'épanouissement de l'Église dans mon pays d'origine. En faisant aujourd'hui paraître l'*Histoire des Évêques de Carpentras, *c'est le même sentiment que m'inspirent les glorieux pontifes qui, durant tant de siècles, furent l'honneur de mon pays d'adoption.*

A l'heure où nous sommes, et quand souffle un vent de tempête menaçant d'emporter encore une fois l'héritage qu'avec tant de peine, nous étions parvenus à reconquérir sur le torrent dévastateur des révolutions, il fait bon remonter le cours des âges pour étudier ces lois inflexibles de l'histoire en vertu desquelles les mêmes causes, dans des conditions identiques, produisent toujours les mêmes effets. Il fait bon voir comment, au milieu de l'immense cataclysme du vieux monde romain, croulant sous le poids de sa propre corruption plutôt que sous la hâche des Barbares, s'y prirent les premiers disciples du Christ et les héritiers des douze Pêcheurs du lac de Galilée, pour jeter les bases de la société chrétienne et préparer un monde nouveau. Il fait bon voir avec quelle industrieuse activité et quelle patiente énergie, ces évêques gallo-romains, qu'un

(1) Les Évêques d'Apt, leurs blasons et leurs familles, *Mémoire couronné par la Société littéraire d'Apt, vol. grand in-4°, avec blasons et sceaux gravés, 140 pages. Avignon, Seguin,* 1877.

historien bien connu et peu suspect de partialité en notre faveur a comparés, dans une phrase désormais classique, aux abeilles qui font leur ruche, ont façonné l'édifice naissant, corrigeant par la douceur de la sève chrétienne l'âpreté native du sang barbare, relevant dans leur dignité la condition des peuples conquis, opérant peu à peu la fusion des races diverses, et faisant disparaître toute inégalité choquante entre vainqueurs et vaincus, en répétant à tous la grande parole de saint Paul : « Il n'y a plus ni Juif, ni Grec, plus d'esclave ni d'homme libre, mais tous vous êtes un en Jésus-Christ (1). »

Ce spectacle du passé, que nous offre l'étude de l'impartiale histoire, ne saurait être perdu pour la génération présente. Quel avenir nous est réservé? Nous ne savons. Obéissant à la loi fatale des révolutions, allons-nous descendre de plus en plus la pente de cet abîme sans fond où une nation, après avoir perdu ses croyances et ses principes, c'est-à-dire l'essence même de sa force morale, en vient jusqu'à perdre son nom et à tendre le cou à toutes les tyrannies et les mains à toutes les chaînes? Ou bien, en vertu de cette force mystérieuse qu'elle a trouvée dans sa constitution aux jours les plus mauvais de son histoire, notre patrie se relèvera-t-elle à la voix d'un sauveur prédestiné? C'est le secret de Dieu. Quoi qu'il en soit, il n'est pas inutile de lui rappeler les leçons de son passé, et à l'heure où elle semble se débattre dans les étreintes de l'agonie, de lui montrer les images de ceux qui veillèrent autour de son berceau. En voyant de quelle manière elle a été façonnée et comme pétrie au nom

(1) Galat. III, 28.

des principes chrétiens qui firent sa force tant qu'elle fut croyante, elle pourra apprendre à quelles conditions il lui sera donné de se relever, si elle doit se relever jamais.

Je ne veux pourtant pas céder à un trop facile amour-propre d'auteur, et prétendre que tout sera dit quand j'aurai raconté de mon mieux les origines et l'histoire de l'Église de Carpentras. Mes prétentions sont plus modestes, et je saurai ne pas sortir du cadre de mon sujet, qui se trouve tout naturellement borné par l'enceinte assez étroite d'une petite ville de province qui n'aspira jamais aux honneurs de la célébrité, et par les limites assez resserrées d'un des plus petits diocèses de l'ancienne France ecclésiastique. Mais dans ce cadre restreint, nous pouvons trouver encore de précieux enseignements, car il ne faut pas oublier que l'histoire s'écrit peu à peu, et que c'est au moyen de monographies locales consciencieuses et fidèles, qu'on arrive à former la trame de l'histoire générale.

Ce champ de l'histoire locale, où m'ont précédé d'heureux et infatigables devanciers (1), n'a pas encore livré tous ses secrets. Sans avoir pu puiser à toutes les sources aussi largement que nous l'aurions désiré, nous avons, du moins, mis à profit toutes celles qui étaient à

(1) BARBIER, Éloges et remarques du diocèse de Carpentras, *mns. de la biblioth. de Carpentras ;* FORNERY, Hist. ecclésiastique du Comté Venaissin, *mns. de la même bibliothèque ;* LE P. JUSTIN, *mns. de la biblioth. d'Avignon ;* FAREL, Chronologie des Évêques de Carpentras, mns. ; GALLIA CHRISTIANA ; COTTIER, Notice sur Carpentras et histoire des Recteurs ; EXPILLY, Dictionnaire des Gaules ; *manuscrits de Peïresc et de Tissot à la bibliothèque de Carpentras;* FANTONI, Istoria del Contado Venezino ; BARJAVEL ; COURTET ; l'abbé RICARD ; l'abbé PAUL DE TERRIS ; archives municipales, Pontificium Carpentoractense, *mns. sans nom d'auteur à la Méjanes à Aix, n° 742 des mns. ; etc., etc.*

notre portée, en particulier le riche trésor de nos archives locales et de la bibliothèque d'Inguimbert.

Sans doute, comme tant d'autres, nos archives offrent bien des lacunes, et au milieu de l'incertitude des origines et des troubles politiques d'une grande partie du moyen-âge, il est souvent difficile d'arriver à une certitude complète. A partir même des premiers, bien des anneaux manquent à la chaîne de nos Évêques. Au lieu de nous perdre en discussions stériles, là où la vérité ne nous apparaîtra pas évidente, nous nous contenterons d'exposer simplement les opinions diverses, laissant au lecteur, si le cœur lui en dit, le soin de dénouer ou de trancher le nœud gordien. Nous serons inexact peut-être, incomplet certainement; d'avance nous en demandons pardon à nos lecteurs, prêt d'ailleurs à accueillir avec reconnaissance les indications bienveillantes qu'on voudrait nous adresser. Nous avons bénéficié des travaux de nos devanciers : d'autres viendront après nous qui trouveront peut-être dans notre travail d'utiles renseignements. Nous n'aurions perdu ni notre temps, ni notre peine, quand bien même nous n'obtiendrions pas d'autre résultat.

Nous traiterons dans un chapitre préliminaire des origines de l'Eglise de Carpentras, avant d'en venir à l'histoire proprement dite de nos Évêques qui ne commence que bien après l'époque où notre cité reçut pour la première fois la lumière de l'Evangile.

PREMIÈRE PARTIE

LES

ORIGINES DE L'ÉGLISE DE CARPENTRAS

CHAPITRE PREMIER

INCERTITUDES DES ORIGINES — PROPAGATION LENTE DU CHRISTIANISME PENDANT LES DEUX PREMIERS SIÈCLES — ÉTUDE SUR L'APOSTOLAT DE SAINT ANDÉOL.

Il n'est pas possible de déterminer d'une manière précise l'époque de la fondation de l'Eglise de Carpentras. Tandis que les cités voisines, Avignon, Orange et Apt, peuvent nous nommer leurs apôtres et revendiquer la gloire d'avoir été évangélisées par sainte Marthe, saint Eutrope ou saint Auspice, dès le premier siècle de l'ère chrétienne, nous ne connaissons d'une manière certaine ni le premier apôtre de Carpentras, ni la série de ses premiers évêques. Il nous faut donc, dès le début, procéder d'abord par induction, puis à l'aide de rares documents, dont les uns sont contestés, peut-être contestables, et les autres ont le tort de se contredire réciproquement.

Mais avant d'entrer en matière on nous permettra de faire notre acte de foi, comme historien, à la thèse de l'apostolicité des Eglises des Gaules, et en particulier des Eglises de Provence. Nous n'avons certes pas la prétention de discuter à nouveau les arguments qui depuis deux cents ans ont été émis en sens divers par les critiques et les historiens les plus éminents. Pour être moins vive qu'autrefois, la lutte n'est pas complètement terminée. Si l'école traditionnelle est justement fière des magnifiques travaux qui, depuis quarante ans, ont mis dans une pleine lumière les fondements sur lesquels s'appuie la croyance séculaire de nos Eglises (1), l'école grégorienne n'a pas encore désarmé, et si elle ne présente guère d'arguments neufs, réduite qu'elle est à rééditer pour la centième fois le même texte de Sulpice-Sévère (2), les mêmes passages de saint Grégoire de Tours (3), en les assaisonnant de commentaires nouveaux, elle parvient à entretenir le doute dans certains esprits (4).

(1) A la suite de l'immortel ouvrage de M. l'abbé Faillon : *Monuments inédits sur l'Apostolat de sainte Marie Magdeleine..... en Provence,* 2 vol. in-4° 1848, complété par les savantes recherches de M. l'abbé Albanès, de Marseille : *Le couvent royal de St-Maximin*, qu'il nous suffise de citer : *Etude historique sur la première prédication de l'Evangile en France,* par M. le marquis de Bausset-Roquefort, in-8°, Lyon, 1862 ; *Dissertation sur les origines de la foi chrétienne dans les Gaules,* par l'abbé Corblet, dans la collection des Petits Bollandistes, Bar-le-Duc, 1874, tome XIV, 655 pages ; M. l'abbé Darras, dans l'*Histoire générale de l'Eglise ; les Eglises du monde romain, notamment celles des Gaules pendant les trois premiers siècles,* par le R. P. Dom Chamard, bénédictin, in-8°, IV, 439, Paris, Victor Palmé, 1877; *Essai sur les origines des Eglises des Gaules* par M. l'abbé Brémenson, du diocèse de Séez, in-12, 480 pages, Paris, Berche et Tralin 1879 ; *Dissertation sur l'apostolat de saint Martial et sur l'antiquité des Eglises de France,* par M. l'abbé Arbelot, 1835, etc., etc.

(2) *Historia sacra,* lib. II, cap. 32.

(3) *Historia Francorum,* lib. I, cap. 28, 29.

(4) L'école grégorienne, qui parfois prend modestement le nom d'école *historique,* par opposition à l'école traditionnelle qu'elle affecte de qualifier de *légendaire,* doit surtout son origine et sa notoriété au fameux docteur Launoy, qui a soutenu sa thèse dans deux ou trois de ses nombreux ouvrages. Son système fut loin de rallier, même de son temps, l'unanimité des savants, et, à la suite de Pierre de Marca, de Baronius, des deux Pagi,

Nous nous abstiendrons d'autant plus volontiers d'entamer ici une nouvelle édition de cette polémique fameuse, et même d'en faire mention autrement que dans une simple note, que le plus brillant défenseur de la thèse grégorienne à notre époque, Mgr Chevalier, plus sage en cela et mieux inspiré que la plupart de ses devanciers, accorde non seulement que plusieurs Eglises

de Mabillon, de Noël Alexandre, d'autres érudits de premier mérite soutinrent vigoureusement la thèse de l'apostolicité des Églises des Gaules. Il faut avouer pourtant que le système inauguré par Launoy et qui renvoyait jusqu'au milieu du IIIe siècle l'arrivée des principaux apôtres des Gaules fut accepté par le plus grand nombre comme une sorte d'axiome historique ; et, tandis que l'Eglise romaine, dans les leçons de la liturgie sacrée, conservait fidèlement nos traditions nationales, on vit la plupart des Eglises de France qui se donnèrent des liturgies particulières, abandonner plus ou moins complètement des traditions qui leur étaient si glorieuses.

On revient de nos jours, et à peu près unanimement, à la thèse traditionnelle. Néanmoins l'école grégorienne, ainsi nommée parce qu'elle prétend s'appuyer de l'autorité de Grégoire de Tours, n'a pas perdu tout crédit. Un de ses plus brillants défenseurs est M. l'abbé Chevalier, honoré aujourd'hui de la prélature romaine, clerc national du Sacré-Collège et secrétaire consistorial pour la France. Auteur d'un très grand nombre d'ouvrages ou de dissertations, la plupart sur des points d'histoire ou d'archéologie (le tableau analytique qui vient d'en être publié va jusqu'au n° 231), Mgr Chevalier a soutenu la thèse grégorienne dans : *Les origines de l'Eglise de Tours d'après l'histoire, avec une étude générale sur l'évangélisation des Gaules et de nombreuses pièces justificatives*, tome XXI des *Mém. de la Soc. arch. de Tourraine*, XII, 634 p. Tours 1871. Cet ouvrage a valu à son auteur une médaille d'or décernée par l'Académie des Inscriptions et Belles-Lettres. Les éloges qu'il a reçus de la part de M. Paulin Paris, de M. de Longpérier, membre de l'Institut et rapporteur du concours de 1871, et de M. G. Monod, directeur-adjoint à l'école des Hautes-Études de Paris (*Revue critique d'histoire et de littérature*, 10 août 1872), n'ont pas clos le débat, comme l'espérait M. G. Monod. Les savants travaux de Dom Piolin, *De l'école légendaire et de l'origine historique des Eglises des Gaules* (Revue du monde catholique, tome XVI, p. 407-433, de Dom Chamard, de M. l'abbé Brémenson, qui ont pris a tâche de réfuter *ex-professo* M. l'abbé Chevalier, n'en sont pas moins sérieux, et après les avoir lus avec attention, on peut se dire avec autant de satisfaction que le protestant M. Monod, mais dans un tout autre sens : *Espérons que le débat sera clos.*

de l'ancienne *Province romaine*, aujourd'hui la *Provence*, ont été fondées dès le premier siècle, mais que d'autres sièges épiscopaux de la région circonvoisine, Lyon, Vienne, Viviers, Valence, etc., dateraient aussi de cette époque (1).

Cet aveu, qui met hors de cause nos traditions provençales, nous suffit ; et sans avoir besoin de recourir à la légende, la simple connaissance de l'histoire et de la manière dont procédaient les premiers apôtres des Gaules nous donne la certitude qu'au temps où la ville d'Avignon tressaillait à la prédication de sainte Marthe, où saint Ruf en était institué le premier évêque, où saint Eutrope fondait l'Eglise d'Orange, la ville de Carpentras, que l'historien Pline nous apprend avoir été le chef-lieu de la tribu cavare des Méminiens, qui obtint plus tard l'honneur d'être comptée parmi les villes latines, et où les Romains ont laissé d'impérissables monuments de leur passage, offrait déjà trop d'importance pour avoir été négligée par les premiers prédicateurs de l'Évangile dans nos contrées.

Sans donner à la tradition orale une créance absolue, nous ne devons pourtant pas la négliger complètement, quand elle concorde d'ailleurs avec les données certaines ou les inductions légitimes de l'histoire. A ce titre nous devons mentionner la vieille tradition de la petite ville de Pernes, d'après laquelle sainte Marthe, au cours de ses pérégrinations apostoliques, serait venue y prêcher l'Évangile. Il n'y aurait donc pas de présomption à supposer que la pieuse hôtesse de Jésus-Christ, celle à

(1) *Les origines de l'Eglise de Tours.* Introduction, page 28.

laquelle le Sauveur enseigna la doctrine de l'*unique nécessaire*, vint en faire part également à la cité gallo-romaine de *Carpentoracte*.

Il est donc probable que dès le premier siècle un noyau de chrétiens fut formé dans notre ville, grâce aux prédications et aux miracles des premiers apôtres de nos pays. Rien néanmoins, en l'absence de monuments écrits, ne nous autorise d'une manière formelle à faire dater de cette époque l'établissement d'un siège épiscopal. D'après ce que nous allons dire, il est même à croire, ou que les progrès de la religion nouvelle furent très lents dans notre ville jusque vers la fin du IIe siècle ou le commencement du IIIe, ou même que le grain de la bonne semence qui y avait été jeté fut dans la suite étouffé pour des causes qui nous sont restées inconnues.

Le premier monument dans lequel nous trouvons quelques données sur les origines religieuses de notre pays est l'histoire de saint Andéol. Personne n'ignore combien le culte de ce saint martyr est populaire dans le Vivarais, dont il est considéré comme l'apôtre : mais les historiens des Eglises du Comtat ont jusqu'ici trop négligé, à notre avis, de profiter des lumières que l'on peut retirer, soit de l'étude attentive de ses actes, soit des données de la tradition touchant son apostolat dans nos pays. C'est ce qui nous engage à insister quelque peu sur un sujet trop intéressant pour qui veut se rendre compte des commencements et du progrès du christianisme.

Les actes anciens de la vie et du martyre de saint Andéol ont été publiés par François Bosquet, dans la seconde partie de ses histoires de l'Eglise de France.

Le jésuite Henschen, un des continuateurs de Bollandus, les a insérés, avec des notes et quelques variantes, tirées de divers manuscrits qu'il a eus entre les mains, dans le tome Ier des *Acta Sanctorum* du mois de mai, p. 35 à 40. Il est encore question de saint Andéol dans la dissertation qui précède les actes des saints Andoche, Thyrse et Félix, apôtres d'Autun, publiées par le Père Swyschen, un autre continuateur de Bollandus, au tome VI des *Acta Sanctorum* du mois de septembre, pages 663-677. Swyschen cite, d'après Chifflet, une légende fort ancienne de saint Bénigne, un des compagnons de saint Andoche et de saint Thyrse, écrite dans cette naïve prose rimée des premiers légendaires, et qui fait également mention de saint Andéol et de la mission qui lui fut donnée d'évangéliser Carpentras. Le savant hagiographe reconnaît lui-même que la légende doit être du huitième ou du neuvième siècle, et, comme elle a été écrite d'après une vie plus ancienne, elle offre, malgré d'évidentes imperfections, une autorité déjà sérieuse. C'est en comparant cette légende avec les actes de saint Andéol et ceux des saints Andoche, Thyrse et Félix, que le bollandiste Swyschen parvient à établir, d'une manière sinon absolument certaine, du moins très plausible et très probable, la chronologie du saint apôtre du Vivarais et des fondateurs de l'Eglise éduenne.

Sans entrer dans des développements qui seraient étrangers à notre sujet, nous nous contenterons d'extraire de ces divers monuments ce qui nous touche de plus près. Nous suivrons d'abord la chronologie des Bollandistes, qui a le mérite de s'appuyer sur les anciens documents connus, quitte à exposer ensuite les points sur lesquels les traditions de l'Eglise du Vivarais et quelques traditions comtadines diffèrent de ces documents.

Andéol paraît avoir été originaire de l'Asie-Mineure et vraisemblablement de la ville de Smyrne ou de celle d'Ephèse. Dans l'une ou l'autre de ces deux villes si célèbres il fut instruit et baptisé par les disciples de l'évangéliste saint Jean, peut-être même par le grand saint Polycarpe. On sait que ces Eglises illustres de l'Asie-Mineure furent pendant longtemps une pépinière féconde d'apôtres et de martyrs, qui arrosèrent de leurs sueurs et de leur sang, non seulement l'Asie, mais encore jusqu'aux régions lointaines de la Gaule. C'est de là qu'étaient partis saint Pothin et saint Irénée pour porter la lumière de l'Evangile à la cité de *Lugdunum*, Lyon.

Les relations qui s'établirent entre l'Eglise naissante de Lyon et les Eglises de l'Asie-Mineure sont au nombre des monuments les plus touchants que nous a laissés l'antiquité. Il ne faut donc pas s'étonner si les premiers missionnaires, partis de Smyrne ou d'Ephèse, furent suivis, à intervalles plus ou moins réguliers, de nouveaux ouvriers évangéliques qui venaient remplacer ceux qui avaient succombé dans l'arène des martyrs.

C'est à une de ces missions qu'appartient saint Andéol. Ainsi que l'affirme l'auteur de ses actes et comme le reconnaît la vieille légende rimée de saint Bénigne, Andéol, qui était revêtu de l'ordre du sous-diaconat, fut adjoint à Bénigne et à Andoche, prêtres, et à Thyrse, diacre, par le vénérable pontife qui les envoya au secours de l'Eglise de Lyon, dévastée par la persécution (1).

(1) *Acta Sanctorum maii*, tom. I, pag. 37 ; — *Acta Sanctorum septembris*, tom. VI, pag. 672.

Ce qui est moins facile d'établir, c'est l'époque à laquelle on doit assigner la mission de saint Bénigne et de ses compagnons. Les actes des saints martyrs que nous possédons actuellement, s'il fallait les prendre au pied de la lettre, renferment des contradictions et des anachronismes tels, que force a été aux divers historiens qui ont dû s'en servir de les accommoder aux données certaines de l'histoire, plus souvent encore aux traditions et aux préjugés locaux. De là un *imbroglio* dont il n'est pas facile de sortir. Nous donnerons d'abord la version du bollandiste Swyschen ; nous exposerons ensuite l'opinion traditionnelle des Eglises de Viviers et d'Autun.

Suivant les Bollandistes, ce n'est pas à saint Polycarpe, le grand évêque martyr de Smyrne, qu'il faudrait attribuer la mission de saint Bénigne et de ses compagnons. Il est dit, en effet, dans leurs actes, que le glorieux évêque Irénée, ayant consommé son martyre à Lyon, apparut pendant la nuit à l'évêque de Smyrne, Polycarpe, l'avertissant d'envoyer de nouveaux ouvriers évangéliques pour prêcher l'Évangile aux villes des Gaules où il y avait encore peu de chrétiens (1). Dociles à l'avertissement du ciel, Bénigne et Andoche, prêtres, et Thyrse, diacre, s'embarquent pour leur lointaine mission, accompagnés jusqu'au port et bénis par le saint évêque. Une tempête les oblige à relâcher dans un port

(1) Il ne faudrait pas, sous prétexte de critique historique, rejeter trop facilement cette apparition miraculeuse de saint Irénée. Les Bollandistes, qui sont généralement assez sévères dans l'admission des faits surnaturels, n'y voient pas de difficulté, et nous lisons au livre des *Actes des Apôtres* que c'est à la suite d'une apparition que saint Paul passa en Macédoine pour évangéliser cette province (Act. XVI, 9, 10).

de l'île de Corse où le sous-diacre Andéol les rejoint peu après, envoyé pour leur venir en aide par l'évêque de Smyrne à la suite d'une nouvelle apparition du martyr Irénée. Ainsi complétée, la petite troupe des ouvriers apostoliques arrive à Marseille et se dirige vers Lyon, où elle est reçue par le prêtre Zacharie, qui gouvernait cette église dévastée par la persécution depuis la mort de saint Irénée.

Les saints missionnaires ne firent à Lyon qu'un séjour assez court : ce n'était pas le terme assigné à leur apostolat. Après avoir passé quelque temps à s'édifier mutuellement dans la méditation de la parole de Dieu, ils invoquent le Seigneur dans la prière en lui demandant de diriger leurs pas. Un ange du ciel leur fait connaître qu'Andéol est appelé à évangéliser la ville de Carpentras (1).

Les saints missionnaires, sur le point de se séparer, adressent à Dieu cette touchante prière : « *Seigneur* » *Jésus-Christ*, disent-ils, *regardez vos serviteurs qui* « *sont en ce moment des voyageurs exilés, et, puisque* « *l'absence va les séparer les uns des autres selon le* « *corps, faites qu'ils restent unis devant vous en recueil-*

(1) Et dum ibidem morarentur, angelo Domini adveniente, visum est sanctis Fratribus ut B. Andeolum ad Carpentoractensem urbem prædicationis gratiâ destinarent. (Vita S. Andeoli, cap. I, 6, dans les *Acta Sanctorum maii*, tom. I, p. 37). — La légende rimée de saint Bénigne dit de son côté :

Hîc Sancti forte sederant
Christi laudantes gratiam ;
Cum illos monet Angelus
Uti sacer Andeolus
Carpentoraci gentium
Mittatur ob remedium.

(*Acta Sanctorum septembris*, tom. VI, page 672).

« *lant des fruits abondants de justice.* » A ces mots, ils se donnent le baiser de paix ; Bénigne, Andoche et Thyrse se dirigent vers la ville d'Autun, assignée comme champ à leur apostolat, tandis qu'Andéol prend lui-même la route de Carpentras.

Tel est le résumé du premier chapitre des actes de saint Andéol. Les actes des saints Bénigne, Andoche et Thyrse offrent un récit à peu près semblable.

Ce récit offre une grosse difficulté qui saute tout d'abord aux yeux. Saint Polycarpe souffrit le martyre à Smyrne l'an de J.-C. 166, et saint Irénée fut mis à mort à Lyon, avec la plus grande partie de son peuple, le 28 juin de l'an 201 ou 202 : de là, on le comprend, l'impossibilité absolue qu'il ait pu, après sa mort, apparaître à saint Polycarpe, qui était mort trente-cinq ou trente-six ans avant lui.

Pour expliquer cette difficulté, le bollandiste Henschen suppose que saint Irénée aurait apparu, non à saint Polycarpe, mais à un de ses successeurs sur le siège de Smyrne ; Swyschen, au contraire, s'appuyant sur la vieille légende rimée de saint Bénigne, dont nous avons déjà parlé, et sur d'autres autorités sérieuses, soutient, non sans une grande apparence de raison, que nos saints missionnaires étaient attachées, non à l'Eglise de Smyrne, mais à l'Eglise d'Ephèse, qui n'en était pas très éloignée, et que l'évêque auquel apparut saint Irénée et qui les envoya en Occident n'est autre probablement que l'évêque Polycrate qui gouvernait, en effet, l'Eglise d'Ephèse en ce temps là, et qui est resté célèbre dans l'histoire ecclésiastique par ses démêlés avec le pape saint Victor dans la fameuse question de la Pâque (1).

(1) Eusèbe, *Hist. ecclés.*, livre V, ch. 24 ; — Rohrbacher, livre 27e.

Quoi qu'il en soit, d'après l'opinion des deux savants Bollandistes, s'appuyant sur les documents les plus anciens qui nous restent, la date de l'apostolat de saint Andéol et de ses compagnons devrait être fixée aux premières années du IIIe siècle. On comprend, en effet, qu'à la suite des hécatombes effroyables de l'an 201 ou 202, pendant lesquelles le sang chrétien coula à flots dans les rues de Lyon, cette Eglise et les pays voisins eurent besoin de demander un nouveau renfort d'ouvriers évangéliques aux Eglises de l'Asie-Mineure, qui leur avait envoyé leurs premiers apôtres.

Ainsi ne pensent pas les historiens des Eglises de Viviers, Autun, Mâcon, Dijon et autres, qui, s'appuyant sur l'autorité du Martyrologe romain et d'autres documents non moins graves, devancent de quarante ans environ l'arrivée dans les Gaules de la troupe apostolique. D'après cette opinion, les saints Bénigne, Andoche et leurs compagnons seraient proprement disciples de saint Polycarpe et auraient été envoyés par lui à Lyon au plus tard vers l'an 165, à la suite d'une révélation qu'on ne spécifie pas davantage (1). D'autres, pour rattacher directement au siège de Pierre la mission des apôtres d'Autun et de Dijon, soutiennent que les saints missionnaires, ayant suivi à Rome l'illustre évêque de Smyrne dans un voyage qu'il y fit vers l'an 158, auraient reçu leur mission du Pape saint Anicet lui-même; car, selon Innocent Ier, il est manifeste qu'aucune Église des Gaules n'a été fondée que par des ouvriers envoyés par saint Pierre ou par ses successeurs (2). Ce point

(1) Petits Bollandistes, tom. V, pag. 167.
(2) Epist. ad Decentium.

d'histoire est certainement assez important relativement au sujet qui nous occupe ; car, si l'on admet ce dernier système, l'apostolat de saint Andéol dans les Gaules aura duré plus de quarante ans, ce qui lui aurait permis de prêcher l'Evangile, non seulement dans les plaines du Comtat, où la tradition veut qu'il ait passé, et les montagnes abruptes de l'Helvie, le Vivarais actuel, mais jusqu'en Franche-Comté.

La tradition du Comtat a gardé le souvenir du passage de saint Andéol et de ses prédications. Il existait autrefois à Mazan, avant la Révolution, au quartier dit de Saint-Andéol, une très ancienne chapelle dédiée à notre saint. Elle était bâtie sur une colline, au pied de laquelle on voyait des restes de monuments antiques. Une tradition immémoriale en ce pays veut que saint Andéol s'y soit arrêté pour l'évangéliser.

Un peu plus haut, non loin d'Orange, à Camaret, on trouve les mêmes traditions et les mêmes hommages. On assure même que l'apôtre de Jésus-Christ y fut battu de verges, et l'on montre encore le lieu où s'accomplit cette cruelle exécution. Saint Andéol possède dans cette paroisse un antique sanctuaire bâti par Louis-le-Débonnaire (1).

D'autres traditions, étendant encore davantage le champ qui aurait été ouvert à l'apostolat d'Andéol, veulent qu'il ait précédé ou accompagné dans leurs travaux d'évangélisation saint Ferréol et saint Ferrution, apôtres de Besançon et de la Franche-Comté actuelle, et saint Félix, fondateur de l'Eglise de Valence.

Il est bien difficile, sur la foi de traditions incertaines

(1) Petits Bollandistes, tome V, page 168.

ou de monuments contestables, de tracer l'itinéraire qu'a pu parcourir le saint sous-diacre, les documents les plus véridiques qui nous restent, les actes de sa vie et ceux de ses compagnons offrant par eux-mêmes assez de difficultés et ne mettant presque pas d'intervalle entre son départ de Lyon et son martyre.

Il nous semble néanmoins que, sans assigner à son séjour dans les Gaules cette longue durée de quarante ans, qui ne repose peut-être que sur une confusion de noms, un copiste maladroit ayant pu très facilement prendre Polycrate pour Polycarpe (1), et à nous en tenir à la chronologie beaucoup plus vraisemblable des Bollandistes, on peut encore trouver le moyen de concilier l'histoire avec la tradition.

D'après ce système, saint Andéol et ses compagnons seraient arrivés dans les Gaules peu après le martyre de saint Irénée, c'est-à-dire dans le courant de l'année 202. Suivant l'opinion la mieux accréditée, notre saint fut mis à mort par ordre de l'empereur Septime-Sévère, au moment où ce prince traversait les Gaules pour se rendre dans la Grande-Bretagne, en l'an 208. Il reste donc une durée de six ans, pendant laquelle on peut parfaitement admettre qu'il a évangélisé les deux rives du Rhône, soit en particulier les pays actuellement connus sous le nom de Vivarais, Dauphiné et Comtat. Cette opinion est d'autant plus plausible que, saint Andéol n'étant ni évêque, ni prêtre, pas même diacre, mais seulement sous-diacre, et le sous-diaconat n'étant alors considéré que comme un ordre mineur, son rôle était

(1) Voir à ce sujet la très intéressante dissertation du bollandiste Swyschen dans les *Acta sanctorum septembris*, tome 6, pages 665-669.

moins celui d'un fondateur d'Église que d'un simple catéchiste, préparant les voies à l'Evangile et devançant les évêques ou les prêtres qui devaient baptiser les néophytes convertis par son enseignement, les affermir dans la foi et constituer régulièrement des communautés chrétiennes. Ainsi procèdent de nos jours encore dans les pays exposés aux persécutions des païens, comme la Chine ou la Corée, les catéchistes, qui sont comme les précurseurs des missionnaires, et dont le ministère moins apparent que le ministère de ceux-ci, présente, en temps de persécution, moins d'inconvénients. Mais, on le comprend, ce ministère demande beaucoup moins de temps que celui d'un fondateur à poste fixe ; il se peut donc très bien que dans l'espace de six ans, saint Andéol ait parcouru les pays qui s'honorent d'avoir été arrosés par ses sueurs apostoliques, la plupart de ces pays d'ailleurs ayant reçu, soit auparavant, soit en même temps, la visite d'autres ouvriers de l'Evangile.

Quoi qu'il en soit et pour revenir au texte de ses actes, ce saint s'acheminait vers la ville de Carpentras (1), soit qu'il l'eût déjà visitée, soit qu'il s'y rendît pour la première fois, lorsque, arrivé sur les bords du Rhône, il monta sur une barque de marchands qui descendaient le cours du fleuve et aborda vers le soir avec eux en un lieu qu'on nommait Bergoïate, situé sur la rive gauche, vis-à-vis la ville actuelle du Bourg-Saint-Andéol (2). Le

(1) Sanctus vero Andeolus ad urbem Carpentoractensem festinans... usque ad Rhodanum fluvium pervenit.

(2) Les Petits Bollandistes, d'après les histoires locales, disent que la ville de Bergoïate était alors composée de deux agglomérations distinctes, nommées le haut ou le bas Bergoïate et situés sur l'une et l'autre rive du fleuve : le bas Bergoïate s'appelait aussi Gentibe ; c'est la ville actuelle du **Bourg-St-Andéol.**

bienheureux apôtre, qui voulait reprendre sa route dès le lendemain matin pour se rendre au terme de son voyage, passa la nuit à annoncer à ses hôtes la bonne nouvelle de l'Evangile. Ceux-ci en firent part à leurs voisins, et, le matin venu, une foule nombreuse, composée, non seulement des habitants de la ville, mais encore des populations voisines, se pressa pour écouter la parole du bienheureux prédicateur.

Or, en ce temps là, le César Sévère traversait le pays, se dirigeant avec ses troupes vers la ville de Valence (1). Ayant apperçu une grande foule de peuple qui écoutait avec attention un personnage discourant en public, il demande la cause de ce rassemblement extraordinaire. Terrible fut la colère du César quand il apprit que le personnage qui attirait ainsi l'attention et les sympathies du peuple n'était autre qu'un chrétien, propageant ouvertement la doctrine de Jésus-Christ et prêchant le jugement à venir des vivants et des morts. Il le fait amener sur le champ devant lui, et lui demande son nom, son pays et l'objet de la mission qu'il se donne : « Je viens de l'Orient, lui répond Andéol avec simpli- « cité et douceur, j'ai été envoyé dans cette province « avec mes maîtres et mes pères pour prêcher aux gen- « tils la parole de Dieu et annoncer à ceux qui l'igno- « rent l'avènement de Jésus-Christ, notre Dieu et « notre Seigneur. »

Touché peut-être par l'air de sainteté qui brillait sur le visage du confesseur de la foi, l'empereur essaie de le gagner par des promesses : « Crois-moi, lui dit-il, si « tu veux sacrifier à nos dieux, je te ferai plus riche et

(1) Il s'agit ici de l'empereur Septime-Sévère, qui régna de 193 à 211.

« plus puissant qu'aucun de ces officiers qui m'entou-
« rent. » Le saint lui répondit : « Je suis venu en ce
« pays pour gagner non pas de l'or ni de l'argent, mais
« des âmes. N'est-il pas plus raisonnable d'adorer Celui
« qui a fait le ciel et la terre que des idoles muettes et
« sourdes, dont les adorateurs seront plongés dans les
« feux de l'enfer ? »

L'empereur, ne pouvant venir à bout de gagner le généreux confesseur par des promesses, eut recours aux tourments. Après avoir enduré courageusement divers supplices et les horreurs d'une sombre prison, où il fut honoré d'apparitions célestes, le martyr eut la tête partagée en forme de croix par une épée en bois très dur, comme celles dont se servaient les gladiateurs pour les jeux d'escrime. Son corps, jeté dans le fleuve, fut porté par les eaux sur la rive occidentale, où une pieuse dame, nommée Tullie, l'ensevelit avec honneur là où s'élève maintenant la ville qui porte le nom du saint martyr.

Telle fut la fin glorieuse de celui que nous pouvons regarder comme l'apôtre de notre ville, apôtre de fait ou tout au moins apôtre de désir.

Nous avons rapporté plus haut les traditions de quelques localités du Comtat et le culte dont saint Andéol a été l'objet à Mazan, aux portes de Carpentras. Nous trouvons une preuve plus précieuse encore des honneurs religieux qui lui ont été rendus dans notre église cathédrale. Parmi les très rares livres liturgiques de l'Eglise de Carpentras que le moyen âge nous a légués, il s'en trouve un à la bibliothèque d'Inguimbert, écrit vers le milieu du quinzième siècle, dans le calendrier duquel la mémoire de saint Andéol martyr se trouve indiquée au premier jour de mai, en la fête des saints apôtres Philippe et Jacques.

Plus généreux, le nouveau Propre du diocèse d'Avignon, approuvé par le Saint-Siège le 18 mai 1876, lui consacre un jour entier, le 11 mai, avec une légende de trois leçons, dont le fonds est emprunté aux traditions de l'Eglise de Viviers. Ajoutons enfin que, parmi les décorations de l'autel monumental dédié au Sacré-Cœur, qui fut inauguré dans le courant de l'année 1875 par les soins de Monseigneur l'évêque de Fréjus et Toulon, alors curé de Carpentras, figure une très belle statue de saint Andéol, et que l'image du glorieux martyr se retrouve encore sur la crosse artistique que les paroissiens de saint Siffrein offrirent à leur ancien curé, en 1876, lorsqu'il fut promu au siège de saint Léonce.

On trouvera peut-être que nous avons insisté bien longuement sur ce chapitre. Désireux de donner une base solide à ce travail, nous avons dû remonter à l'origine pour trouver le premier chaînon authentique qui relie nos traditions avec les données de l'histoire. Cette question de l'apostolat de saint Andéol dans le Comtat n'ayant d'ailleurs, que nous sachions, jamais été complètement traitée, nous avons pensé qu'elle méritait bien d'être élucidée de la manière la plus précise qu'il nous a été possible.

CHAPITRE DEUXIÈME

ÉTABLISSEMENT DU SIÈGE ÉPISCOPAL DE CARPENTRAS — LES ÉVÊQUES DE VENASQUE

Les incertitudes que nous venons de constater relativement à la première prédication de l'Evangile dans notre ville, nous les retrouvons relatives à l'origine du siège épiscopal de Carpentras. En l'absence des plus anciens documents, c'est par induction plus que par arguments d'une absolue certitude que nous devons procéder.

Il est néanmoins difficile de reculer au delà du troisième siècle l'établissement d'un évêché dans la ville gallo-romaine de *Carpentoracte Meminorum*. La proximité des villes épiscopales d'Arles, d'Avignon, d'Apt, d'Orange, l'importance politique de la cité sous l'administration impériale, nous sont une sûre garantie de la constitution régulière d'une église chrétienne. Or, il ne faut pas oublier que, dès les premiers siècles, toute église, c'est-à-dire toute agglomération tant soit peu considérable de chrétiens dans un centre distinct, avait à sa tête un évêque (1). C'est ce qui nous est attesté de la manière la plus précise par toute l'antiquité chrétienne (2), c'est ce que reconnaissent de nos jours tous les historiens de bonne foi (3).

Pour ne parler que des églises d'Occident, les sièges épiscopaux y étaient en si grand nombre au IVe siècle, c'est-à-dire au moment où l'on sortait à peine de l'ère des persécutions, que le fameux concile de Rimini (359), qui commença si bien et finit si mal, ne comptait pas moins de six cents évêques présents, au témoignage de l'arien Auxence, évêque de Milan, qui en fit partie (4). Or, le plus grand nombre de ces évêques appartenaient à l'Italie, à l'Espagne, et à la Gaule, Les évêques gaulois y étaient même en assez grand nombre pour y jouer un rôle prépondérant. Il y a même de très sérieuses raisons de croire que le concile d'Arles, en 314, qui ne fut composé que des évêques de la partie de l'empire soumise à Constantin, comptait également six cents évêques (5). On sait que la seule église d'Afrique en

(1) Il n'était pas toujours nécessaire qu'il y eût un grand nombre de chrétiens pour qu'on mît à leur tête un évêque. Quand saint Grégoire le Thaumaturge fut institué évêque de Néocésarée, dans la province du Pont, au commencement du IIIe siècle, cette ville ne comptait encore que dix-sept chrétiens. (S. Grég. de Nysse, opp. tom. III ; apud *Patrolog. Græc*, tom. XLIV, col. 910 ; de Rossi, *Bulletin d'archéologie*, 1873, pag. 163, etc,

(2) *Acta Apost.* XVIII, 22, 23 ; XX, 17, 28 ; *Epist. ad Tit.* 1, 5 ; s. Ignace d'Antioche, *Epist. ad Trallian.* cap. III ; *ad Magnesiam*, cap. XIII ; Clément d'Alexandrie, lib. *Quis dives salvetur*, n° 42 ; s. Irénée, *Contra hæreses*, lib. III, cap. III, XV, etc. ; S. Clément, pape. *Epist. ad Corinth.*, ch. XL. XLI ; Tertullien, *de Præscriptionibus*, cap. XX.

(3) Guizot, *Histoire de la civilisation en France*, XIIIe leçon, tom. I. pag. 349.

(4) S. Hilaire, *Lib. contra Auxentium*, n° 13.

(5) Dom Chamard, *Les Eglises du monde romain*, chap. VII ; l'abbé Brémenson, *Essai sur les origines des Eglises des Gaules*, IIIe section, chap. II.

avait pour sa part un nombre aussi considérable : or, saint Augustin, en comparant le nombre des évêques africains à celui de leurs collègues d'outre-mer, parle de ces derniers comme s'élevant au chiffre de plusieurs milliers (1). Malgré l'absence de tout document certain, nous pouvons donc sans témérité assigner au temps qui a immédiatement suivi la première prédication de l'Evangile dans notre ville et l'apostolat de saint-Andéol, l'établissement du siège épiscopal.

Quel fut le premier évêque de Carpentras et quels furent ses successeurs ? Ici encore l'histoire reste incertaine. Les diverses listes épiscopales qui ont été dressées présentent entre elles tant de différences, qu'il est impossible d'asseoir un jugement. Les auteurs qui, à l'exemple du *Gallia Christiana*, ont suivi Polycarpe de la Rivière, font mention de saint Valentin : d'autres commencent seulement à Julien ou même à saint Siffrein, à partir duquel la chronologie de nos prélats commence à se dessiner d'une manière un peu plus nette.

Dans cette incertitude, nous nous contenterons de reproduire les diverses opinions qui ont été émises, sans en garantir aucune, bien entendu. Mais nous ne pouvons omettre, dès ce début de notre récit de rappeler les longues discussions auxquelles a donné lieu la question de l'évêché de Venasque. Des titres incontestables, tels que les actes de plusieurs conciles, ont signalé, du qua-

(1) Nec in illis solis episcopis Afris erat Ecclesia..... Millia quippe collegarum transmarina restabant. (S. August, *Epist.* XLIII, 2, 19, 20. L'historien Eusèbe en parlant du concile d'Antioche, qui condamne Paul de Samosate en 270, l'appelle un concile composé de milliers d'évêques. (*Hist. eccles.* VII, 28.)

trième au sixième siècle, l'existence d'évêques portant le titre de cette modeste bourgade.

D'un autre côté, les monuments, encore suffisamment conservés, qui paraissent remonter à la période mérovingienne (1), attestent que ce bourg, aujourd'hui presque ignoré, a eu une époque de splendeur relative. Il n'est donc pas possible de mettre en doute qu'il n'y ait eu des évêques à Venasque, et nul ne songe à le contester. Le point capital de la difficulté est la simultanéité des évêques de Carpentras et de Venasque : les uns affirmant la coexistence des deux évêchés, les autres, au contraire, soutenant que ce n'est que par accident qu'il y a eu des évêques à Venasque, à une époque où la ville de Carpentras, ruinée ou menacée par les barbares, n'offrait plus à ses pontifes une résidence assez sûre.

Au siècle dernier, cette question fut l'objet de vives discussions entre savants. Les *Mémoires de Trévoux*, dont l'autorité était grande, comme chacun sait, y revinrent à diverses reprises (avril 1724, novembre et décembre 1742, janvier 1743). Le docte historien du Comté-Venaissin, Fornery (2), qui soutenait l'affirmative dans la revue de Trévoux, a résumé cette longue discussion dans son histoire manuscrite qui se trouve à la bibliothèque d'Inguimbert (pag. 314-340). M. l'abbé Ricard a de nouveau réédité les preuves de Fornery

(1) Courtet, *Dictionn. des communes de Vaucluse*, art. *Venasque*.

(2) *Histoire ecclésiastique et civile du Comté Vénaissin et de la ville d'Avignon*, manuscrit à la bibliothèque de Carpentras, par Joseph Fornery, né le 11 mars 1675, à Carpentras. Voir l'article que lui a consacré M. Barjavel, dans son *Diction. historique*, pag. 498.

dans sa *vie de saint Siffrein* (pag. 40-59). On nous dispensera de les reproduire ici.

Au siècle dernier, les auteurs avaient assez généralement adopté l'affirmative : tels sont le *Gallia Christiana,* au moins jusqu'à un certain point, le Cointe, Bouche, Nouguier, les deux Suarès, Giberti, le marquis de Cambis-Velleron, etc. Cette opinion trouve néanmoins de rudes contradicteurs dans l'abbé de St-Véran, le P. Eusèbe Didier et le P. Justin.

De nos jours la polémique a recommencé : M. Jules Courtet, dans un article publié en 1844 par la *Revue Archéologique* et réédité dans son *dictionnaire géographique des communes de Vaucluse*, a repris avec beaucoup de vivacité la thèse de l'abbé de St-Véran et du P. Justin. On la retrouve, sans arguments bien nouveaux, dans de récents articles de critique bibliographique ou archéologique. Elle se base surtout sur la prétendue impossibilité qu'il y a d'admettre la coexistence de deux évêchés aussi reprochés que Carpentras et Venasque, et sur le peu d'importance qu'a pu avoir, même dans sa période la plus prospère, la dernière de ces villes, ce qui ne lui aurait pas permis d'avoir un siège épiscopal distinct.

Cet argument est d'un poids bien léger, si nous nous rappelons les conditions dans lesquelles furent établis les premiers sièges épiscopaux. En effet, si les villes proprement dites, les *civitates,* les *municipia*, les *oppida* furent assez généralement pourvues d'évêques à résidence fixe, dès que l'Église put se constituer hiérarchiquement, l'histoire ecclésiastique, dans des monuments plus authentiques que ceux allégués par Polycarpe de la Rivière, nous montre que bon nombre de sièges épiscopaux furent érigés dans de simples bourgades, dans des *vici* ou des *pagi*. C'est ainsi que, pour l'Orient, l'historien Eusèbe nous apprend que Paul de Samosate avait entraîné dans son erreur les évêques des bourgs et des villes voisines d'Antioche (1), ce qui suppose qu'il y avait des évêques dans de simples bourgades. Il en était de même des églises de la Grèce, de l'Asie proconsulaire, de la Phrygie, de la Cappadoce, de la Palestine et de l'Egypte (2).

Même pratique dans l'église d'Occident : dans sa lettre à Fabius, évêque d'Antioche, le pape saint Corneille parle de trois évêques, tirés d'un *pagus* sans importance de l'Italie, hommes rustiques et sans expérience, qui consentirent à ordonner l'antipape Novatien (3). Les témoignages de l'historien Zosime (4), de saint Optat (5) et les découvertes les plus récentes de l'archéologie (6) nous montrent des évêques non seulement dans les cités, les municipes et les colonies romaines, mais dans les plus modestes bourgades et jusqu'aux portes de la ville éternelle, dans les *vici* qui lui servaient de faubourgs.

L'église des Gaules serait-elle restée étrangère à une pratique si universelle, qui ne commença à tomber en désuétude que vers le milieu du IVe siècle et qui ne dis-

(1) *Hist. eccl.* VII, 30.

(2) Voir, dans dom Chamard, *Les Eglises du monde romain*, chap. IV, la preuve indiscutable de cette multiplicité de sièges épiscopaux en Orient, et même, quoique dans une proportion moindre, en Occident.

(3) Euseb. *Hist. eccles.* VI, 43.

(4) *Hist.* II, 10.

(5) *De Schismatib. Donat.* lib. I, cap. XXIII.

(6) De Rossi, *Bulletin d'archéologie chrétienne*, ann. 1873, pag. 116, 123, 126, 1875, pag. 171, 172, etc.

parut que beaucoup plus tard ? Non, elle eut aussi pendant longtemps un certain nombre d'évêques ruraux établis dans de simples *castella* ou même des *vici*, comme le prouvent les canons des conciles et les témoignages des historiens contemporains. Proculus, évêque de Marseille, ordonne Tuentius et Ursus, dont les sièges épiscopaux étaient *Citharista* et *Gargarius*, deux *vici* des environs de sa ville épiscopale (1). C'est ainsi qu'à la même époque, nous voyons figurer des evêques de Nice, Toulon, Carcassonne, Maguelone, qui ne figurent pas au nombre des villes dans la *Notitia civitatum*, et beaucoup d'autres qui siégeaient dans de simples *vici* ou *castella*.

Cette multiplicité des sièges épiscopaux, qui pouvait avoir sa raison d'être à l'époque des persécutions, présenta de sérieux inconvénients lorsque la paix eut été donnée à l'Église. Aussi, dès le milieu du IVe siècle, la discipline ecclésiastique sur ce point éprouva-t-elle un grave changement. L'autorité des évêques des bourgades, qui reçurent plus tard le nom de chorévêques, fut absorbée peu à peu par l'autorité des évêques des villes voisines ; leurs pouvoirs furent successivement réduits; et enfin le concile de Sardique, qui se tint l'an 343 sous la présidence du célèbre Osius, de Cordoue, statue qu' « il ne serait plus loisible de constituer un évêque « dans un bourg ou une petite ville où un seul prêtre « suffit ; car établir un évêque dans de pareilles loca- « lités, c'est avilir la dignité et l'autorité épiscopale. « Toutefois, les évêques de la province devaient con- « tinuer à placer des évêques dans ces mêmes localités,

(1) S. Zosimi *Epist.* I, cap. III, epist. IV, n° 4.

« lorsqu'elles étaient en possession depuis longtemps « d'un siège épiscopal » (1).

Ce célèbre canon du concile de Sardique porta un coup mortel aux évêques de village ou de campagne : néanmoins, dans les termes prudents où il était conçu, il n'abrogeait pas les droits déjà acquis : voilà pourquoi, même plusieurs siècles après, des sièges épiscopaux avaient été conservés dans des localités peu importantes.

Nous avons voulu insister sur ces considérations qui pourront paraître nouvelles, peut-être, aux personnes qui ne sont pas familières avec l'histoire et l'ancienne discipline ecclésiastique, pour prouver la faiblesse de l'unique argument qu'on puisse faire valoir contre la possibilité de l'existence d'un évêché distinct à Venasque, en raison du peu d'importance de cette localité et de sa proximité de la ville de Carpentras.

Sans revenir sur les arguments qu'on a fait valoir en faveur de la coexistence des deux sièges, on n'accusera certainement pas Polycarpe de la Rivière d'avoir fabriqué les actes de saint Siffrein, tirés des archives de Lérins publiés par Barralis et Surius, et dont nous trouvons des fragments conformes au texte publié par ces deux auteurs, dans les livres de chœur de la cathédrale de St-Siffrein, conservés à la bibliothèque d'Inguimbert et qui datent du XIIIe ou du XIVe siècle.

Or, d'après la légende de saint Siffrein, dont le texte primitif, qui paraît remonter au VIIIe ou au IXe siècle, a été composé sur des documents antérieurs, ce saint

(1) Mansi *Concil.* III, 10.

aurait eu pour maître dans le monastère de Lérins saint Césaire, qui devint plus tard l'illustre évêque d'Arles. Celui-ci étant entré à Lérins en 490 et ayant été fait évêque d'Arles, vers 501, c'est sur la fin du cinquième siècle qu'il a connu le jeune Siffrein à Lérins. Saint Siffrein à son tour fut appelé à l'évêché de Venasque à l'âge de trente ans et il occupa ce siège jusqu'à une vieillesse avancée (1). En faisant dater sa promotion à l'épiscopat de l'année 520, et en le faisant siéger quarante ou cinquante ans, ce qui s'accorde parfaitement avec le texte des chroniques de Lérins et l'opinion commune, il suit qu'il a occupé le siège de Venasque depuis l'an 520 jusqu'en 560 ou 570 (2).

Or, pendant ce même temps, ou du moins jusque vers l'an 550, nous voyons des évêques parfaitement authentiques siéger à Carpentras et souscrire aux nombreux conciles qui se tinrent pendant cette période. Julien souscrit au concile d'Epaone en 517, au concile de Carpentras en 527, à celui d'Orange en 529 (3). Clématius souscrit au quatrième concile d'Orléans en 541, au cinquième concile tenu dans la même ville en 549 et au deuxième concile de Paris vers 551 (4).

Si donc, pendant l'épiscopat de saint Siffrein à Venasque, il y avait des évêques à Carpentras, c'est que les deux sièges étaient simultanément occupés par leurs propres pasteurs.

(1) *Post longa autem annorum curricula, cum jam esset canitie venerandus*, disent les deux chroniques de Lérins.

(2) L'abbé Paul de Terris, *S. Siffrein*, broch. 39 p. Paris, Louis Vivès, 1875.

(3) *Gallia Christiana*, tom. I.

(4) *Gallia Christiana*, ibid.

Ne pouvant nier la force de cet argument, les auteurs qui contestent l'existence de l'évêché de Venasque, l'abbé de St-Véran et le P. Justin, en sont réduits à s'inscrire en faux contre les chroniques de Lérins, parce qu'elles ne cadrent pas avec leur système, et à assigner à l'épiscopat de saint Siffrein une très courte durée, au lieu des longues années que lui donnent les auteurs de sa légende, tant il est vrai qu'à écrire l'histoire de parti pris, on en vient à en faire un lit de Procuste, auquel tout doit s'accommoder vaille que vaille (1).

Sans insister davantage sur une question que d'autres ont traitée avant nous et d'une manière plus complète, contentons-nous d'ajouter, avec une sage critique, que, « suivant l'opinion la plus vraisemblable, les deux « évêchés de Carpentras et de Venasque eurent, dans « l'origine, chacun un évêque particulier. Mais vers la « fin du Ve siècle, au milieu du bouleversement causé « par les invasions barbares, les deux sièges furent « réunis en un seul, et les prélats qui les possédèrent, « résidèrent tantôt à Carpentras, tantôt à Venasque, en « prenant indifféremment l'un ou l'autre titre. C'est « seulement vers le XIIe siècle que Carpentras paraît « l'emporter définitivement (2) ».

Le catalogue des évêques de Venasque antérieurs à saint Siffrein, tel qu'il a été donné par divers auteurs, à la suite de Dom Polycarpe de la Rivière, comprend Firmus, Publius, Marcius, Vivianus, Superventor,

(1) Sur ce même sujet de l'existence de Venasque, voir la savante dissertation des auteurs de la *Monographie de S. Siffrein*, pag 4-15, dont la conclusion est au moins très probable. En fait d'histoire, il faut bien savoir se contenter des probabilités.

(2) *Annuaire de la Société de l'histoire de France*, 1846.

Desiderius et Castissimus. Tout incertaines que soient les données de l'histoire relatives aux prédécesseurs de saint Siffrein, nous croyons devoir recueillir ces noms et rapporter, sans les garantir, les opinions des historiens nos devanciers. Cette manière d'écrire l'histoire nous paraît préférable à l'esprit de système qui rejette de parti pris tout ce qui ne cadre pas avec des opinions préconçues.

Firmus. Cet évêque ne nous est connu que par le fameux discours de saint Amat, publié par le chartreux Polycarpe de la Rivière et qui se trouve reproduit dans divers ouvrages, en particulier dans le *Gallia Christiana* (1). Nous devons dire, pour être sincère, que ceux auxquels dom Polycarpe de la Rivière (2) n'inspire pas

(1) *Gallia Chriitiana*, tome Ier. Instrumenta quæ spectant ad metropolim Avenionensem, n° 1, pag. 137.

(2) Dom Polycarpe de la Rivière, prieur de Bonpas de 1631 à 1638, a laissé, entre autres ouvrages manuscrits, les *Annales Ecclesiæ, civitatis et comitatus Avenionensis*, qu'on conserve à la bibliothèque d'Inguimbert, 3 vol. in-folio. Très estimé de son temps pour sa science et son érudition, Théophile Raynaud l'appelait *Cathusiensis familiæ clarum lumen*. Le général des chartreux, dom Bruno d'Haffringues, avait une grande affection pour lui : il posséda l'estime des cardinaux du Perron et de Marquemont et fut intimément lié avec les plus illustres savants de son siècle, Peiresc, Gassendi, Honoré Bouche, Claude Robert, Sirmond, Columbi, etc. Ce n'est que longtemps après sa mort qu'une école de néo-critique historique, non contente de discuter ces assertions, qui sur plusieurs points peuvent être en effet contestables, en est venue jusqu'à suspecter sa bonne foi d'historien et à le traiter de misérable faussaire et même d'apostat. Tout en se tenant en garde contre quelques-unes de ses conclusions qui ne sont pas suffisamment prouvées, on doit reconnaître pourtant qu'on trouve de précieux renseignements dans les manuscrits qui nous restent de lui. La critique historique naissait à peine de son temps : si sur bien des points elle offre des lacunes, est-ce une raison pour méconnaître les services que nous ont rendus nos devanciers ?

grande confiance ont contesté avec beaucoup de vivacité l'authenticité de la pièce publiée par le docte chartreux. Nous n'entreprendrons ni de réfuter ni de rééditer des arguments qu'on a fait valoir contre dom Polycarpe, qui n'est accusé de rien moins que d'avoir en ce point, comme en plusieurs autres, sciemment falsifié l'histoire pour des motifs qu'on n'explique pas.

D'après cette pièce, qui n'a pas paru si suspecte aux auteurs du *Gallia Christiana* et aux Bollandistes eux-mêmes, saint Amat était dans la troisième année de son épiscopat quand Avignon fut menacé par le farouche Chrocus, qui, à la tête de hordes innombrables de barbares de race germanique, avait mis à feu et à sang une partie des Gaules, dévasté et ruiné les villes les plus florissantes, Lyon, Vienne, Clermont, Gabalum, Trois-Châteaux, Valence, Orange, Vaison, Carpentras, Vénasque et beaucoup d'autres. Voyant l'orage approcher de sa ville épiscopale et toute résistance inutile, le pieux évêque exhortait son peuple à souffrir courageusement les tourments et la mort pour le nom de Jésus-Christ, à l'exemple de tant de pontifes et de fidèles qui avaient déjà été immolés par la rage du barbare. « Il n'a rien « épargné, disait-il, ni l'âge, ni le sexe, ni la condition. « Les évêques eux-mêmes, vénérables par leurs cheveux « blancs, leur sainteté et leur doctrine, il les a frappés « par le glaive ou la hache et mis à mort. Ce sont, à « Gabalum, Privat ; à Albe, Avolus; à Valence, Sextus; « à Trois-Châteaux, Juste ; *à Venasque, Firmin ;* à « Apt, Léonius ; *à Carpentras, Valentin ;* Victor à « Arles, Lucius à Orange ; Félix à Nîmes ; Venustus à « Agde. Tous ont été renversés avant nous par cette « horrible tempête. »

La tradition avignonaise ajoute que la ville succomba à son tour sous les coups des Barbares et que saint Amat remporta la palme du martyre avec une partie de son peuple.

Si l'on a contesté l'authenticité de la pièce à laquelle nous venons d'emprunter ce passage, sans en démontrer pourtant la fausseté autrement que par des arguments purement négatifs, il ne faut pas oublier que l'invasion même de Chrocus et les dévastations qui l'accompagnèrent sont un des faits les mieux établis de l'histoire d'une des périodes les plus troublées de l'empire romain et de la primitive Eglise. Les historiens les moins suspects s'accordent ici avec le fameux document dont on attribue la paternité au prieur de Bonpas, de sorte que, en dehors même de la créance que de fort graves auteurs ont accordée au discours de saint Amat (1), nous pouvons regarder comme incontestable qu'à peine nées et organisées au milieu des troubles des persécutions païennes, nos églises des Gaules ont disparu momentanément au milieu des désastres sans nom des invasions barbares.

Saint Grégoire de Tours, le père de l'histoire de France, qui vivait dans la seconde moitié du VIe siècle, nous fait de l'invasion de Chrocus, qu'il place au temps des empereurs Valérien et Gallien, un tableau qui se rapproche beaucoup du discours de saint Amat (2). Ce discours

(1) Je me borne à citer le *Gallia Christiana*, tome Ier, pag. 137 des *Instrumenta ;* les Bollandistes, *Acta sanctorum Augusti*, tom. IV.

(2) Horum tempore et Chrocus ille Alamnarum rex, commoto exercitu, Gallias pervagavit.... cunctasque ædes fabricatæ quæ fuerant a fundamentis subvertit. (*Histor. Francor.* lib. I, cap. XXX, XXXII.) Valérien et Gallien régnèrent ensemble de 254 à 260. Valérien ayant été fait prisonnier par

nomme, parmi les victimes de la persécution de Chrocus, saint Privat, évêque de Gabalum (Javols, aujourd'hui diocèse de Mende). Or, nous possédons les actes de saint Privat, dont l'antiquité n'est pas contestable, puisque Grégoire de Tours leur a emprunté plusieurs des détails de son histoire : ces actes rappellent également les dévastations sauvages qui signalèrent le passage des bandes de Chrocus, et assignent, comme Grégoire de Tours, la date de cette invasion au temps de Valérien et de Gallien (1).

Sapor, roi des Perses, Gallien, son indigne fils, porta le titre d'empereur jusqu'en 268. Mais, à la nouvelle de la captivité de Valérien, une nuée de barbares fondirent de toutes parts sur l'empire romain, dont les provinces les plus florissantes furent couvertes de sang et de ruines. C'est alors que la plupart des armées romaines, n'ayant rien à attendre du misérable Gallien, et voulant courageusement tenir tête aux barbares, élevèrent aux honneurs de la pourpre impériale leurs propres généraux, dont plusieurs s'en montrèrent dignes. Ces Césars d'un jour et d'une province sont connus dans l'histoire sous le nom des *trente tyrans*, quoiqu'ils ne fussent ni trente ni tyrans. (Le comte de Champagny, *Les Antonins*, tom. III, pag. 350.) On compta parmi les plus énergiques le forgeron Marius, élevé à l'empire en 268. Ce pourrait bien être ce Marius qui, au rapport de l'historien Frédégaire, vainquit et fit prisonnier Chrocus près d'Arles, bien que Frédégaire, plus éloigné des évènements qu'il raconte que Grégoire de Tours, ait placé au Ve siècle la date de l'invasion de Chrocus (Voir *Acta sanctorum feb.*, tom. V, p. 777.)

(1) Les *Acta breviora*, qui ont été publiés d'abord par Vincent de Beauvais (*Specul. historial.*, libr. XI, cap. LXXV) ont défiguré le nom de Chrocus en Hérode, nom que ne porta certainement jamais un chef allemand. Les *Acta longiora* ont rétabli le nom de Chrocus (Bollandistes, *Acta sanctorum augusti*, tom. IV, pag. 433-441.) Les traditions de la plupart des églises des Gaules sont d'ailleurs conformes sur ce point à la tradition avignonaise et à celle de Mende. Saint Didier, évêque de Langres, fut mis à mort dans une mission de barbares de race germanique, au témoignage du martyrologe romain (23 mai). Le Bollandiste Heuschen, contrairement à l'opinion de Sigebert de Gembloux, place son martyre à l'époque de l'invasion de Chrocus, sous Valérien de Gallien. (*Acta Sanct. maii*, tom. V pag. 244), et cette date concorde mieux que celle de 411 avec les actes du saint, qui ont été recueillis vers le VIIe siècle par Warnhaire.

Il suffit d'ailleurs d'avoir ouvert une histoire de l'empire romain pour ne pas ignorer quels désastres semèrent sur leur passage les innombrables hordes qui se ruèrent sur les provinces frontières, sur la Gaule en particulier, pendant ces tristes années qui précédèrent le règne de Dioclétien. Sous Probus, on eut à rétablir plus de soixante-dix villes qui avaient été renversées par les Allemands.

Frédégaire, un des continuateurs de Grégoire de Tours, qui écrivait vers la fin du VIIe siècle, raconte aussi l'invasion de Chrocus et les désastres qui la signalèrent. Il en recule seulement la date jusqu'au commencement du Ve siècle. Sigebert de Gembloux place également cette invasion vers l'an 411. Le sentiment de Grégoire de Tours, beaucoup plus rapproché des évènements qu'il décrit, mérite évidemment plus de confiance, à moins que, pour concilier ces différences de dates, on ne veuille, avec quelques auteurs, prétendre qu'il y a eu, à deux reprises différentes, deux invasions allemandes sous deux chefs portant le même nom. Mais le fait en lui-même de l'invasion de Chrocus au IIIe siècle, des ravages qu'il exerça et du grand nombre de chrétiens qu'il mit à mort, ne peut être sérieusement contesté. C'est un point assez important de l'histoire de nos églises pour que nous ayons cru devoir nous y arrêter un moment.

D'après les mêmes Bollandistes, qui s'appuient sur les plus sérieuses autorités, c'est dans cette même invasion de Chrocus que périrent à Clermont saint Antholien et une foule d'autres chrétiens et saint Limeneus (*Acta sanct. februar.*, tom. I, pag. 776 et seq. ; *Acta sanctarum martii*, tom. III, p. 765), de sorte que, indépendamment du texte de Grégoire de Tours et du discours de saint Amat, on pourrait reconstituer l'itinéraire du farouche envahisseur germain, d'après les seules traditions des églises des Gaules.

Publius. Dom Polycarpe de la Rivière assure avoir tiré d'un manuscrit de l'église d'Avignon que, sous l'empire de Dioclétien et de Maximien, vers l'an 290, les habitants de Venasque et ceux de Carpentras, privés de leurs évêques depuis le martyre de Firmus et de Valentin, envoyèrent une ambassade au pape saint Caius pour le supplier de mettre fin au veuvage de leurs Églises. Par ordre du pape, Paschalius, évêque de Vienne, Italius, évêque d'Arles, et Cœdicius d'Avignon sacrèrent Sellius pour le siège de Carpentras et Publius pour celui de Venasque. Le *Gallia Christiana* suspecte l'authenticité des titres invoqués par Dom Polycarpe en faveur de l'épiscopat de Sellius et de Publius.

Marcius, évêque de Venasque, vers l'an 313, au dire de quelques auteurs, accompagna auprès de l'empereur Constantin, Marin, évêque d'Arles, son métropolitain, et assista en 314 au célèbre concile d'Arles, qui compta, nous l'avons dit précédemment, plusieurs centaines d'évêques. Nous ne connaissons d'une manière certaine les noms que de quelques-uns des Pères de ce concile, un des plus célèbres de l'antiquité. Il faut remarquer d'ailleurs que les listes conciliaires des quatre premiers siècles sont fort incomplètes et défectueuses ; les notaires qui recueillaient les actes de ces assemblées ecclésiastiques ne se mettaient nullement en peine d'écrire les noms de tous ceux qui y avaient assisté (1). D'ailleurs, comme les évêques qui souscrivaient à ces conciles se contentaient le plus souvent d'apposer

(1) Dom Chamard, *Les Églises du monde romain*, pag. 222-224

leur nom aux décrets promulgués, sans désigner les sièges qu'ils occupaient, il est difficile de tirer un argument des listes conciliaires plus ou moins exactes qui sont arrivées jusqu'à nous.

Un évêque du nom de *Vivianus*, qu'on croit avoir été évêque de Venasque, assistait en 353 au faux concile d'Arles, réuni par les ordres de l'empereur Constance, qui fut, on le sait, le fauteur de l'Arianisme, et dans lequel la faction arienne, qui y était en majorité, obtint une sentence de condamnation contre saint Athanase (1). Vincent de Capoue, légat du pape Libère, eut la faiblesse de souscrire à la condamnation du saint docteur. Saint Paulin de Trèves, qui se montra le fidèle défenseur de l'orthodoxie, fut exilé en Phrygie par ordre de l'empereur.

Après une assez longue interruption, on signale comme ayant siégé à Venasque l'évêque *Superventor*, dont le nom figure parmi les signataires de la lettre que les évêques de la Narbonnaise, au nombre de dix-neuf, écrivirent en 450 au pape saint Léon, pour demander que l'évêque Ravennius d'Arles fût confirmé dans la possession des droits de primatie accordés à son siège. L'année suivante, réunis en plus grand nombre à Arles, les évêques des Gaules écrivirent de nouveau à saint Léon pour confirmer, par la foi de leurs églises, la lettre que ce pape avait écrite à Flavien, patriarche de Constantinople, pour condamner l'hérésie d'Eutychès. Dom Polycarpe assure avoir trouvé dans le cabinet du docte

(1) Longueval, *Hist. de l'Eglise gallicane*, tom. I, p. 222.

président Savaron (1) une copie de cette lettre, où la plupart des évêques étaient désignés avec le nom de leur ville épiscopale : sur cette copie, Sabinus était qualifié évêque de Carpentras et Superventor, évêque de Venasque (2).

Saint *Desiderius* ou Didier (3) occupait le siège de Venasque pendant la moitié du Ve siècle, à l'époque où Euric, roi des Goths, prince arien qui causa beaucoup de mal à la religion, dévastait les deux rives du Rhône et persécutait cruellement les catholiques de ses Etats et des provinces voisines. Plusieurs prêtres et évêques furent mis à mort, d'autres envoyés en exil : parmi ceux-ci Fornery nommé Fonteius, évèque de Vaison, Eutrope d'Orange, Julien de Cavaillon et Marcel, de Carpentras. Clarus, évêque de Gabalum et Didier, évêque de Venasque furent mis à mort par le farouche persécuteur en 473.

Pour perpétuer la mémoire de saint Didier, la piété des habitants éleva un oratoire qui lui fut dédié, auprès de la ville de Venasque. Dans la suite, des maisons

(1) Jean Savaron, seigneur de Villars, conseiller du roi, président et lieutenant général de la sénéchaussée d'Auvergne, était fils d'Antoine Savaron et petit-fils d'Huës Savaron, seigneur de Villars et de Françoise Terris (*Les origines de Clermont*, pag. 291-294)

(2) Bouche, dans son *Histoire de Provence ;* le *Gallia Christiana ;* Gassendi, dans l'*Hist. des évêques de Digne ;* Nouguier, *Hist. des évêques d'Avignon ;* Colombi, dans l'*Hist. des évêques de Vaison*. Gariel, dans celle des évêques de Maguelonne, et Savaron lui-même dans l'*Hist. des évêques de Clermont*, ont cité ce document, dont l'original fait malheureusement défaut.

(3) L'annuaire de Vaucluse de 1854, place un évêque du nom de *Leodegarius* entre Superventor et saint Didier, vers 462.

vinrent se grouper autour de cette chapelle et donnèrent naissance à un bourg aujourd'hui fort important (1).

Castissimus nous est connu par les chroniques de Lérins, qui nous apprennent qu'il fut le prédécesseur immédiat de saint Siffrein. Après la mort de saint Didier, Venasque resta neuf ans sans évêque. Une députation se rendit alors auprès du préfet des Gaules, Tonantius Ferreolus, qui jouissait d'une grande influence auprès du roi Euric. On le pria d'intervenir auprès du monarque arien afin d'obtenir un nouveau pasteur. Euric accéda à la demande de Tonantius et vint même assister au sacre du nouvel évêque, qui était Castissimus (492).

A Castissimus, vers l'an 520, succéda saint Siffrein, qui, d'après l'opinion la plus commune, réunit sur sa tête les titres épiscopaux de Carpentras et de Venasque. Nous en parlerons plus longuement dans l'histoire des évêques de Carpentras, à laquelle ce que nous venons de dire de l'évêché et des évêques de Venasque devait servir comme d'introduction.

(1) *Monographie de S. Siffrein*, par M. Andréoli et Lambert, p. 9.

SECONDE PARTIE

LES

ÉVÊQUES DE CARPENTRAS

Nous avons exposé les origines de notre Église, et recueilli dans les écrits de nos devanciers ce qui nous a paru le plus probable, touchant les évêques de Vénasque, dont l'histoire tient par tant de côtés à celle que nous entreprenons d'écrire. Nous avons maintenant à dérouler la série des pontifes qui, durant quinze siècles, se succédèrent sur la chaire épiscopale de Carpentras.

Le plan que nous nous sommes tracé ne comporte pas de longues digressions dans le champ de l'histoire civile et politique de notre ville. A d'autres d'aborder ce sujet fécond lui aussi en graves enseignements et en détails pleins d'intérêt. Ce ne sera que par occasion et en tant que l'histoire politique de notre pays touchera à l'histoire religieuse, que nous aurons à nous en occuper. Nous devons remarquer, d'ailleurs, qu'à part de rares et passagères exceptions, les deux puissances marchèrent d'accord dans notre ville, se prêtant l'une à l'autre un mutuel appui. En inscrivant sur le blason de leur ville, surmontant l'image vénérée du saint Clou, cette noble devise : *Unitas fortitudo, dissensio fragilitas* (1), nos pères avaient compris de quelle importance il est pour une simple cité, comme pour l'Etat lui-même, de réunir en un faisceau commun toutes les bonnes volontés et tous les dévouements. Qu'avons-nous gagné depuis que

(1) Carpentras porte dans ses armes : *de gueules au saint Mors d'argent*. L'église portait les mêmes armes, seulement elle y ajoutait la crosse épiscopale posée en pal, tandis que la ville les timbrait de la couronne de comte, avec deux anges pour supports, *l'un desquels ayant en main un faisceau lié de flèches s'efforce (en vain toutefois) de les rompre, estant ainsi unies et liées tout ensemble ; l'autre, par contre, estant son faisceau séparé et délié, montre les rompre fort facilement l'une après l'autre, avec la devise : Unitas fortitudo, dissensio fragilitas.* (Éloges et remarques du diocèse de Carpentras, mns in-8°, portant le n° 31 du recueil de Tissot à la bibliothèque de Carpentras, attribuée au chanoine Antoine Barbier.)

Nous reproduisons ici le sceau de l'Église de Carpentras en usage au siècle dernier ; nous donnerons plus tard le dessin d'une des bulles en plomb qui servirent pendant plusieurs siècles à sceller les actes relatifs aux affaires temporelles de l'évêché.

Antoine Barbier, l'auteur présumé du manuscrit dont il vient d'être parlé, était avocat et docteur-ès-droits. Fils de Toussaint Barbier et de Magdeleine de Brédune, il épousa le 4 octobre 1607 Claire de Vétéris. Il composa son manuscrit en 1649, ainsi qu'il le dit lui-même au folio 209 recto dudit mns, qui est de 227 feuillets. M. le marquis Edmond de Seguins-Vassieux croit pouvoir établir qu'Antoine Barbier, devenu veuf, entra dans les ordres et devint ce chanoine Antoine Barbier, mort septuagénaire le 25 février 1653 et inhumé le lendemain dans l'église de l'Observance. (Voir à son sujet : *N. D. de l'Observance à Carpentras*, — broch. 32 pag. Carpentras, Tourrette, 1880 ; et Mistarlet, pag. 114, 116.)

les passions, rompant l'accord séculaire qui existait jadis entre l'idée religieuse et l'idée politique, ont fait de celle-ci l'adversaire et l'oppresseur de celle-là ?

Puissent ces simples pages, dictées par le seul amour de la vérité et du bien, rappeler à nos compatriotes la vieille maxime de leurs pères : *L'union rend fort, la discorde fragile.*

I. — Saint Valentin, le premier des évêques de Carpentras dont le nom soit arrivé jusqu'à nous, ne nous est connu que par le discours de saint Amat, dont Polycarpe de la Rivière nous a donné le texte, emprunté, dit-il, à un ancien manuscrit de l'Église d'Avignon.

D'après ce document, Valentin aurait été mis à mort, avec une partie de son peuple, pendant l'invasion des Allemands commandés par Chrocus.

Nous n'avons rien à ajouter à ce que nous avons déjà dit de l'invasion de Chrocus, en parlant de Firmus, évêque de Venasque. Les auteurs qui, à la suite d'Eusèbe Didier, refusent d'ajouter foi à l'autorité de Dom Polycarpe, ne comptent pas saint Valentin au nombre des évêques de Carpentras. Mais la tradition, qui reconnaît comme martyr le premier de nos évêques, est loin d'avoir perdu toute créance. La statue de saint Valentin figure, faisant pendant à celle de saint Andéol, sur l'autel monumental élevé en l'honneur du Sacré-Cœur dans la cathédrale de St-Siffrein, et son image se voit sur un des vitraux de la nouvelle église de Notre-Dame de l'Observance.

D'après l'opinion la plus probable, l'invasion de Chrocus a eu lieu vers l'an 265.

II. — Sellius. L'épiscopat de Sellius ne nous est connu que par le témoignage fort contesté de Dom Polycarpe de la Rivière. D'après le prieur de Bonpas, les chrétiens qui survécurent à l'invasion de Chrocus, ne trouvant plus de simples prêtres pour remplacer leurs évêques massacrés, eurent recours au saint pape Caïus, et lui demandèrent de leur envoyer d'Italie de nouveaux pasteurs. A sa voix, de nombreux apôtres franchirent les Alpes et vinrent reprendre le glorieux sillon interrompu par l'héroïque mort de leurs devanciers.

Dom Polycarpe affirme qu'en l'an 290, Paschalius, évêque de Vienne, Italius, évêque d'Arles, et Cœdicius, évêque d'Avignon, ordonnèrent Sellius pour le siège de Carpentras. Le pape régla à cette occasion la délimitation des deux diocèses de Carpentras et de Venasque, pour bien fixer la juridiction des deux évêques qui les administraient.

Barbier, le *Gallia Christiana* et Charles Cottier, remarquant que les noms de ces évêques de Vienne, d'Arles et d'Avignon sont complètement inconnus, n'accordent aucune confiance aux titres invoqués par dom Polycarpe en faveur de l'épiscopat de Sellius. Nous nous bornons à constater les opinions diverses des auteurs à son sujet.

III. — Mœcilius (313). Le trône des Césars était occupé depuis quelques années par l'empereur Constantin. L'éclat de la pourpre impériale et les travaux de la guerre ne firent point oublier à Constantin-le-Grand le sort de l'Église chrétienne, qui, sortant à peine de l'ère sanglante des persécutions, avait déjà d'autres orages à affronter. Le schisme des Donatistes agitait alors la chrétienté, et, pour amener la pacification, Constantin fit convoquer, en l'année 314, le célèbre concile d'Arles, auquel n'assistèrent pas moins de six cents évêques, d'après les témoignages les plus authentiques (1). Il est probable que tous les évêques du Midi des Gaules s'y trouvèrent présents, mais on ne connaît cependant d'une manière certaine que la présence de seize évêques ou représentants d'évêques gaulois, entre autres de Daphnus, évêque de Vaison, et celle de son exorciste (2). Les actes de ce concile portent encore la suscription d'Innocentius, diacre, et celle d'Agapius, exorciste, et les historiens se sont livrés à leur sujet à de longs commentaires.

Le P. Sirmond, dans son histoire des conciles, croit qu'Innocentius et Agapius sont les délégués de l'évêque de Nice. Binius, Surius, les manuscrits du président Savaron et Polycarpe de la Rivière les font, au contraire, les délégués de Mœcilius, évêque de Carpentras. Fornery adopte cette dernière explication et ajoute que Mœcilius fut du nombre des prélats qui se réunirent à Verus, archevêque de Vienne, pour aller rendre leurs hommages au grand Constantin. L'empereur les reçut avec beaucoup d'égards, les combla d'honneurs et leur donna des sommes considérables pour relever leurs églises, ruinées par les invasions qui venaient de désoler leurs pays.

Le *Gallia Christiana* et le chanoine Barbier révoquent en doute l'authenticité de cet évêque.

(1) Dom Chamard, *Les Églises du monde romain*, pag. 217, 233.

(2) Sur l'inexactitude et les lacunes que présentent les listes conciliaires des conciles des premiers siècles, voir dom Chamard, *loco citato*.

IV. — Saint Oronce Modeste (440). Après Mœcilius nous avons une lacune de plus d'un siècle dans la liste de nos évêques : le premier dont fassent mention quelques chronologistes fut Oroncius ou Orontius Modestus. Précurseur de saint Colomban, comme lui il venait de ces îles vierges du nord où les proconsuls romains ne pénétrèrent jamais, et qui jamais ne connurent les orgies de la Rome païenne. Au moment où les Gaules s'abîmaient sous le double fléau de la décadence romaine et de l'invasion germanique, ce fut l'Ecosse et l'Irlande qui nous envoyèrent ces colonies d'apôtres admirables, à qui plusieurs de nos églises durent le rétablissement de la discipline ecclésiastique (1).

On sait peu de choses de l'épiscopat d'Oronce Modeste. On dit seulement qu'après avoir évangélisé l'Écosse, son pays d'origine, il vint dans les Gaules, où la sainteté de sa vie le fit bientôt élever, malgré lui, aux honneurs de l'épiscopat.

A l'époque où il siégeait dans notre ville, le clergé se trouvait fort divisé au sujet de la primatie des Gaules, que se disputaient l'archevêque de Vienne et celui d'Arles. Pour pacifier les esprits, on assembla en 444 un concile où siégèrent saint Germain d'Auxerre, et saint Eucher de Lyon et que présida saint Hilaire d'Arles lui-même. Ce concile est qualifié dans plusieurs collections conciliaires, entre autres dans celle de Labbe, *Concilium incerti loci in Galliâ*. D'après les actes du concile d'Arles

(1) Voir Thomas Dempster ou Empstor, *Hist. ecclès. d'Ecosse*, en 19 livres, liv. XVI, pag. 52 ; Scaliger, *Notit. Gall.* et J. M. de Suarès, *Descriptio comitatûs Venaissini*.

de 452 ou 453 (1), et Vincent Barralis, dans son commentaire sur la vie de saint Eucher, s'appuyant sur Demochare (2), ce concile se serait tenu à Carpentras.

Outre la question de la primatie disputée par les sièges d'Arles et de Vienne, on y traita de l'affaire de Chélidoine, évêque de Besançon, qui fut déposé de l'épiscopat.

V. — SABINUS (451). Cet évêque, dont on a de la peine à trouver la trace dans l'histoire, figurait sur le catalogue des évêques de Carpentras qu'avait fait peindre dans une des salles de son palais, à la fin du dernier siècle, Mgr Buti.

Dom Polycarpe de la Rivière assure avoir vu dans les papiers du président Savaron une copie de la lettre de Ravennius, évêque d'Arles, au pape saint Léon pour affirmer la foi des églises du Midi des Gaules, contre l'hérésie d'Eutychès, à la suite de laquelle se trouvait la signature de Sabinus, évêque de Carpentras. On ne peut malheureusement accorder une créance absolue aux dires de dom Polycarpe.

VI. — SAINT ANTOINE OU ANTONIN (460). Avec la seconde moitié du cinquième siècle, nous voyons monter sur le siège épiscopal de Carpentras un pontife, dont la tradition populaire, plus fidèle que les parchemins de l'histoire, a gardé précieusement le souvenir ; c'est saint

(1) Carraca, édition de Venise, 1546, pages 45 et 139.

(2) *Chronologia sanctorum et aliorum virorum illustrium sacræ insulæ Lerinensis.* 1613, tom. 1, pag. 388.

Antoine, plus communément connu sous le nom de saint Antonin (1).

D'où venait saint Antoine lorsque, vers la moitié du cinquième siècle, il fut élevé aux honneurs de l'épiscopat ? Quelques auteurs ont prétendu qu'il sortait de la célèbre abbaye de Lérins. L'histoire ne nous en dit rien; la tradition populaire, qui s'est perpétuée d'âge en âge à Bedoin, affirme même le contraire (2). D'après cette

(1) Quelques listes épiscopales, celle du *Gallia Christiana* entre autres, ne font pas mention de saint Antoine. On s'explique assez difficilement cet oubli : sans doute, il y a bien des points obscurs dans l'histoire de ce saint prélat, mais son existence même et son épiscopat ne peuvent être sérieusement révoqués en doute, comme le reconnaissent les savants Bollandistes (*Acta Sanctorum, septembris*, tom. IV, pag. 81-82 et tom. VIII, pag. 772-782.)

(2) Les reliques de saint Antoine ayant été brûlées par les Calvinistes en 1562, ainsi que nous le verrons plus tard, l'évêque de Carpentras, Cosme Bardi, pour s'assurer de la légitimité du culte que l'on rendait, à Bedoin, à son saint prédécesseur, fit faire, en 1624, une enquête canonique sur son culte, ses reliques, et même sur les traditions populaires qui avaient cours, relativement à sa vie. Cette enquête fut confiée à MM. Esprit Magnan, docteur en théologie et chanoine de l'église cathédrale ; Paul de Florens, chanoine-pénitencier, et Esprit Guyon, professeur de théologie et bénéficier. Plus de vingt témoins furent entendus pendant les quinze jours que dura l'enquête, du 30 avril au 13 mai : ils durent, sous la foi du serment, déposer de ce qu'ils savaient. Parmi ces témoins, on trouve huit octogénaires : la plupart avaient assisté à la scène de vandalisme de 1562 ; tous avaient recueilli les traditions de leurs aïeux, lesquelles ne diffèrent les unes des autres en rien d'essentiel. Nous avons donc là le témoignage authentique de la tradition populaire telle qu'elle était au seizième siècle. L'original de cette enquête était conservé dans les archives du chapitre de Carpentras. Les savants auteurs des *Acta Sanctorum* avaient publié dans le tome IV de septembre (p. 81-82) une notice assez incomplète sur le saint évêque, d'après des renseignements fournis par l'abbé de Brantes, en 1776. Après l'apparition de ce volume, M. Durand, curé de Bedoin, fit de plus amples recherches, et finit par découvrir entre autres documents les actes de l'enquête de 1624, qui furent communiqués aux Bollandistes en 1758. Les doctes hagiographes, comprenant toute l'importance de ce document, n'ont pas hésité à le traduire en latin et à le reproduire au tome VIII de septembre (pag. 772-782.)

tradition, notre saint naquit dans la ville de Vienne en Dauphiné. Profondément pénétré du désir de la perfection évangélique, il ne tarda pas à se faire remarquer par son assiduité à la prière et l'extrême simplicité de sa vie. Mais ses concitoyens traitèrent bientôt sa piété d'exagération et sa simplicité d'hallucination et de démence. Les choses en vinrent à un tel point que, ne trouvant pas dans sa patrie la liberté nécessaire pour vaquer au service de Dieu, le jeune Antoine s'enfuit et vint se cacher dans les gorges sauvages du mont Ventoux près de Bedoin. Il vécut là, pendant plusieurs années, de la vie austère des anachorètes, recevant de la charité des rudes habitants de la montagne le pain dont il se nourrissait.

Un jour cependant le jeune solitaire entendit la voix de Dieu qui l'appelait à travailler au salut des âmes. Il se rendit à Carpentras, se livra aux études et y fit bientôt de tels progrès qu'il mérita d'être admis au nombre des clercs qui desservaient l'église. Saint Oronce Modeste et Sabinus, son successeur, le remarquèrent sans doute parmi les plus pieux ministres de leur église. Toujours est-il qu'à la mort de ce dernier la voix unanime du clergé et du peuple désigna Antoine pour lui succéder.

Des actes de son épiscopat, un seul nous a été transmis par l'histoire. En 463, l'évêque de Vienne, saint Mamert, avait ordonné un évêque de Die contrairement aux droits du métropolitain d'Arles, dont la juridiction, déterminée par une décrétale du pape saint Léon, s'étendait sur l'Église de Die. L'affaire fut déférée au pape saint Hilaire, qui était monté depuis peu sur le trône pontifical. Le souverain pontife, par une lettre datée du 18 octobre 463, la renvoya à Léonce, évêque d'Arles, et lui ordonna de l'examiner dans le concile qui s'assemblait annuellement sous la présidence du métropolitain. Vingt-cinq évêques appartenant aux provinces méridionales des Gaules, parmi lesquels siégeaient saint Véran de Vence, saint Fauste de Riez et saint Eutrope d'Orange, assistèrent à ce concile, qui s'assembla dans les derniers mois de l'année 463. L'évêque de Carpentras fut chargé de l'honorable mission d'en porter les décrets à Rome et de faire de vive voix au souverain pontife une relation plus détaillée de l'affaire. Les termes dont se sert le pape saint Hilaire, dans sa réponse aux Pères du concile, montrent toute l'estime qu'il conçut de la vertu et du mérite de l'évêque Antoine. « *Nous étions* « *en grande sollicitude,* écrit le pape, *à la suite de la* « *relation fidèle qui nous était parvenue des derniers* « *évènements, quand les lettres de votre charité nous* « *ont été apportées par notre frère et co-évêque Antoine,* « *en qui nous avons reconnu un interprète digne d'une* « *aussi grande mission* (1) ». Il dit ailleurs qu'à la lettre des Pères du concile, l'évêque Antoine a ajouté ses propres observations.

(1) S. Hilarii epist. X. *In sacrosancta Concilia*, Labbe, tome IV, p. 1043.
L'auteur anonyme du *Pontificium Carpentoractense*, *Carpentoractensium seu Vendascensium episcoporum chronologia recentior, prioribus longe auctior et accuratior, ac notis historicis locupletata*, manuscrit de la bibliothèque Méjanes, à Aix, n° 742, qui date des dernières années du dix-huitième siècle, ajoute une anecdote assez intéressante, mais dont malheureusement il ne justifie pas suffisamment l'authenticité. Nous lui en laissons la responsabilité, mais le récit mérite d'être reproduit : Le pape Hilaire, ayant entendu parler de la sainteté de l'évêque Antoine, désirait vivement faire sa connaissance, Mais quand le saint évêque de Carpentras, qui, paraît-il, était peu avantageusement doué du côté de la taille et des apparences extérieures, se présenta devant lui, le pape ne put s'empêcher de dire : *Præsentia minuit famam* (une belle réputation perd à être vue de trop près). A quoi le serviteur de Dieu répondit modestement par ces paroles de l'Ecriture : *Ipse fecit nos, et non ipsi nos* (c'est Dieu qui nous a faits et non pas nous.)

L'évêque de Carpentras fut chargé de porter à son métropolitain et à ses comprovinciaux la réponse du souverain pontife, qui est datée du 24 février 464, et par laquelle les droits de primatie d'Arles sur l'église de Die sont maintenus. Saint Véran, évêque de Vence, était chargé d'adresser à l'évêque de Vienne de sévères réprimandes, et l'élection de l'évêque de Die devait être confirmée par le métropolitain d'Arles.

Ce témoignage de confiance que lui donne un concile, cet éloge que fait de lui un saint pape, ne sont-ils pas la preuve la plus authentique de la vénération que notre bienheureux évêque avait su inspirer autour de lui ?

A partir de ce moment, l'histoire, qui nous avait caché son berceau et sa jeunesse, garde également le silence sur ses dernières années et sur sa mort. La tradition de Bedoin, consignée dans l'enquête de 1624, vient heureusement combler cette lacune regrettable. Après plusieurs années d'épiscopat, nous apprend-elle, Antonin voulant se préparer au redoutable passage du temps à l'éternité, renonça volontairement au fardeau et aux honneurs de l'épiscopat, et regagnant son ancienne solitude, s'enfonça plus avant dans la montagne et se retira à Flassans, près d'une chapelle dédiée à saint André. C'est dans cette retraite austère que s'écoulèrent les dernières années de sa vie et que la mort vint le délivrer des liens de la chair ; c'est dans ce lieu solitaire qu'il voulut être enseveli.

Cependant, sur le bruit de la mort du saint évêque et des miracles qui s'opèraient par son intercession, ses parents, qui habitaient encore Vienne, voulurent que leur ville, qui n'avait pas mérité de le posséder de son vivant, s'enrichît au moins de ses reliques. Ils n'hésitèrent donc pas à entreprendre ce long voyage et arrivèrent à Bedoin. Les habitants leur indiquent le lieu où était mort le bienheureux et où reposaient ses dépouilles. Ils vont donc au tombeau du saint, prennent avec respect ses ossements précieux et se disposent à regagner leur patrie. Mais à peine sont-ils arrivés sur un pont qui traversait un torrent près de Bedoin, voilà que toutes les cloches du pays se mettent à sonner d'elles-mêmes. Les voyageurs continuent pourtant leur route ; mais arrivés sur une colline qui a pris le nom de colline de saint Antonin, ils se sentent arrêtés par une force mystérieuse qui ne leur permet pas d'aller plus loin. A ce moment des soldats, qui se trouvaient dans la tour du château de Bedoin, donnent l'alarme. On accourt et on trouve les voyageurs qui font connaître l'obstacle surnaturel qui s'oppose à leur marche. La volonté de Dieu se manifestait. On comprit que les reliques du saint évêque devaient rester dans le pays qu'il avait sanctifié par sa vie et sa mort. On les transporta avec respect et on les déposa dans une dépendance du château.

Plus tard, de nouveaux prodiges engagèrent les habitants de Bedoin à construire en ce lieu une chapelle, où les saintes reliques furent déposées avec honneur. Dans la suite, un monastère (1) s'éleva autour de l'église qui renferme la tombe du saint, et les enfants de saint Benoît vinrent reprendre, au pied des gorges du Ventoux, les

(1) Une bulle du pape Alexandre IV, de l'année 1256, reconnaît les droits de l'abbaye de Montmajour sur le monastère de Saint-Antoine de Bedoin et ses dépendances : *In diœcesi Carpentoractensi conservamus vobis monasterium S. Antonii de Beduino cum medietate Castri.* (*Acta sanctorum septembris*, tome IV, p. 81.)

traditions de vertu qu'y avait laissées le saint évêque de Carpentras.

De temps immémorial Bedoin a pris saint Antonin pour son patron, et célébré sa fête le 13 septembre de chaque année. Les témoins de l'enquête de 1624 entrent dans les détails les plus circonstanciés et les plus intéressants sur la manière dont elle était célébrée avant 1562. Nous regrettons de ne pouvoir les reproduire ici.

Le culte du saint évêque ne se borna pas à la petite localité où il avait passé une partie de sa vie, et où il voulut mourir. Nous verrons bientôt que saint Siffrein, le plus illustre de ses successeurs, fit élever en son honneur, à Carpentras, une église où il aimait à venir prier longuement. Les trop rares livres de chœur de l'ancienne cathédrale de Carpentras, conservés aujourd'hui à la bibliothèque d'Inguimbert, et dont un a été certainement écrit avant l'année 1255, portent au 13 septembre la fête du saint, comme office de neuf leçons avec octave (1). Son nom figure également dans les litanies à la suite de saint Siffrein, entre saint Martin et saint Ruf. Enfin dans l'inventaire des reliques et autres objets précieux de l'église cathédrale de saint Siffrein, qui fut fait sous l'évêque Othon en 1322, et dont l'original existe encore à la bibliothèque d'Inguimbert, se trouve mentionnée la tête de saint Antoine, autrefois évêque de Carpentras, dans un reliquaire en argent (2).

(1) *S. Antonii epi et confs. Carpen.* Un livre de chœur de l'église de Caromb, conservé à la bibliothèque d'Avignon, porte aussi la fête de saint Antoine, évêque de Carpentras, au 13 septembre, sous le rit double.

(2) *Item caput beati Anthonii, quondam episcopi Carpentoractensis in theca argentea...*

Après avoir reposé pendant des siècles dans l'église qui s'était élevée sur son tombeau, et autour de laquelle vinrent se grouper dans la suite les cellules des Bénédictins de Montmajour, les reliques du saint évêque de Carpentras furent transportées, à une époque que nous ne pouvons pas préciser, dans l'église paroissiale de Bedoin, et y reçurent les honneurs de la vénération des peuples. Mais un jour vint où la piété chrétienne ne put suffire à les préserver de la profanation. Dans les premiers jours de juillet 1562, au plus fort des guerres religieuses qui pendant si longtemps désolèrent le Comtat, les Calvinistes, sous les ordres de Mauvans et de Gaspard Pape, seigneur de St-Auban, dignes lieutenants du baron des Adrets, s'emparèrent du village de Bedoin, et obéissant aux inspirations de leur rage irréligieuse, s'acharnèrent à dévaster l'église et à profaner tous les objets du culte catholique. Il se trouva un traître qui leur fit connaître le lieu où l'on avait caché les reliques du saint patron du pays. Ces misérables les jettèrent dans un grand feu allumé sur la place publique, où elles furent consumées.

La population de Bedoin, dépouillée par cette sacrilège profanation des reliques de son saint protecteur, est néanmoins restée fidèle à son culte et à son souvenir. Tous les ans, elle célèbre encore sa fête, et, aux heures d'épreuve, elle s'adresse à lui avec confiance. Saint Antonin est également en grande vénération à Malemort, où une chapelle fut élevée en son honneur en 1691. En 1790, à la veille de la tourmente révolutionnaire qui allait disperser les pierres du sanctuaire, le chapitre de l'église de Carpentras fit fondre une cloche dédiée à saint

Antonin avec cette inscription : *Sancto Antonino episcopo Carpentoractensi.*

Le nom de saint Antonin a été complètement omis dans les offices propres du diocèse d'Avignon, approuvés par la S. C. des Rites en 1856. La nouvelle édition, approuvée en 1876, lui consacre une mention dans l'office de tous les saints du diocèse (1). Il est à regretter que l'église de Carpentras n'ait pas obtenu le privilège d'honorer d'une manière plus solennelle le saint évêque dont le culte s'est conservé dans son sein jusqu'à la Révolution. Des démarches avaient été projetées dans ce sens, il y a quelques années. Il serait facile de les reprendre et d'obtenir en cour de Rome, la confirmation canonique du culte immémorial qui est rendu à ce saint.

On nous permettra de nous être étendu un peu longuement sur le saint évêque du cinquième siècle : les détails aussi intéressants que peu connus de sa vie et de son culte méritaient bien, ce nous semble, de prendre place dans ces pages.

VII. — Marcellus (vers 473). La plupart des chronologistes placent un évêque du nom de Marcel entre saint Antonin et Julien, qui va suivre. Dom Polycarpe de la Rivière nous apprend même qu'il fut exilé par les ordres d'Euric, roi des Visigoths, dont le fanatisme arien fit mettre à mort saint Didier, évêque de Venasque, et frappa de mort ou condamna à l'exil un grand nombre de prêtres, et d'évêques de nos églises du midi (2).

(1) *Antoninum episcopum Carpentoractensem cujus nomen et virtutum memoria sola remanserunt.*

(2) Voir *Monarchie française dans les Gaules*, tome Ier, pag. 531 ; Sirmond, tom. Ier ; — Grégoire de Tours, *Hist. Franç.*, lib. 2 ; — Sidoine Apollinaire, liv. VII, ép. VI, etc.

Toutefois dom Polycarpe ajoute que l'évêque Marcel dut être bientôt rendu à son église, puisqu'il assistait au concile qui fut tenu à Arles, vers l'an 474, sous la présidence de l'évêque Léonce, et dans lequel furent condamnées les erreurs sur la grâce, qu'avait émises le prêtre Lucide.

Douze évêques seulement figurent parmi les signataires des décrets de ce concile. Il paraît toutefois qu'ils y assistèrent en plus grand nombre, puisque la lettre de rétractation de Lucide est adressée à trente évêques, dont l'un porte en effet le nom de Marcel (1). Au dire de plusieurs chronologistes, ce serait l'évêque de Carpentras. Néanmoins, comme parmi ces trentes évêques se trouve également un Julien, il pourrait se faire que celui-ci fût l'évêque certainement authentique de Carpentras, dont nous allons parler, auquel cas l'évêque Marcel devrait être assigné à un autre siège.

VIII. — Julianus (482) Cet évêque a incontestablement siégé à Carpentras pendant le premier tiers du sixième siècle, et, comme nous venons de le dire, il n'est pas impossible que son élévation à l'épiscopat remonte à l'époque même du concile d'Arles, où fut condamné Lucide, vers 474 (2). Toujours est-il que quelques auteurs croient que l'évêque Julien, auquel l'illustre évêque de Clermont, saint Sidoine Apollinaire, adressa une lettre vers 482, n'est autre que l'évêque de Carpentras (3).

(1) Labbe, tom. IV, pag. 1045.

(2) Les évêques étaient souvent élus vers l'âge de 30 ans : un épiscopat de 50 ou 55 ans n'a donc rien qui dépasse les limites ordinaires de la vie humaine.

(3) Sidon. Apoll., lib. IX, ep. V. — *Gallia Christiana.*

Julien figure en 517 au concile d'Epaône (1), où se trouvaient saint Avit de Vienne, saint Florent d'Orange, Gemellus de Vaison, Prétextat d'Apt et les autres prélats de la région soumise aux Burgondes, au nombre de vingt-cinq ; ce qui suppose que Carpentras faisait alors partie des états du roi Sigismond. On y fit quarante canons fort importants pour la discipline ecclésiastique. Julien y souscrivit comme évêque de la ville de Carpentras (2). Il assista également, d'après Sirmond, au concile de Lyon qui fut tenu la même année.

En 524, nous le trouvons au concile d'Arles qui fut assemblé le 6 juin, sous le consulat d'Opilio, la deuxième année du pape Jean Ier et la trente-deuxième du règne de Théodoric. Nos pays venaient en effet de passer sous la dénomination des Ostrogoths. La suscription des évêques présents à ce concile, au nombre desquels se trouve Julien, ne porte pas le nom de leurs sièges respectifs (3).

En 527, la ville de Carpentras fut à son tour témoin des splendeurs d'un de ces conciles si fréquents à cette époque et dans lesquels, au milieu des agitations de la politique, les évêques jetaient les bases de l'ordre social chrétien, d'où est sortie l'Europe moderne.

Ce concile, où assistèrent seize évêques sous la présidence de saint Césaire d'Arles, se réunit le huitième

(1) On ne sait pas au juste où était située la ville d'Epaône. Dom Ceillier croit avec quelques auteurs que c'est la ville d'Yène au diocèse de Belley.

(2) Julianus in Christi nomine Episcopus civitatis Carpentoratensis relegi et subscripsi, die et consule suprascripto. (*Hardouin*, Acta conciliorum, tom. II, pag. 1045 à 1051).

(3) Hardouin, tom. II, pag. 1071.

jour avant les ides de novembre, sous le consulat de Mavortius (6 novembre 527) (1). Il ne fit qu'un canon sur la manière d'administrer les revenus des paroisses de la campagne. Agrœcius, évêque d'Antibes, quoique légitimement convoqué, avait refusé de se rendre à ce concile, apparemment parce qu'il se reconnaissait coupable d'avoir ordonné prêtre, contre les canons, un nommé Potadius. Pour cette double faute, les évêques le suspendirent pour un an de la célébration des saints mystères, et lui signifièrent cette sentence par une lettre synodale à laquelle ils souscrivirent tous (2). Il suffit d'ailleurs de lire les actes des conciles de cette époque pour voir qu'ils n'épargnaient pas les plus hauts dignitaires de l'Église ou de l'État. C'était le moyen d'établir la discipline sur des bases solides et d'assurer la protection des faibles contre les abus de puissance dont pouvaient se rendre coupables les forts.

Avant de se séparer, le concile statua qu'on se réunirait l'année suivante et également le 6 novembre à Vaison (3); cette réunion fut ensuite retardée d'un an.

(1) Constitutio sanctorum episcoporum concilii Carpentoratensis sub die VIII idus novembris, Mavortio V. C. consule, tempore Liberii præfecti.

(2) L'évêque Julien a souscrit le septième : Hardouin remarque qu'un manuscrit de Paris porte en grec la signature de Ἰουλίανος. Au concile d'Orange, il signe également en grec *Ἰουλίανος ἁμαρτωλος*, *Julien pécheur*, tandis que les autres évêques souscrivirent en latin. Cela permet de supposer que l'évêque Julien était d'origine ou de famille grecque.

(3) Hoc etiam placuit custodiri ut sequenti anno in vico Vasensi, octavo idus novembris, debeat concilium congregari. (*Hardouin*, tom. II, pag. 1095). Remarquons que Vaison, ville épiscopale est simplement qualifié de *vicus*, ce qui prouve que ce n'étaient pas seulement les *civitates* ou les *oppida* qui étaient honorés d'un siège épiscopal.

Julien assista également au second concile d'Orange qui se réunit dans cette ville, le 3 juillet 529, sous la présidence de saint Césaire : il s'y trouva quatorze évêques, parmi lesquels saint Cyprien de Toulon et la plupart de ceux qui avaient assisté au concile de Carpentras. Les canons du second concile d'Orange sur les matières de la grâce et du libre arbitre, au nombre de vingt-cinq, sont restés célèbres dans l'Église. Ils reçurent l'approbation formelle du pape Boniface II, et cette approbation leur a donné tant d'autorité, que les décisions de quatorze évêques ont été reçues de toute l'Église et sont devenues des règles de foi, contre lesquelles il n'a plus été permis de s'élever sans se déclarer hérétique (1). Julien eut l'honneur de souscrire le second aux actes de ce concile célèbre, et, à l'exemple de plusieurs de ses frères, il prend humblement la qualification de pécheur.

Une inscription tumulaire, datée du post-consulat de Verus Venantius, et relative à un chrétien de l'époque de Julien, a été découverte tout récemment dans les environs de Carpentras par M. le comte Victor de Gaudemaris. Nous sommes heureux d'en reproduire le texte touchant, qui rappelle les inscriptions des catacombes de Rome (2), et d'en donner un fac-simile que nous devons à l'obligeance de M. Olive, de Marseille et de M. Victor Lieutaud, d'Apt.

(1) Jager, *Histoire de l'Église catholique en France*, tom. II, pag. 208.

(2) Venantius était consul en 484, 507 et 508. — *L'art de vérifier les dates*, tome I, pag. 359-360).

+ QVIESCIT IN PACE
BENE MEMORIA EPYMI
NVS. VIXIT ANS XXV MENS
ES III DIES XXV. RECESSIT
SVB K JVNIAS POSCO
NSOLATVM VERI
VENANTII C SSS C.
IN ETNVM PAX
TECVM.

IX. — Principius. La plupart des catalogues nomment Principius comme successeur de Julien. On trouve en effet un évêque de ce nom parmi les signataires des conciles de Carpentras et d'Orange. Mais Julien ayant incontestablement assisté à ces deux conciles, il faut supposer ou bien que Principius a occupé un autre siège qui ne nous est pas connu, ou bien qu'après son élévation à l'épiscopat il aura ajouté son adhésion aux actes conciliaires qu'avait déjà souscrits son prédécesseur (1). Cette dernière explication est assez faible, et, comme nous ne trouvons aucune preuve certaine de l'épiscopat de Principius à Carpentras, nous regardons cet épiscopat comme au moins douteux.

X. — Clematius (538). Nous ne savons pas l'époque précise à laquelle Clematius monta sur le siège épiscopal de Carpentras : mais ce qui est incontestable, c'est la part qu'il a prise à la plupart des conciles qui se tinrent vers le milieu du sixième siècle. Nous le voyons assister, en 541, au quatrième concile d'Orléans, où se

(1) *Gallia Christiana.*

trouvaient trente-huit évêques et douze députés de prélats, venus des trois royaumes de France et de toutes les provinces des Gaules, excepté la première Narbonnaise. Il fut présidé par Léonce de Bordeaux. Clématius s'y rencontra avec saint Cyprien de Toulon, Prétextat d'Apt et le prêtre Gratianensis, envoyé par Didier, évêque de Fréjus. Ce concile fit trente-huit canons sur la discipline (1).

En 549, il assiste encore au cinquième concile d'Orléans, où ne se trouvaient pas moins de cinquante évêques, parmi lesquels neuf métropolitains et vingt-un députés d'absents. Ce concile si nombreux, représentant toutes les Eglises qui composaient les trois royaumes de France, jugea et acquitta Marc, évêque d'Orléans, qui avait été exilé par Childebert, et édicta vingt-quatre canons sur la discipline (2). Avolus d'Aix, Clémentin d'Apt

(1) Hardouin II, 1435 à 1444. Clématius a souscrit en ces termes : *Clematius Episcopus civitatis Carpentoratensis subscripsi.*

(2) Pour se faire une idée de l'importance politique et sociale des conciles de cette époque, citons quelques-uns des canons du cinquième concile d'Orléans. Pour réprimer un abus par lequel ceux qui avaient été délivrés de la servitude, y étaient réduits de nouveau sans aucune raison, le septième canon ordonne aux Églises de prendre la défense des affranchis. Le onzième revendique la liberté des élections épiscopales, et ordonne que les évêques, dont l'élection aurait été entachée de violence, seront déposés. Le treizième et le quatorzième établissent de sages règles pour sauvegarder, en ces temps de révolution, les biens legués aux églises, aux monastères et aux hôpitaux. Le quinzième confirme la fondation d'un hôpital établi à Lyon par le roi Childebert et la reine Ultrogothe, son épouse. Par le vingtième, il est ordonné que ceux qui sont en prison, pour quelque crime que ce soit, seront visités tous les dimanches par l'archidiacre ou le prévôt de l'église, pour qu'il prenne connaissance de leurs besoins, et leur fournisse, aux dépens de l'église, la nourriture et les choses nécessaires, par le ministère d'une personne soigneuse et fidèle que l'évêque choisira à cet effet. En recommandant le soin des pauvres, le vingt-unième canon règle plus spécialement ce qui concerne le service des lépreux, tant de la ville

et Pallade de Toulouse y représentèrent plus spécialement les Eglises de notre région, avec le prêtre Aëtius, délégué de Magnus, évêque de Cimiez et de Nice. Clématius souscrivit le vingt-neuvième les actes de ce concile en ces termes : *Clematius in Christi nomine episcopus Ecclesiæ Carpentoratensis subscripsi.*

Clematius assista encore au second concile de Paris, qui fut célébré en 555, selon l'opinion la plus commune, ou plutôt en 551, comme le prouve dom Ceillier. Ce concile, composé de vingt-sept évêques, parmi lesquels se trouvèrent Avolus d'Aix, Clementin d'Apt, Prétextat de Cavaillon, Mathieu d'Orange et Expectat de Fréjus, confirma la sentence de déposition qui avait été portée précédemment contre Soffarac, évêque de Paris. Clématius y souscrivit le treizième.

Ce prélat, que nous voyons ainsi mêlé aux plus grandes affaires de son temps, dut mourir peu après la tenue de ce concile.

XI. — Saint Siffrein (555-570). Nous voici en présence de la plus touchante et de la plus sainte figure de l'illustre galerie que nous contemplons. Parmi les pontifes qui se succédèrent pendant seize siècles sur le siège épiscopal de notre ville, et qui tous se montrèrent dignes du caractère sacré dont ils furent revêtus, il en est, sans doute, qui ont laissé dans l'histoire un sillon glorieux, les uns par l'élévation du génie, les autres par les grandes œuvres qu'ils entreprirent et les services qu'ils ren-

épiscopale que des autres lieux du diocèse, etc... Il suffit de parcourir les actes des nombreux conciles qui se sont tenus à cette époque, pour s'assurer que l'Eglise, autant que les circonstances le lui permirent, ne laissa pas un besoin sans lui porter secours, une douleur sans chercher à la guérir ou à la soulager. C'est ainsi que nos évêques faisaient la France.

dirent à leurs contemporains : aucun dont le nom soit resté aussi populaire que saint Siffrein. Aujourd'hui encore, dans cette ville où ses cendres refroidies reposent depuis treize cents ans, son jour natal, le 27 novembre, ramène chaque année les joies et les émotions de la fête d'un père, d'un patron aimé. Admirable privilège de la sainteté qui, plus encore que les grandes œuvres du génie ou de la charité, grave dans le cœur des peuples le souvenir de son passage en caractères plus durables que le granit des monuments.

Siffrein naquit un peu avant la fin du cinquième siècle, probablement vers l'an 480 ou 490 (1), d'une riche famille de citoyens romains qui possédait de vastes domaines en Campanie, et qui était venue s'établir aux portes de Rome sur les fraîches collines d'Albano (2).

(1) Les discussions historiques ou chronologiques que comporterait la vie de saint Siffrein nous entraîneraient beaucoup trop loin. Qu'il nous suffise de renvoyer le lecteur à la notice sur saint Siffrein, de M. l'abbé Paul de Terris, qui a paru dans la *Grande vie des Saints,* éditée par Vivès, 1874, 25 volumes in-8°, tom. XXII, pag. 532-566, et tirée à part à 110 exempl. 1875. — Les documents sur lesquels s'appuie cette notice ont été publiées par Vincent Barralis, d'après les mns. de Lérins, au tome II du *Chronologia sanctorum et aliorum virorum illustrium sacræ insulæ Lerinensis,* pag. 130-143, et reproduits par Surius. Les anciens livres de chœur manuscrits de l'Eglise de Carpentras, conservés à la bibliothèque d'Inguimbert renferment quelques fragments de la légende de saint Siffrein, conformes au texte de Barralis. Ecrite vers le huitième ou le neuvième siècle, d'après des documents antérieurs, comme l'auteur l'affirme lui-même, la légende de saint Siffrein nous offre, en l'absence de textes contemporains, de précieux témoignages de vérité dont l'histoire doit tenir compte.

(2) Le nom de *Siffredus*, qu'on a fait dériver de *Sigefridus*, a laissé croire à quelques-uns que saint Siffrein était né, non en Italie, mais dans le Nord. Le texte de la légende ne permet pas de traduire *Campania* par Champagne. Mais il se pourrait bien que notre saint fût d'origine germanique. Depuis des siècles les Barbares avaient acquis droit de cité dans l'Empire romain : ils étaient entrés au sénat et pouvaient aspirer à tous les emplois et à tous les honneurs. Rien ne s'oppose à ce que saint Siffrein ait pu appartenir à une famille d'origine germanique établie en Italie depuis plus ou moins longtemps.

Ni les chroniques de Lérins, ni l'ancien office de Carpentras ne nous apprennent le nom du père de notre saint. Quelques auteurs, Fornery entre autres, l'appellent Ergastulus. Détail peu important : ne suffit-il pas à la gloire de cet homme d'avoir été le père d'un tel fils et de l'avoir devancé dans le chemin de la perfection ?

Cédant aux conseils de ses proches, le jeune patricien avait demandé et obtenu en mariage une jeune fille dont la noblesse ne le cédait en rien à la sienne. Leur union fut bénie de Dieu : elle donna au monde Siffrein le thaumaturge, le futur évêque de Venasque et de Carpentras.

Quelles vertus étaient pratiquées sous le toit qui abritait le jeune Siffrein, nous pouvons le conjecturer facilement, d'après ce que le vieux chroniqueur nous apprend du chef de cette famille. A peine Dieu eut-il béni son union par la naissance d'un fils, que le père conçut le généreux dessein d'abandonner le monde pour se retirer dans la solitude. L'obligation de mettre ordre à la riche succession de sa famille, les embarras que lui suscitèrent ses proches et les soins de la première éducation de son jeune fils, l'obligèrent pendant quelque temps à différer l'exécution de ses projets. Ces retards qui, pour bien des âmes, sont funestes à une vraie vocation, ne firent qu'affermir le père de Siffrein dans sa résolution. Ni les vaines flatteries du monde, ni les caresses de son épouse, ni les plaintes affectueuses de ses proches, ni les séductions des honneurs auxquels la noblesse de sa famille lui permettait de prétendre, ne purent ébranler cette âme généreuse. En attendant l'heure marquée par la Providence, il mûrissait dans le silence de son cœur le dessein que sa grâce lui avait inspiré.

Or, parmi les monastères célèbres qui, en ce temps-là, attiraient l'attention du monde chrétien, aucun de plus illustre que le monastère de Lérins. Nous aurions trop à faire si nous voulions rapporter tous les éloges que donnent à l'île sainte ceux qui vécurent au temps de sa splendeur, ou les vieux chroniqueurs qui, plusieurs siècles après, nous en retracent les gloires. L'auteur anonyme du panégyrique de saint Siffrein rapporté par Barralis, auquel nous empruntons les détails de cette histoire, ne peut s'empêcher lui-même de consacrer une page émue à redire ce que fut son île bien-aimée, « entourée de tout côté par les falaises tempétueuses de la grande mer, inaccessible à la rame et sanctifiée par le doux et courageux Honorat, à la suite duquel vinrent se ranger bientôt tant d'illustres moines (1) ».

La vertu d'attraction que Lérins exerçait au loin se fit sentir jusqu'au cœur du père de Siffrein : il se disposa donc à accomplir son sacrifice pour se donner tout à Dieu. Ce vertueux père s'ouvrit-il de ce dessein à son jeune fils, ou celui-ci sut-il deviner ce que méditait son père ? Nous ne savons. Toujours est-il que Siffrein déclara à Ergastulus qu'il était prêt à le suivre dans la solitude où il voulait se retirer. Ces deux grandes âmes étaient faites pour se comprendre. Ergastulus n'opposa aucune résistance, et tous deux, ayant mis ordre à leurs affaires, renonçant à toutes les espérances de ce monde,

(1) Quem locum, maris magni procellosis omni de parte septum marginibus, nullatenus remis callis semita adire quempiam fas est... Vir Domini amabilis Honoratus et honorandus, fidei fisus auxilio, ad omnium inibi virtutum exercitia promovetur..... Prævius ductor multorum fortium extitit monachorum. (2e *Chronique*).

quittant l'un son épouse, l'autre une mère bien-aimée, se rendent en secret au port le plus voisin, s'embarquent et cinglent vers les côtes de Provence.

La navigation fut heureuse, dit le vieux chroniqueur : sous le souffle d'un vent favorable, les pieux voyageurs abordent à l'île sainte et vont trouver l'abbé du monastère, le suppliant humblement de les revêtir de la livrée des serviteurs de Jésus-Christ (1). L'abbé agrée avec empressement la demande du noble étranger, le revêt de l'habit austère des moines et l'admet aux exercices de sa fervente communauté. Trop jeune pour être astreint à toutes les austérités du cloître, Siffrein est appliqué aux études si florissantes alors dans le monastère de Lérins : c'était vers l'an 498 (2). Bientôt tels furent ses progrès

(1) *Rate relicta — anchora fixa — cum unico nato se duxit ad claustra — quæritque prelatum — abbatem beatum — pandit secretum — jam olim conceptum ; — precatur ut cito ducat ad effectum*, etc. Nous n'avons pas besoin de faire remarquer cette cadence et ces rimes qui reviennent régulièrement ; nous avons dit plus haut la valeur de cette remarque pour l'âge de ce document.

(2) Pour la justification de cette date, voir *Saint Siffrein, évêque et patron de Carpentras*, Vivès, 1875, cité plus haut, pag. 17-19. Nous ne nous arrêtons pas à relever l'erreur assez inexcusable des chroniques de Lérins qui donnent à saint Césaire la qualité d'abbé. Saint Césaire ne fut jamais abbé de Lérins : il exerçait en ce temps-là les fonctions de cellérier du monastère. Peut-être était-il également chargé du soin des novices et des jeunes gens qui se livraient à l'étude à l'ombre du célèbre monastère. C'est ainsi qu'il a pu être le maître de saint Siffrein. La plupart des auteurs assurent que l'abbé était pour lors Porcaire Ier pour le distinguer de saint Porcaire le martyr. M. l'abbé Pierrugues, vicaire à Grasse, vient de publier une étude pleine de savantes recherches tendant à prouver qu'il n'y a eu qu'un Porcaire, abbé de Lérins, qui fut le maître de saint Césaire et de saint Siffrein, et qui fut mis à mort avec cinq cents de ses religieux, non pas vers l'année 730 ou 735, comme on l'a cru et par la main des Sarrazins, mais dans une excursion des pirates vandales dans les premières années du sixième siècle.

dans la grammaire, la dialectique et la rhétorique qu'il dépassa tous ses émules, au point de devenir l'émule même de son maître. Mais l'application que son esprit donnait à la science ne dessécha pas, comme il arrive trop souvent, le goût de la piété dans le cœur de Siffrein.

Sa tendre compassion pour ceux qui souffraient commença dès lors à se manifester avec éclat. Apprenait-il qu'un frère était malade, il accourait en toute hâte pour le visiter et le consoler. Dieu ne tarda pas à manifester combien cette charité lui était agréable; bien souvent, quand le jeune moine s'éloignait de la couche du malade, celui-ci, guéri miraculeusement, se levait pour glorifier Dieu, qui est toujours admirable dans ses saints.

Quelques années s'écoulèrent ainsi : le père de Siffrein, qui l'avait précédé dans les voies de la perfection, devait aussi recevoir le premier la récompense de son généreux sacrifice. Il eut la joie, avant sa mort, d'être témoin des prodiges de vertu qui éclataient dans les œuvres de son fils; il vit son front orné déjà de l'auréole du thaumaturge et mérita enfin que le Seigneur vînt arracher son âme à la prison de la vie présente pour lui donner place dans les demeures du ciel : il mourut le sept des calendes d'août (26 juillet). Douce et sainte figure, que la gloire de son fils a un peu éclipsée peut-être, mais qui n'en brille pas moins d'un pur éclat à l'aurore de cette grande vie.

Cependant Dieu manifestait de plus en plus au dehors la gloire de son serviteur. Il lui donna surtout un pouvoir merveilleux pour chasser les démons des corps des possédés. Le nom du jeune moine de Lérins qui accomplissait tant de prodiges ne tarda pas à se répandre au loin : de tous côtés on accourait à l'île sainte pour conduire aux pieds de Siffrein les malheureux énergumènes. Le saint récitait sur eux l'oraison dominicale et commandait en maître au démon qui ne pouvait jamais lui résister (1).

Le bruit de ces miracles, se répandant de proche en proche, remplit bientôt la Gaule tout entière : églises et abbayes se proposaient déjà de demander, les unes pour évêque, les autres pour abbé, l'humble moine que Dieu prenait plaisir à glorifier sur la terre (2). D'ailleurs depuis un siècle Lérins était le séminaire des évêques gaulois : il ne faut donc pas s'étonner si plusieurs Églises semblaient se disputer d'avance la joie de posséder un tel pasteur.

De toutes ces Églises qui couvraient le sol de la Gaule et surtout nos provinces méridionales, c'était la plus humble peut-être, la plus pauvre, la plus inconnue, que Dieu destinait d'abord à notre saint. En ce temps-là, le pieux Castissimus, évêque de Venasque, étant mort, le clergé et le peuple de cette ville résolurent, d'un commun accord, de demander pour pasteur, le moine Siffrein, dont la réputation de doctrine, de sainteté et de miracle était parvenue jusqu'à eux (3). Les députés du clergé et du peuple de Venasque se rendent donc à Arles auprès

(1) *Divino septus auxilio, tam audax ad spirituum nequam effectus est propulsionem, ut ad se undecumque exhibitos, data super herili oratione, a sedibus exturbaret* (2e Chron.)

(2) *Galliarum siquidem honorandi gradus, votis sibi in animis alligaverant, ejus famâ commoti, ut si suo quisque privaretur pastore, hunc festina petitione poscendum.* (Ibid)

(3) *Vendacences tunc pastore — desolati populi — conqueruntur aggregati — ut subdantur alteri — ne sine ductore lapsi — videantur comprimi.* (Ancien office de saint Siffrein dans les livres de chœur conservés à la bibliothèque d'Inguimbert).

de saint Césaire qui, en sa qualité de métropolitain, devait confirmer l'élection du nouvel évêque et lui conférer l'onction qui fait les prêtres et les pontifes. L'illustre archevêque n'avait pas perdu le souvenir du jeune enfant qu'il avait vu à Lérins vingt ans auparavant : il approuva donc de grand cœur le choix que venaient de faire les habitants de Venasque (1).

Mais ce qui devait être plus difficile à obtenir, c'était le consentement du nouvel élu. L'humilité fut toujours la vertu des saints, et les honneurs sont souvent l'écueil de la vertu. Lorsque les députés de Venasque arrivèrent à Lérins demandant leur évêque, à la première nouvelle que Siffrein reçut du choix dont il était l'objet, il voulut décliner le redoutable fardeau de l'épiscopat. Il n'avait, disait-il, ni assez de vertu, ni assez d'expérience, ni assez de savoir pour être digne de s'asseoir dans l'assemblée des pontifes. Mais les supplications des députés de Venasque, l'ordre formel de son abbé et surtout la volonté clairement exprimée du vénérable Césaire triomphèrent enfin des résistances de l'humble moine. Il se laissa conduire à Arles pour y recevoir des mains de son ancien maître, de son métropolitain d'aujourd'hui, l'onction pontificale. Siffrein était pour lors âgé de trente ans (518 ou 520).

Avec quel serrement de cœur le jeune évêque dut faire ses adieux à cette île sainte, à ce port de la religion si propice à tout le monde, comme disait un de ses plus

(1) *Ad Arelatis festinantes mœnia — Ante Cesarii provolvuntur genua — PetuntSuffredum : ad sua suffragia — Concessit præsul motus querimonia.* (Ib.)

illustres enfants (1), à cette pépinière de saints, à ce séminaire de la Gaule qui avait fourni et devait donner encore tant d'évêques aux contrées que la Providence l'appelait à évangéliser (2) !

Arrivé à Arles, Siffrein se prépara sous la direction de saint Césaire à recevoir les saints ordres ; car la discipline de l'époque n'admettait pas habituellement les moines aux fonctions du diaconat ou du sacerdoce, à moins qu'ils ne fussent agrégés au service d'une église. Enfin arriva le jour de la consécration épiscopale : après la cérémonie, le nouveau pontife célébrait les saints mystères. Une foule nombreuse remplissait la basilique : quand fut venu le moment de donner la paix au peuple, le jeune évêque se voit en présence d'un aveugle qui veut à son tour recevoir le baiser de paix des lèvres du pontife. Siffrein regarde l'infortuné avec compassion, et, ne se contentant pas de lui donner le baiser ordinaire, il imprime sur ces yeux privés de la douce lumière du jour le signe tout puissant de la croix. Aussitôt ces yeux s'ouvrent, l'ombre s'évanouit, l'aveugle voit (3). Les

(1) *Portum religionis cunctis semper fidissimum.* (S. Vincentius Lerin., *Commonitorium.*

(2) Lérins a donné à nos Eglises qui composent actuellement le diocèse d'Avignon, saint Agricol, saint Eutrope II, d'Orange, et peut-être saint Quenin, de Vaison. Quelques auteurs ont soutenu que saint Siffrein avait été contemporain à Lérins de ces deux derniers évêques. C'est bien difficile à soutenir pour saint Eutrope, qui vivait près d'un siècle auparavant, et peu probable même pour saint Quenin ; mais rien ne prouve que saint Siffrein ait exercé les fonctions de maître des novices dans la célèbre abbaye. (*Acta Sanctorum februarii. Die* 15°, *de santo Quinidio).*

(3) *Cumque, ut moris est, pacem omnibus afferret, præsto quidam aderat cæcus.. , quem intuetur pontifex novus et cæco adstanti, ore porrecto, ejusque ocellis posito signo procul amato, ocyus olim negata lux nova surgit.* (2e Chronique).

assistants s'empressent pour féliciter l'heureux miraculé et font retentir la basilique de leurs acclamations : « Gloire à vous, ô Christ, s'écrie la foule, louange et « triomphe à jamais, vous qui opérez de tels prodiges « en faveur de vos serviteurs ! »

Les clercs et le peuple de Venasque étaient accourus en grand nombre à l'ordination de leur nouveau pasteur : ce miracle fut pour eux d'un heureux présage ; le voyage d'Arles à Venasque ne fut qu'un triomphe. L'évêque de son côté épanchait son âme dans le cœur de ses ouailles et s'attirait d'unanimes bénédictions.

Ce que fut pendant son épiscopat l'homme aimé de Dieu, dit le vieux chroniqueur, personne ne saurait le dire, car il n'avait pas l'habitude de confier à d'autres les secrètes opérations de la grâce de Dieu dans son cœur. Les seuls détails que nous puissions en connaître, ajoute-t-il, ce sont les œuvres qu'il entreprit pour le bien de son peuple et les miracles sans nombre que Dieu opéra par son moyen. Assidu à prêcher à son peuple la parole de vie, il dispensa sans ménagement les trésors de science qu'il avait acquis dans la célèbre abbaye de Lérins : plein de zèle pour la maison de Dieu il fit construire à Venasque une église en l'honneur de la Sainte-Mère de Dieu, et une basilique ornée avec magnificence et de dimensions considérables, qu'il dédia à saint Jean-Baptiste, le précurseur du Christ (1).

(1) S'il faut en croire la tradition, saint Siffrein aurait bâti, en outre, en l'honneur de la sainte Trinité, une Église dont quelques-uns croient voir encore des vestiges au sommet de la montagne. Quant au sanctuaire qu'il dédia à la sainte Vierge, nous penchons à croire avec bien d'autres, qu'il fut construit au fond de la vallée, sur les bords de la Nesque, où il a été remplacé plus tard par la chapelle, depuis longtemps miraculeuse, de

Il ne peut entrer dans le cadre de ce récit de reproduire textuellement tout ce que les anciens biographes et les historiens plus récents nous rapportent de la vie et des miracles de saint Siffrein, pendant son séjour à Venasque. Contentons-nous de rappeler la guérison d'un paralytique, celle d'un possédé, fils d'une riche veuve de Marseille, et la touchante résurrection d'un clerc de son église qui lui était particulièrement cher (1).

Saint Césaire, le maître, l'ami, le métropolitain de Siffrein, étant mort en 542, on rapporte que l'évêque

Notre-Dame de Vie. De la basilique de saint Jean-Baptiste, il reste au moins le baptistère, monument fort remarquable, suffisamment conservé pour qu'il soit digne d'une restauration complète, et portant tous les caractères du VI° siècle Nous croyons devoir repousser l'opinion qui en fait un temple païen, dédié à Vénus, protectrice de Venasque, et plus tard utilisé pour le culte chrétien. La seule chose admissible serait qu'on eût fait servir à l'ornementation de ce joli baptistère certains détails de sculpture, des chapiteaux, par exemple, provenant d'un temple païen, primitivement élevé sous l'inspiratiou romaine. La dissemblance des motifs et du ciseau, dans quelques parties de l'édifice semble légitimer cette supposition, qui ne change rien à l'ensemble de la construction. (*Saint Siffrein, évêque de Carpentras*, déjà cité, pag. 26, note.

(1) Ce miracle est représenté dans la meilleure des six grandes toiles qui décorent, depuis 1726, le chœur de la cathédrale de Carpentras ; les cinq autres, d'un mérite réel, rappellent l'entrée de saint Siffrein à Lérins, la guérison de l'aveugle d'Arles, celle du paralytique, celle du possédé de Marseille et l'épisode des reliques du saint reprises aux voleurs. Ces tableaux, commandés par l'évêque Abbati, et peints par Joseph de Vilars remplacèrent dans le chœur ceux qu'avait fait peindre, en 1700, un chanoine dont le portrait figure sur chacune des quatre toiles aujourd'hui placées au-dessus de la grande tribune, et qui rappellent également la vie du saint évêque. Deux de ces toiles, d'ailleurs très belles, sont signées *Petrus Blancus ;* celle qui représente la mort de saint Siffrein, d'un mérite supérieur, ne porte pas de signature, mais peut être attribuée à Pierre Parrocel. Saint Siffrein figure en outre sur plusieurs autres des nombreux tableaux de la cathédrale, notamment sur une magnifique toile de François Trevisani, et sur un riche triptique du XV° siècle. (*Saint Siffrein, évêque de Carpentras*, déjà cité, pag. 28, 29).

de Venasque assista avec Erménius, évêque d'Avignon, et Vindemialis, évêque d'Orange, au sacre d'Auxonius, le nouvel archevêque d'Arles (1).

Cependant la Providence appelait Siffrein à paraître sur un théâtre plus important que la petite Eglise de Venasque. Clematius, évêque de Carpentras, étant mort peu à près le second concile de Paris, vers 551 ou 555, le clergé et le peuple de Carpentras, en raison de la proximité des deux villes épiscopales et du peu d'étendue des deux diocèses, demandèrent et obtinrent pour évêque Siffrein, qui occupa en même temps le siège de Venasque. C'est en souvenir de cette union et aussi, sans doute, en l'honneur de saint Siffrein, sous qui elle s'est opérée, que les évêques de Carpentras, pendant plusieurs siècles, portèrent indifféremment le titre d'évêques de Venasque ou d'évêques de Carpentras.

Saint Siffrein fut à Carpentras ce qu'il avait été dans sa première ville épiscopale, le modèle des pasteurs, l'ami des pauvres, la joie de sa famille spirituelle agrandie. Il fit élever à Carpentras une église en l'honneur de saint Antoine, dans laquelle il se retirait souvent pour passer de longues heures en prière : c'est probablement le saint évêque son prédécesseur, dont nous avons déjà raconté la vie (2).

(1) Savaron ; Polycarpe de la Rivière.

(2) Telle est l'opinion du *Pontificium Carpentoractense*, du chanoine Farel, de M. le docteur Barjavel, etc. L'église de saint Antoine était probablement située tout près de l'arc-de-triomphe antique, qui se trouve maintenant dans les dépendances du Palais de Justice : l'église qu'éleva saint Siffrein occupait donc une partie de l'emplacement de celle qui plus tard fut élevée en son honneur. (Voir *Monographie de saint Siffrein*, pag. 19 et suiv.)

L'épiscopat de saint Siffrein, soit à Venasque, soit à Carpentras, durait depuis de longues années, depuis cinquante ans environ ; les chroniques de Lérins nous apprennent que ses cheveux avaient blanchi, et que l'aspect de sa vénérable vieillesse imposait le respect autant que la pureté de sa vie, plus semblable à celle d'un ange qu'à celle d'un mortel. Voulant se préparer au dernier passage, il quitta, pour n'y plus revenir, la ville de Carpentras et se retira à Venasque : mais il ne voulut plus habiter la maison épiscopale qu'il trouvait trop somptueuse encore. Désirant imiter plus parfaitement la pauvreté de Jésus-Christ, il se fit construire une humble chaumière à côté de l'église qu'il avait élevée bien des années auparavant en l'honneur de la Mère de Dieu. C'est là que séparé à peu près complètement du monde, méditant jour et nuit la loi de Dieu, priant sans relâche, n'ayant dans le cœur et sur les lèvres que le nom de Jésus-Christ, le saint évêque passa les derniers temps de sa vie.

Dieu révéla au saint vieillard que le terme de son exil était proche. Il convoqua donc autour de lui ses prêtres et ses lévites, leur annonça sa mort prochaine et leur recommanda plus instamment que jamais l'amour de la justice, le détachement des biens créés, la charité, la douceur, l'espérance des biens à venir et la confiance filiale en la Providence, toutes vertus dont il avait été un si parfait modèle. Aux larmes de ceux qui l'entouraient, il répondit par des paroles de consolation et d'espérance ; puis, ayant reçu le viatique du corps du Seigneur, il rendit en paix son âme à Dieu, le cinq des calendes de décembre (27 novembre) de l'année 570, suivant l'opinion la plus commune.

Saint Siffrein fut enseveli dans l'église de la Sainte-Trinité à Venasque, où de nombreux miracles ne tardèrent pas à manifester son crédit auprès de Dieu.

Le corps de saint Siffrein reposait à Venasque depuis nombre d'années, quand des voleurs parvinrent à s'emparer clandestinement de ce précieux dépôt, dont ils voulaient enrichir leur propre pays, et prirent en toute hâte la fuite dans la direction de Carpentras. C'était pendant l'été au milieu de la nuit.

Le matin venu, les habitants de Carpentras, qui se rendaient au travail, aperçurent au milieu des champs à une faible distance au nord de la ville, et non loin de la rivière de l'Auzon, des étrangers qui ne savaient où diriger leurs pas. On s'approche ; c'étaient les ravisseurs sacrilèges qui venaient d'être frappés de cécité. Ils avouent leur crime ; on accourt et bientôt les reliques du saint Évêque entrent en triomphe dans la ville, pour y être honorées du culte le plus solennel (1). On institua une fête pour conserver la mémoire de cette translation ; d'abord célébrée au mois de juillet, elle fut fixée au troisième dimanche après Pâques, en 1285, par l'évêque Raymond de Mazan. Cet évêque fit transférer les reliques de son saint prédécesseur dans une châsse plus décente. Le 5 décembre 1322, Othon évêque de Carpentras, dans l'inventaire qu'il fit faire des reliques et du mobilier de son église, document dont l'original existe encore au musée d'Inguinbert, constatait que le

(1) Quelques auteurs placent cet événement sous l'épiscopat du successeur immédiat de saint Siffrein. Rien n'appuie cette opinion : les manuscrits de l'Église de Carpentras portaient : *Multis annorum curriculis evolutis.*

corps de saint Siffrein était renfermé dans une grande châsse d'argent, en majeure partie dorée, ornée de pierres précieuses et faite avec un art merveilleux. Un bras du même saint avait été renfermé dans un reliquaire également fort riche, fait en forme de bras. En 1447, l'évêque Guillaume Soïberti fit placer les os de la tête du saint dans un buste d'argent, et en 1603, le 18 mai, Horace Capponi détacha des mêmes reliques diverses parcelles destinées à la consécration d'autels portatifs, et deux doigts qu'il donna, l'un à l'église de Venasque et l'autre à celle de Mazan.

Ces précieuses reliques, conservées pendant la Révolution, continuent à recevoir dans la belle église qui porte son nom et qui est un des monuments les plus remarquables de l'architecture religieuse de nos pays, les hommages des descendants de ceux dont saint Siffrein fut l'évêque et le père.

Nous n'entreprendrons pas de faire l'historique du culte de saint Siffrein : il est immémorial dans les églises de Carpentras et de Venasque, et à Carpentras surtout sa fête annuelle se célèbre aujourd'hui encore avec une magnificence et un éclat imcomparables. Mais il ne s'est pas borné là ; dès les premiers siècles du moyen-âge il rayonnait au loin. Le martyrologe d'Arnoult, célèbre écolâtre de l'abbaye de St-André de Villeneuve, qui vivait vers les premières années du onzième siècle, marque la fête de saint Siffrein au 27 novembre, date à laquelle plusieurs églises de notre région la célébraient également. A Lérins elle était fixée au 29 du même mois. De nos jours encore, l'abbaye de Lérins, relevée de ses ruines par un enfant du diocèse d'Avignon (1), et le diocèse de Fréjus, sous l'impulsion d'un évêque qui, sacré dans l'ancienne cathédrale de saint Siffrein, l'a pris comme le protecteur de son épiscopat, ont obtenu du St-Siège la faveur d'inscrire son nom dans le martyrologe et de lui consacrer un jour dans les offices propres de leurs églises.

XII. — Tetradius (570-583). A saint Siffrein, selon l'opinion la plus vraisemblable, succéda Tetradius (2). En 573, cet évêque assista au quatrième concile de Paris, qui fut réuni sur l'invitation du roi Gontran, pour juger un différend qui s'était élevé entre Gilles, archevêque de Reims et Papolus, évêque de Chartres. Trente-deux évêques y assistèrent, parmi lesquels saint Quenin, de Vaison, Clémentin, d'Apt, et Didier, de Toulon. Tetradius souscrivit les actes de ce concile en prenant le titre d'évêque de Venasque (3.) Pendant plusieurs siècles encore nos évêques, qui résidèrent tantôt à Venasque tantôt à Carpentras, prirent indifféremment le nom de l'une ou de l'autre de ces deux villes.

Tetradius paraît avoir occupé le siège épiscopal pendant douze ou treize ans.

(1) Le révérendissime Père dom Marie-Bernard Barnouin, abbé de Lérins et vicaire-général de Notre-Dame de Sénanque, ordre de Cîteaux.

(1) La chronologie du chanoine Barbier ne compte pas Tetradius parmi les évêques de Carpentras. Le *Gallia Christiana*, le *Pontificium Carpentoractense* et Charles Cottier le font siéger après Clematius, lequel aurait lui-même succédé à saint Siffrein. Nous adoptons comme beaucoup plus probable la chronologie de Fornery, qui place Tetradius immédiatement après saint Siffrein.

(3) Tetradius in Christi nomine episcopus ecclesiæ Vendascensis, constitutionem subscripsi. (Hardouin, tom. II, pag. 401 à 406.)

XIII. — Boetius (583-604). D'après le *Pontificium Carpentoractense,* Boëtius fut élu le 23 novembre 583.

L'année suivante (23 mai 584), il assistait au deuxième concile de Valence, qui fut assemblé sous la présidence de Sepaudus par ordre de Gontran, pour confirmer les donations faites ou à faire aux Lieux-Saints par ce prince, par la défunte reine Austréchilde, son épouse et par ses deux filles, consacrées à Dieu, Clodeberge et Clodehilde. Boëce qui se trouva à ce concile avec Trapidius d'Orange, Pappus, d'Apt, et Artemius, de Vaison, en souscrivit les actes le dix-septième et dernier, en qualité d'évêque de Carpentras (1),

L'année suivante (23 octobre 585), un concile beaucoup plus important se réunit à Mâcon par ordre du même roi Gontran, sous la présidonce de Prisque, évêque de Lyon, qui dans la préface des canons prend le titre de patriarche, qu'on donnait alors aux principaux métropolitains. Boëce n'y assista pas en personne, mais il y fut représenté par un délégué ainsi qu'Optat, d'Antibes, Didier, de Toulon, Artémius, de Vaison, et Pappus, d'Apt. (2)

Boëce siègea vingt et six mois et mourut le 23 mai 604. Il fut inhumé dans l'église de la bienheureuse Vierge Marie de Venasque, sur les bords de la rivière de la Nesque, où plusieurs de ses prédécesseurs avaient déjà voulu être ensevelis.

(1) Boëtius in Christi nomine episcopus ecclesiæ Carpentoratensis subscripsi. (Hardouin II, pag. 458.)

(2) Parmi les vingt canons sur la discipline qu'édicta ce concile, contentons-nous de mentionner le septième ordonnant que les évêques prendraient sous leur protection les esclaves mis en liberté, et qu'ils seraient juges des différends qui naîtraient à ce sujet ; le huitième qui maintient

Son inscription tumulaire, qui existe aujourd'hui encore dans la belle propriété de Notre-Dame-de-Vie, a été maintes fois recueillie et citée par les historiens et les épigraphistes (1). Elle a été dernièrement rétablie par les soins intelligents de M. Isidore Morel, qui en reste l'heureux propriétaire. Nous pouvons en donner une reproduction exacte.

Cette inscription a été diversement interprétée par les auteurs et a donné lieu à des erreurs chronologiques qu'il importe de redresser. M. Revoil et après lui M. de Caumont paraissent lui avoir rendu son véritable sens. Ils sont d'ailleurs en cela parfaitement d'accord avec le *Pontificium Carpentoractense*, qui attribue vingt

le droit d'asile dans les églises ; le douzième qui défend aux juges laïques de connaître des causes des veuves et des orphelins, sans en avoir auparavant averti l'évêque ou l'archidiacre. Le quatorzième est contre ceux qui se servaient de la faveur qu'ils avaient auprès du roi pour s'emparer des biens d'autrui. Nous apprenons également par le canon sixième que les restes du pain eucharistique, après la communion des fidèles, étaient mis en réserve pour être consommés par de jeunes enfants innocents, le mercredi et le vendredi. (Dom Ceillier. *Histoire des auteurs sacrés et ecclésiastiques*, tom. XI, pag. 897, éd. Vivès.)

(1) Cette inscription a été recueillie notamment par Gabriel Naudé, *Inscriptiones antiquæ Donianæ*, Florence, imprimerie du Grand-Duc, 1731, pag. 550. — Mémoires de Trévoux ; — Manuscrit de Suarès à la bibliothèque nationale, tom. V, pag. 536 ; — Muratori, — Marini, — Martin, *Antiquités de Die*, pag. 120 ; — Le Blant, *Inscriptions chrétiennes de la Gaule*, tom. II, pag. 595. — Elle a été publiée par M. Revoil dans la *Revue des sociétés savantes*, tom. IV, ann. 1864. pag. 456 ; par M. de Caumont dans son *Abécédaire d'archéologie*, pag. 62 et 63, et enfin par M. Victor Lieutaud dans la *Provence artistique et pittoresque*, Marseille, Olive, n° du 20 mai 1883.

Cette pierre est en marbre blanc veinée de rouge, en forme de trapèze ; sa longueur est de 1 mètre 78 ; sa plus grande largeur sous l'inscription est de 0 mètre 78 et sa plus petite à la base de 0,55. Lorsqu'elle était complète, elle devait avoir 2 mètres de longueur, 0 mètre 80 de largeur à la grande base et 0 mètre 55 à la petite.

ans d'épiscopat à notre évêque, tandis que tous les autres historiens jusqu'ici ne lui en ont accordé que six.

L'inscription doit être lue :

+ HIC REQUIESCIT (VIR)
BONE MEMORIÆ BOH
ETYVS EPVS QVI VIXIT IN E
PTO ANNVS XX MENSIS S O
BIT X KL JVN. INDICCIONE SEPTIMA

Le reste de la pierre est orné de fleurons à pétales lancéolées, encadrés dans des bordures et occupant des compartiments rectangulaires. L'alpha et l'oméga, suspendus à des chaînettes, occupent deux de ces compartiments. Des croix pattées remplissent les compartiments inférieurs. Une grande croix pattée se dessine visiblement au milieu des bordures qui délimitent les compartiments.

Nous ne pouvons passer sous silence une autre inscription très remarquable, trouvée à Venasque et que les épigraphistes attribuent à la fin du sixième siècle, c'est-à-dire à l'époque où siègeait l'évêque Boëce. C'est l'épitaphe d'un noble chrétien et de sa femme, qui consacra son veuvage au Seigneur, suivant l'usage des premiers siècles. Le style de cette inscription, où le caractère chrétien se mêle étrangement à des expressions mythologiques, peut paraître barbare, mais il est une éloquente preuve de l'influence des vertus chrétiennes que saint Siffrein avaient enseignées à Venasque quelques années auparavant.

En voici le texte touchant :

CVM TVA TE PETRVS POST MVLTOS TRANSACTIS TRIETERIDE SECLIS
REQVIRAT CYPRIANA DULCES CARISSIMA CONIVX
SEPTEM SVPRA BEATA COMPLEVIT IN SECVLA PER PENETENSIA VITA
TVVM DE PEREGRINIS EXCEPIT INCLETA CORPVS
ET DEBITA FUNERI HONORE SVMMO PERIMPLET
SIC OSTENDIT PLANCTIBVS QVALEM DVXIT CVM CONIVGE VITA
QVÆ TRINO SOBOLVM REMANSIT STEMMATE PARVO
QVOS INTER VORACES ET SEVIENTES MVNDI PROCELLAS
SVLOPENETENSIÆ CASTETATIS MVNERE NOTRET
ET VSQVE AD SVMMA HONORVM CVLMENA DVXIT
SIC PRÆSTA DEVS VT QVORVM SEPVLCRA IVNCXISTI FVNERE TANTO
EORVM FACIAS ANIMAS ASPECTVS TVI LIBERTATE GAVDERE
XII KAL. IVNIAS TENARIAS INTRAVIT PETRVS FAVCES AVERNI
SED MARTER BAVDELIVS PER PASSIONIS DIE DOMINO DVLCEM SVVM COMMENDAT ALVMNVM
VIII IDVS IVLIAS AD DOMINVM ANCELA FESTINAT
QVÆ FVIT SIBI ABSTENENS IN PAVPERO MISEROQVE PROFUSA.

Ces seize vers peuvent être traduits : (1)

« Cyprienne, ton épouse bien-aimée, ô Pierre, te re-
« joint après trois ans passés dans le siècle, et sept pas-
« sés dans la pénitence, après lesquels la bienheureuse
« a cessé de vivre. Des étrangers lui rapportèrent ton
« corps et elle lui rendit les splendides honneurs funè-

(1) Cette inscription a été publiée et traduite par Le Blant dans ses *Inscriptions chrétiennes de la Gaule*, tom. II, pag. 596, et par M. Victor Lieutaud, dans la *Provence artistique et pittoresque* n° du 6 mai 1883.

« bres auxquels il av it droit, avec une douleur qui té-
« moignait de la tendresse de votre union. Elle resta
« seule avec une petite famille de trois enfants. Au
« milieu des tempêtes dévorantes et terribles de ce monde,
« elle leur enseigna le pouvoir de la pénitence et de la
« chasteté et les fit parvenir au faîte des honneurs. »

« Fais, ô Seigneur, que les âmes de ceux qu'a réu-
« nis cette tombe jouissent librement de ta vue. »

« Le XII des calendes de juin, Pierre est entré dans
« le gouffre ténarien de l'Averne ; mais le martyr Bau-
« dile, dont c'était le jour de fête et de passion, a re-
« commandé à Dieu son cher protégé. »

« Le VIII des ides de juillet la servante de Dieu s'est
« élancée vers lui. Avare pour elle-même, elle était pro-
« digue pour les malheureux »

XIV. — Odofridus. Tous les auteurs s'accordent à donner Odofridus comme ayant succédé à l'évêque Boëce vers 590. Mais en admettant, comme nous venons de le faire, l'interprétation de M. Revoil et M. de Caumont et la version du *Pontificium Carpentoractense*, il faut reculer la date de l'épiscopat d'Odofridus à l'an 604 et admettre qu'il n'a pu siéger que quelques mois, puisque les historiens lui donnent pour successeur l'évêque Georges dans le courant de la même année.

C'est à tort que le *Gallia Christiana* assigne à cet évêque, ou à Hotfridius, qui siégea vers le milieu du huitième siècle, une épitaphe en vers latins. Cette épitaphe est celle de Geoffroy de Garosse comme nous le verrons plus tard

XV. — Georges Ier siégeait en 604, d'après les Annales de Lecointe, les MM. de Sainte-Marthe et la généralité des chroniqueurs.

XVI. — Pierre Ier (630) Le *Gallia Christiana* et tous les historiens font siéger cet évêque en l'année 630.

XVII. — Dominique fut le successeur de Pierre et siégeait, d'après le P. Lecointe, vers l'année 640.

XVIII. — Licerius (650) succéda à Dominique. Il ne nous est connu que par les actes du concile tenu à Châlons en 650 et auquel il prit part avec trente-sept prélats, parmi lesquels Aurélien, de Vence, Deocarius, d'Antibes, et Pétronius, de Vaison. Il souscrivit le vingt-huitième en qualité d'évêque de Venasque (1). Nous avons vu en effet que pendant longtemps nos évêques prirent indifféremment le titre d'Evèques de Venasque ou d'Evêques de Carpentras (2).

Le P. Sirmond croit que Licerius fut du nombre des vingt-trois prélats qui souscrivirent avec saint Landry, évêque de Paris, la charte que le roi Clovis II accorda en 658 au monastère de St-Denis.

XIX. — Paul Ier (664). L'histoire ne nous a conservé que le nom de ce prélat, que la P. Lecointe, le *Gallia Christiana*, le *Pontificium Carpentoractense* et un ancien catalogue des Évêques de Carpentras, dont Fantoni s'est servi pour son histoire, font siéger en l'année 664.

(1) Hardouin, III, 951.

(2) Licerius, episcopus Vindauscensis, id est Carpentoractensis, sic enim appellati sunt Episcopi Carpentoractenses a Vindausicâ, oppido vicino. (Sirmond).

XX. — Anastase (686). Il est bien difficile d'avoir des documents précis sur l'époque troublée que l'Eglise traversait à la fin du VIIe siéle et pendant les deux siècles suivants. Aussi l'histoire ne nous a-t-elle conservé que les noms des évêques qui se succédèrent sur notre siège épiscopal, et encore combien d'incertitudes, de lacunes et d'inexactitudes même dans nos catologues !

Les différents auteurs, dont nous suivons la chronologie nous apprennent que l'évêque Anastase siégeait en 686.

XXI. — Innocent Ier (701) Les auteurs ne sont pas d'accord sur l'époque de l'épiscopat d'Innocent. Le *Gallia Christiana* le fait siéger en 702, Fantoni et le *Pontificium Carpentoractense* en 711, et l'ancien catalogue des évêques de notre Eglise seulement en 715. Il est possible que tous ces historiens aient raison, car cet évêque paraît avoir siégé long-temps.

XXII. — Oloradus ou Odoardus occupait le siège en l'année 730. Son épiscopat dut être laborieux, car c'est l'époque où les Sarrazins vinrent dévaster toutes nos contrées.

XXIII. — Hootfridus ou Hosfridus paraît avoir été le successeur d'Oloradus en 747. D'après le Père Lecointe, il siégeait encore en 752.

XXIV. — Le Père Lecointe fait siéger Agapit en 770.

XXV. — Agapit eut pour successeur l'évêque Amat. Nous le trouvons au nombre des vingt-cinq prélats, qui avec quatre députés d'absents et un commissaire du roi Charlemagne nommé Didier se réunirent en concile à Narbonne en 788, d'après quelques auteurs, en 791 ou 792 d'après d'autres. Ce concile, présidé par Daniel, archevêque de Narbonne, s'occupa de plusieurs affaires ecclésiastiques fort importantes, en particulier des erreurs de Félix, évêque d'Urgel, qui se rapprochaient beaucoup du Nestorianisme et qui causèrent à cette époque de grands troubles dans l'Eglise. Félix d'Urgel, présent à ce concile, en souscrivit lui-même les actes. Amat y prend le titre d'évêque de Carpentras. (1).

XXVI. — Antoine II occupait le siège en l'an 800, d'après le P. Lecointe. Le *Gallia Christiana,* Cottier et le *Pontificium Carpentoractense* placent son épiscopat en 791.

XXVII. — Jean Ier siégeait lui-même en 813, d'après Lecointe et les MM. de Ste-Marthe.

XXVIII. — Albert paraît être successeur de Jean. Il occupait le siège en 831 et mourut six ans plus tard en 837.

XXIX. — L'évêque Berimundus ou Bermond, dont Fornery et le *Ponticifium Carpentoractense* ne font mention que sur les affirmations de dom Polycarpe, est contesté par le *Gallia,* Le Père Lecointe, Cottier et le chanoine Barbier.

Dom Polycarpe dit que Bermond était fils de Joscelin

(1) Ego Amatus episcopus Carpentoratinensis subscripsi (Hardouin IV pag. 822) ; avec Daniel de Narbonne, et Eléfant d'Arles. Nous trouvons encore à ce concile Lupus, de Cavaillon, Autbert d'Antibes et C... de Fréjus.

ou Poncelin, comte d'Avignon, et qu'ayant eu de grands démêlés, au sujet de la succession paternelle, avec Amedericus, son frère, le différend fut réglé par les soins de Remy, évêque d'Avignon, leur oncle, pour lequel Louis le Débonnaire avait une grande estime.

Sur les instances de son oncle, Bermond se rendit à Narbonne auprès d'un membre de sa famille qui en occupait le siège archiépiscopal. Il y fut reçu avec bonté, et se livra avec tant de succès à l'étude, que bientôt sa réputation se répandit au loin.

A la mort d'Albert, le clergé et le peuple de Carpentras le choisirent pour leur évêque, et pendant vingt ans, il soutint la haute réputation qu'il s'était acquise. Il mourut en 857. (1).

XXX. — Tous les auteurs s'accordent à placer Philippe dans la liste de nos évêques, en 858.

XXXI. — Jean II (863). Les troubles des dernières invasions n'étaient point encore apaisés. Après la mort de Charlemagne, l'immense empire ne tarda pas à se démembrer entre les mains débiles de ses successeurs. Les héritiers du grand empereur, poussés par des rancunes réciproques, sacrifiaient la prospérité de leurs États et la tranquillité de leurs peuples à leurs projets ambitieux. Les Normands profitèrent de ces démêlés pour venir se répandre dans nos riches contrées. Ils descendirent le Rhône jusqu'à la mer, s'emparèrent de la Camargue, puis remontèrent jusqu'à Valence après avoir pillé et rançonné les deux rives du fleuve.

(1) Barjavel, *Dict. biog. de Vaucluse*, tom. 1, pag. 175.

Nous ne savons pas jusqu'à quel point notre ville eut à souffrir de la part des Normands, pas plus que nous ne savons ce qu'elle avait souffert au siècle précédent des invasions sarrasines : mais l'acte que nous allons rapporter nous permet de croire que les propriétés ecclésiastiques furent fort maltraitées.

Sur ces entrefaites, Gérard, comte de Bourges, duc de Provence et premier ministre de Charles, roi de Provence et de Bourgogne, fils de l'empereur Lothaire, fit des prodiges de valeur et parvint à chasser les envahisseurs des terres du roi Charles.

Peu après, ce prince se trouvant à Vaison, sur la demande formelle du comte Gérard et pour subvenir aux frais du luminaire et à l'entretien des clercs qui desservaient l'église épiscopale dédiée à la Sainte Vierge Marie, donne à cette même église et à Jean, qualifié évêque de Venasque, l'église de St-Antoine (1) qui se trouve dans la ville de Carpentras, avec les droits fiscaux qui appartiennent au prince dans la même ville. De plus, il donne dans les mêmes conditions tous les droits de fisc depuis le ruisseau de l'Auzon jusqu'à la Nesque et de Puymarin au Grand Palud ; et de plus quatre habitations et deux métairies au quartier dit Unango ; dans la vallée de Cambron, près du *castrum* de Venasque, l'église de Saint-Pierre, la maison presbytérale et les droits fiscaux présents et à venir. Toutes ces propriétés avec leurs dépendances, serfs et servantes, champs, guerêts, vignes, vergers, arbres fruitiers et non fruitiers, moulins, ruisseaux et cours d'eau sont livrées et trans-

(1) Il s'agit évidemment de l'église que saint Siffren avait élevée en l'honneur de saint Antoine ou Antonin, un de ses prédécesseurs.

férées en entier et à perpétuité à l'église susdite du siège épiscopal à la requête du comte déjà nommé, afin qu'il en soit fait tel usage qui plaira et conviendra.

Cette charte, qui fut souscrite par le roi Charles lui-même, le huit des calendes d'avril, la troisième année de son règne, indiction deuxième, n'a pas été exactement datée, ainsi qu'il en est de la plupart des chartes de ce prince. M. Jules Courtet fixe la date de celle-ci à l'année 857 qui correspond à la deuxième indiction ; le *Gallia Christiana* à l'année 867 ; le *Pontificium Carpentoractense* et le P. Boyer, dans l'histoire de l'Eglise de Vaison, l'année 868, M. de Vailly (*Eléments de Paléographie*) lui donne la date de 863.

Malgré les incertitudes chronologiques auxquelles elle a donné lieu, l'authenticité de cette charte est incontestable. L'original, sur papier, un des monuments paléographiques les plus remarquables du neuvième siècle, existe dans le cartulaire de l'évêché, conservé à la bibliothèque publique de Carpentras : ce cartulaire en contient de plus une copie sur parchemin qui est du treizième ou du quatorzième siècle. Elle a été reproduite par divers auteurs (1).

L'importance de cette pièce, au point de vue de l'histoire de l'Eglise de Carpentras et de l'origine des pos-

(1) Boyer, *Histoire de l'Eglise de Vaison*, 1re partie, p. 71 et 2e partie pag. 14-15. Columbi, *De rebus gestis Vasionensium Episcoporum*, pag. 381. *Gallia Christiana*, tom. I. Instrumenta p. 22-27. Voir surtout la *Monographie de St-Siffrein* pag. 22-27, qui donne une traduction française en regard de cette charte célèbre et l'accompagne de commentaires historiques fort judicieux. Les auteurs de la *Monographie* remarquent, entre autres choses, que c'est dans cette charte que le nom de notre ville est écrit pour la première fois *Carpentratis*. Jusque là on avait écrit *Carpentoractis* ou *Carpenboratis*.

sessions temporelles de nos Evêque, ne peut échapper à personne. C'est à la suite de victoires signalées remportées sur les ennemies de l'Etat qu'un héros chrétien, le comte Gérard, demande pour toute récompense qu'une partie du domaine royal, qui lui revenait à lui-même à titre de bénéfice, soit donnée à l'Eglise pour subvenir aux frais du culte et à l'entretien de ses ministres. Quelle origine plus noble, plus légitime, de la propriété ecclésiastique ! et comme ces preux authentiques du cycle carlovingien, si désintéressés après la victoire font une tout autre figure que beaucoup de nos hommes d'État modernes, qui ont trouvé le moyen de se tailler de scandaleuses fortunes dans les lambeaux de la robe de la France déchirée par la défaite !

Nous ne savons rien autre de l'épiscopat de l'évêque Jean II.

XXXII. — BÉRANGER (882). Tous les auteurs s'accordent à faire siéger Béranger en l'année 882, mais ne rapportent rien des travaux de son épiscopat.

XXXIII. — FRANCO Ier. Franco, ou Franciscus paraît être le successeur de Béranger et occupait le siège épiscopal de l'année 891 d'après le Gallia Christiana.

XXXIV. — BERNARD (914). L'évêque Bernard administrait le diocèse de Carpentras en l'année 914. Charles Cottier lui donne pour successeur en l'année 916 un évêque du nom de Kérifonse ou Hérifonce. J'ignore sur qu'elle autorité il s'appuie pour établir l'existence de ce prélat, dont les historiens ne parlent pas.

XXXV. — GUIDO ou GUIMANDUS (932). Le nom de cet évêque paraît accepté par tous les auteurs qui ont écrit sur notre histoire religieuse. Dom Polycarpe le fait souscrire à une charte du 1er juillet 933, indiction VIe par laquelle le comte Geoffroy et Ailburge, son épouse, confirment en faveur de l'église d'Avignon toutes les donations que le comte Guillaume et Theusinde son épouse lui avaient faites précédemment.

XXXVI et XXXVII. Le *Pontificium Carpentoractense*, citant Dom Polycarpe de la Rivière, place après Guido Maurice en 937 et Martin en 944. D'autres auteurs ont placé ces deux noms en 954 et 978, c'est-à-dire pendant l'épiscopat d'Ayrard, ce qui n'est pas admissible, à moins de supposer, pour les besoins de la cause qu'il y a eu deux Ayrard, l'un vers 948 et l'autre vers 982, et que c'est dans l'intervalle qui les sépare qu'auraient siégé Maurice et Martin. La chronologie du *Pontificium Carpentoractense* qui les fait siéger l'un et l'autre avant 948 ne soulève pas la même difficulté. Mais il est bien évident que nous ne pouvons rien affirmer d'une manière positive, quand les documents authentiques nous font défaut.

XXXVIII. — Ayrard (948). Ayrard, l'un des plus illustres prélats qui aient gouverné l'Eglise de Carpentras, aurait été prévôt de l'Eglise d'Arles, s'il faut en croire le *Pontificium Carpentoractense*, avant de monter sur le siège épiscopal vers l'année 948, qu'il occupa pendant quarante ans environ.

Dès la première année de son épiscopat, nous le voyons figurer comme témoin à l'acte de donation par lequel Manassès, archevêque d'Arles, cède à Aymard, abbé de Cluny, la terre de Juliac au diocèse de Châlon. Il y souscrit sous le nom d'évêque de Venasque.

Plus tard, en 979, il figure également à l'acte par lequel Walcand, évêque de Cavaillon, donne l'Église de Vaucluse à l'abbaye de Montmajour. Il donna lui-même à l'illustre abbaye deux maisons qu'il possédait dans la ville d'Arles.

Quelques années après, vers 984, il autorisa la donation faite par Laugier et Valburgis, son épouse, au monastère de St-Pierre de Vassols, de la moitié de ce bourg avec son territoire (1).

Mais l'acte le plus important de son épiscopat fut la fondation du chapitre de l'église cathédrale, dont le titulaire était l'apôtre saint Pierre (2).

A l'exemple d'un grand nombre d'évêques de cette époque, Ayrard, voulant assurer l'exercice régulier du culte divin dans sa ville épiscopale, constitua d'une manière canonique un chapitre de seize chanoines, pour l'entretien desquels il assigna une partie considérable des biens de sa mense épiscopale.

Les chanoines de Carpentras, à l'exemple de tous les chapitres de ce temps de ferveur chrétienne, vrais religieux au fond, vivaient en commun sous la règle de saint Augustin ou de saint Chrodegand, chantaient dans l'église cathédrale, aux diverses heures

(1) Acte, côté 2 — Chartes de Bedoin, archives départementales des Bouches-du-Rhône. — *Histoire de Montmajour*, par M. de Marin de Carranrais, page 33.

(2) Sur les diverses transformations qu'a subies l'église qui possédait le siège épiscopal, voir la *Monographie de S. Siffrein*, pag. 62, etc. Entre les savants auteurs de cet ouvrage combattant l'opinion qui assigne une origine carlovingienne aux parties encore conservées de l'église qui a précédé le S. Siffrein actuel, et les archéologues, au nombre desquels M. Revoil, un maître des plus compétents, qui reconnaissent dans ces restes remarquables, dans la coupole en particulier, le style carlovingien, nous n'avons pas à prononcer de jugement.

du jour et de la nuit, les longs offices de la vieille liturgie romano-française, et aidaient l'évêque dans l'administration spirituelle de son troupeau. L'érection d'un chapitre était donc chose importante. Aussi voyons nous, à l'exemple d'Ayrard, la plupart des évêques du dixième siècle organiser ou reformer leurs chapitres. C'est de cette époque, en effet, que datent les chapitres d'Apt, de Cavaillon et de Vaison, pour ne parler que de la région qui nous avoisine.

L'acte de fondation du chapitre de l'église St-Pierre, du siège de Carpentras ou de Venasque, dont le texte original, écrit de la main de Nartold, évêque d'Apt, est conservé à la bibliothèque d'Inguimbert, fut dressé le 1er mars 982.

Pour montrer toute l'importance qu'il attachait à son œuvre, Ayrard s'était entouré, la charte en fait foi, de l'avis et de l'approbation de Guillaume, comte de Provence, de Rothbold, son frère, d'Iterius, archevêque d'Arles, de Pons, évêque d'Orange, et enfin de Nartold, évêque d'Apt (1).

Les successeurs d'Ayrard ne cessèrent de favoriser le nouveau chapitre, que Guillaume Beroardi, en 1241, réduisit toutefois à douze chanoines.

En 1302, Bérenger Fornéry leur donna des habits de chœur noirs ; sur la fin du siècle suivant, Julien de la Rovère, évêque de Carpentras, qui fut élevé au souverain pontificat en 1503 sous le nom à jamais illustre de Jules II, permit de porter des habits de chœur

(1) Nous croyons inutile de rapporter *in extenso* le texte de cette curieuse charte qui a été publiée par le *Gallia Christiana* (tom. I, *Instrumenta*, page 148) et plus récemment par les auteurs de la *Monographie de S. Siffrein*, pag. 29-31, avec la traduction française en regard.

violets. Jusqu'en 1781 les chanoines portèrent ce costume, garni de fourrures pendant l'hiver ; mais à cette époque Mgr de Beni, notre dernier évêque, les autorisa à porter des habits rouges cramoisis (1).

A la suite d'un long et glorieux pontificat, Ayrard mourut le 31 mars de l'année 988 ou environ et il fut enseveli dans son église cathédrale. Mais sept cent vingt-quatre ans plus tard le sommeil du vieil évêque devait être troublé par suite d'une circonstance que nous devons rappeler.

Dans le courant du mois de juin 1712, le chapitre

(1) Parmi les douze canonicats que comprenait le chapitre de Carpentras, quatre étaient appelés dignités et deux personnats. Les dignités du chapitre étaient celles de prévôt, archidiacre, capiscol ou précenteur et sacristain. Le théologal et le pénitencier étaient les deux personnats. Le prévôt, le capiscol, le sacristain, le pénitencier et le théologal étaient à la nomination du pape, l'archidiacre à celle de l'évêque. Les six autres chanoines et les bénéficiers étaient alternativement nommés par le pape et l'évêque, chacun dans son mois, celui du pape commençant en janvier. (*Le clergé de France*, par du Temps, tome 2, p. 23.)

L'archidiaconé, seconde dignité du chapitre, fut fondé en 1306, par l'évêque Béranger Fornery, qui démembra de sa mense la dîme de la paroisse de Loriol, pour l'assigner à cette dignité à titre de prébende (Voir, sur l'archidiaconat, le tome VI de la collection de Tissot, à la bibliothèque de Carpentras).

Outre les douze chanoines, il y avait encore quatre hebdomadiers, qui avaient rang après les chanoines. La première hebdomaderie fut fondée le 12 septembre 1626, par Etienne de Pol ; une autre eut pour fondateur Henri de Villardy, le 30 décembre 1660 ; enfin une troisième eut pour fondateur messire Antoine Barbe de Fougasse de la Royère, archidiacre, en juillet 1726.

Le chapitre de Carpentras a compté de grands personnages parmi ses membres :

Le cardinal Gausselin, évêque d'Albano, dans les États pontificaux, fut nommé en 1337, archidiacre de l'église de Carpentras, par le pape Benoît XII.

Le cardinal de Selve, autrement dit de Pampelune, fut aussi archidiacre en 1356.

Les cardinaux de Ceccano, de S. Séverin et d'Aigrefeuille ont été successivement capiscols ou précenteurs depuis l'an 1340 jusqu'en 1400.

faisait démolir un ancien mur pour construire une nouvelle sacristie, lorsque les ouvriers, d'un coup de pioche, ouvrirent une niche où se trouvait debout le corps d'un évêque revêtu de ses ornements pontificaux et la crosse à la main; sous ses pieds se trouvait l'inscription suivante, que l'on peut voir encore dans le chœur de la cathédrale et qui ne pouvait laisser aucun doute sur l'identité de l'Évêque, dont on venait de découvrir la sépulture :

ARTUS AIRARDI REDOLENT
VELUT UNCCIO NARDI
HIC PRESUL VERUS PARADISI
MUNUS ADEPTUS
PRIDIE SUB MARCI FINEM
SCITOTE KALENDAS
AMEN (1).

Le corps de l'Evêque et les vêtements qui le recouvraient tombèrent en poussière, au contact de l'air, mais on recueillit religieusement ses ossements dans une caisse en bois pour les conserver dans le trésor de l'église.

(1) « Les dépouilles d'Ayrard exhalent l'odeur d'un parfum de nard. Ce « vrai pontife a obtenu les récompenses du paradis, sur la fin du mois de « mars, la veille des Calendes. *Amen.* » Cette mention assez extraordinaire pour une épitaphe, de parfum exhalé par les dépouilles mortelles d'Ayrard, signifiait-elle que, pour récompenser les vertus de ce pontife, Dieu fit en sa faveur un miracle qui n'est pas rare dans l'histoire des Saints, en conservant pendant assez longtemps son corps à l'abri de la corruption, et en permettant qu'il s'en exhalât cette odeur caractéristique qu'on a nommée *parfum des reliques?* On ne voit guères d'autre explication possible de ce vers :

Artus Airardi redolent velut unccio nardi.

C'est aussi cette conservation de son corps qui expliquerait pourquoi il a été placé dans le tombeau debout, la crosse à la main, ayant sous les pieds une inscription qui est postérieure à sa mort de quelques jours.

Le 29 novembre 1782 (1) les dépouilles de l'évêque Ayrard furent placées au dessous de la tribune de l'orgue, où elles reposent encore aujourd'hui. Le chapitre, pour perpétuer la mémoire de son fondateur, fit placer sur sa nouvelle sépulture l'inscription suivante :

D. O. M.
HUC SUNT TRANSLATÆ
PRETIOSÆ EXUVIÆ
D. ÆRARDI CARPEN. EPISCOPI
IN CATHEDRA ECCLESIA
REPERTÆ
CUI
OB FUNDATIONEM HUJUSCE CAPITULI
D. ANNO 982
GRATI ANIMI MONUMENTUM
IDEM CAPITULUM
POSUIT.
AN. 1782 (2).

La crosse de l'évêque Ayrard, que l'on peut admirer aujourd'hui encore à la bibliothèque d'Inguimbert, est certainement une des plus belles pièces connues de l'émaillerie du dixième siècle. Elle est en cuivre rouge, dorée, couverte de nombreuses et fines ciselures et de riches émaux. La tige de la volute est formée d'un dauphin aîlé, dont le corps se termine en enroulement. Une seconde tête de dauphin, placée vers le mi-

(1) Le P. Justin dit que ce fut le 26 novembre, le *Pontificium Carpentoractense*, le 28.

(2) Ici ont été transférées les précieuses dépouilles de seigneur Ayrard, évêque de Carpentras, découvertes dans l'église cathédrale. En souvenir reconnaissant de la fondation de ce chapitre, en l'an du Seigneur 982, le même chapitre lui a érigé ce monument en l'an 1782.

lieu de la volute, mord l'extrémité de la spire qui se détache de la rosace. Les deux faces de la volute sont semblables ; au centre est une sorte d'étoile à cinq branches d'un caractère original ; trois branches aux bords festonnés occupent la partie supérieure, tandis que les deux autres, plus minces, se recourbent inférieurement en forme de croissant. Des émaux bleu, jaune et vert imitent au centre de cette rosace les nuances qu'offrent les corolles de certaines fleurs. Le tore est divisé en quatre compartiments: sur ceux de face est ciselé le Christ nimbé et bénissant. Sur les deux autres compartiments l'artiste a représenté deux rois vêtus à l'orientale ; quatre autres médaillons plus petits, brochant sur les compartiments principaux, portent chacun un ange nimbé, vêtu de la tunique et du manteau. Enfin le tube est divisé diagonalement en losanges, portant des oiseaux à longues jambes et long cou, flamands ou cigognes, des fleurs et des arabesques recouverts d'émaux colorés (1).

Dans ces derniers temps, on a voulu révoquer en doute la date assignée jusqu'ici à la crosse que nous venons de décrire. Un savant dont le nom fait autorité, M. Léon Palustre, président de la Société française

(1) Cette description de la crosse d'Ayrard, que nous empruntons à la *Monographie de S. Siffrein*, page 39, prête à quelques observations. Le dauphin ailé qui forme la tige de la volute n'est autre que l'amphisbène. En histoire naturelle, l'amphisbène est un serpent non vénimeux, dont la tête n'est pas distincte du corps, et dont la queue obtuse est aussi grosse au bout que la tête, ce qui lui permet de cheminer aussi bien dans un sens que dans l'autre, d'où le nom de double-marcheur (ἀμφὶς, des deux côtés, βαίνειν, marcher. — *Dictionnaire de la langue française*). Le moyen-âge avait fait de l'amphisbène le serpent à deux têtes que nous trouvons sur la crosse d'Ayrard. Nous n'adoptons pas non plus l'expression de chimères ou griffons ailés que les auteurs de la *Monographie* appliquent aux oiseaux ciselés dans les compartiments du tube inférieur où pénètre la hampe.

d'archéologie, affirme que le dixième siècle ne produisit pas d'émaux semblables à ceux de la crosse d'Ayrard, et que la date de celle-ci doit-être reculée jusqu'au douzième siècle.

Quelle que soit l'autorité qui s'attache aux affirmations parfois un peu tranchantes du docte président de la Société française d'archéologie, nous ne pouvons nous empêcher de remarquer qu'il y a déjà une présomption bien grave en faveur de l'opinion acceptée jusqu'ici. Fornéry, qui, le premier, raconte les détails de la découverte du tombeau d'Ayrard, et dont le témoignage contemporain ne saurait être suspecté, affirme que le corps de l'évêque a été trouvé debout et tenant la crosse en main. Tous les historiens depuis ont répété la même chose, et certes il n'y a pas lieu de recourir à une légende pour constater un fait qui s'est passé en 1712, au vu et au su de toute une ville. Cela étant, comment supposer que la crosse en litige serait postérieure de deux siècles à l'évêque entre les mains duquel elle a été trouvée ? Admettre, comme on l'a dit, que la tombe d'Ayrard aurait été ouverte deux siècles après sa mort et qu'on aurait déposé entre les mains du cadavre une crosse étrangère, c'est une explication qui a le tort non seulement d'être absolument gratuite, mais de manquer de sérieux.

Au surplus, il est constant que l'émaillerie de Limoges est bien antérieure au Xe siècle, qu'elle est allée se développant à partir du VIIe siècle et qu'elle a bien pu, au Xe, produire la crosse d'Ayrard (1).

(1) Voir : *Notice des émaux exposés dans les galeries du Louvre*, par M. de Laborde : *Essai hist. et descript. sur les émailleurs et les argentiers de Limoges ;* mémoire de la société des antiquaires de l'Ouest, ann. 1842, pag. 201, par l'abbé Texier. M. de Laborde cite les anneaux émaillés des évêques Ethelwulf et Alhstan, qui vivaient au IXe siècle, et la crosse trouvée dans le tombeau de l'évêque de Chartres, Ragenfroy, mort vers 960. Elle est comme celle d'Ayrard, de cuivre ciselé et admirablement émaillée. Autour du bord postérieur, on lit : *Frater Wilielmus me fecit.* Les quatre compartiments du nœud contiennent des sujets tirés de l'histoire de David. Le bâton pastoral d'Ataldus, archevêque de Reims, qui mourut en 933, est également en cuivre doré et émaillé.

En 1876, les habitants de Carpentras, voulant offrir un témoignage de leur reconnaissance et de leur affection à leur ancien curé, Monseigneur de

Un riche collectionneur anglais, M. Magniac, possède la crosse émaillée trouvée dans le tombeau de Barthélemy de Vic, construit à l'abbaye de Foigny en l'année 1110. Il faut admettre qu'ici, du moins, on aura respecté le long sommeil de l'illustre défunt et qu'on ne sera pas venu, quelques siècles après sa mort, placer entre ses mains une crosse étrangère.

Or, il est certain, et je suis heureux de m'abriter en cela sous le patronage éclairé de M. Armand Calliat, l'éminent émailleur lyonnais, à qui la ville de Carpentras doit le magnifique reliquaire du Saint-Mors, il est certain que la crosse de Foigny, d'un travail plus raffiné, est de beaucoup postérieure à celle d'Ayrard.

Ne bouleversons donc pas l'histoire pour l'écrire avec des appréciations et des théories souvent préconçues, et admettons de bonne grâce les faits que des auteurs sérieux nous ont transmis jusqu'ici.

XXXIX. — Barthélemy. (988). On ignore la date de la mort de l'évêque Ayrard et, par conséquent, on ne peut préciser l'année de l'élection de son successeur. Fornéry fait dater son épiscopat de l'an 986, tandis que l'ancien catalogue et Fantoni le reculent jusqu'en 996.

D'un autre côté le chanoine Farel, le *Pontificium Carpentoractense* et le *Gallia christiana* font siéger l'évêque Étienne immédiatement après Ayrard dès 990.

Enfin Charles Cottier et le *Gallia christiana* contes-

Terris, élevé au siège épiscopal de Fréjus, obtinrent de l'administration du musée d'Inguimbert, l'autorisation de faire reproduire la crosse d'Ayrard. Ce travail, confié à M. Armand Calliat et qui a servi de type à la composition de la chapelle épiscopale de Mgr de Fréjus, a été vivement admiré par tous les connaisseurs à l'exposition universelle de 1879.

tent l'existence même de Barthélemi, que le *Pontificium Carpentoractense* place vers 996 et 1006.

Il est bien difficile de discerner la vérité au milieu d'opinions si contradictoires, aussi nous bornons-nous à les indiquer rapidement.

XL. — ÉTIENNE (992). L'évêque Étienne assiste comme témoin à la donation faite, en 992, par Guillaume, comte de Provence, en faveur de l'abbaye de St-Césaire, d'Arles (1). A peu près vers la même époque, il prêta le serment d'obédience entre les mains d'Aymon, archevêque d'Arles, son métropolitain, en ces termes : *Moi Etienne, nommé évêque de l'Eglise de Venasque, je promets devant Dieu et ses Saints soumission et obéissance canonique et fidélité à l'Eglise de Saint-Etienne, du siège d'Arles, où repose le corps du bienheureux Trophime confesseur, et à Aymon, archevêque actuel et à ses successeurs, si je lui survis* (2).

Il vivait encore en 1012, car il est nommé dans une lettre du pape Benoît VIII, écrite aux évêques de Bourgogne et d'Aquitaine pour les affaires de Cluny (3).

XLI. — FRANCO assiste à la dédicace de la nouvelle église de Cavaillon, élevée par le comte Guillaume (4) (27 avril 1023).

XLII. — MATHIEU. Tous les auteurs s'accordent à faire siéger Mathieu en l'année 1035, sans nous donner aucun détail sur son pontificat.

(1) *Hist de Provence*, de Bouche, t. II, p. 47 ; Saxi, *Pontificium Arelatense*.
(2) *Gallia christiana*.
(3) *Collectio script. hist. Franc.* IV, p. 169.
(4) *Pontificium Carpent.*, d'après les archives de l'archevêché d'Arles.

XLIII. — Franco II (1040). Franco est compté parmi les évêques qui assistèrent à la cérémonie de la consécration de l'église de St-Victor de Marseille en 1040. Il figura ensuite comme témoin, avec saint Etienne d'Apt, Pierre de Vaison et plusieurs autres personnages importants, à l'acte de donation que Bertrand, comte de Provence, fit au monastère de St-Victor, de l'église de St-Promasse, au terroir de Forcalquier, en 1044. Il était encore vivant en 1056, car il assista dans le courant de cette année au concile de St-Gilles, où il prend le titre d'évêque de Venasque (1). Ce concile, présidé par Raimbaud d'Arles et Laudegaire de Vienne, réunit vingt-deux évêques et fit un canon ordonnant la *Trêve de Dieu,* aux termes duquel il était défendu aux seigneurs de porter les armes du 13 septembre jusqu'à la St-Jean. On voit par là quelle salutaire influence l'Église exerçait sur les mœurs belliqueuses et presque barbares de l'époque.

XLIV. — Jules Ier (1056). Franco mourut peu après le concile de St-Gilles auquel il prit part, car dans le cou rant de la même année, les historiens font siéger Jules Ier. Celui-ci, d'après le chanoine Farel et le *Pontificium Carpentoractense,* assista au concile provincial tenu à Avignon en 1058. Il mourut, selon toute probabilité, vers l'année 1066

XLV — Guillaume Ier (1068. Guillaume consacra le IV des ides de janvier, indiction VI (10 janvier 1068)

(1) Voir sur ce concile le XIe volume des historiens des Gaules, pag. 513 de la réimpression de Palmé.

sous le titre de la Bienheureuse Vierge Marie, de saint Jean-Baptiste, de saint Jean l'évangéliste, de saint Etienne, premier martyr et de saint Sidoine, l'église qu'avait fait construire au château de Paracel, territoire du Val, près Brignoles, qui faisait alors partie du comté et diocèse d'Aix, une pieuse vierge nommée Balda.

Il avait été délégué pour faire cette cérémonie par Rostaing, archevêque d'Aix, qui signa l'acte de donation de Balde, et fut assisté par Guillaume, évêque de Toulon (1).

Guillaume, vers la même époque, après avoir pris l'avis de ses chanoines, Pierre Christophore, Garibaldi et Guillaume de Maulaucène, fit donation à l'abbaye de Montmajour et aux moines du monastère de Saint-Jaume des églises de Ste-Marie, de St-Martin et de Saint-Pierre, qui se trouvaient dans la vallée de Sault (2).

Le monastère de St-Jaume, désigné dans les titres *Monasterium de Valle Saltus dictum sancti Jacobi,* ne conserva pas longtemps la propriété de ces diverses églises, car, dès l'année 1119, le pape Gélase II, dans la nomenclature des fiefs et bénéfices du monastère de St-André de Villeneuve, cite comme lui appartenant les églises de la vallée de Sault et des villages d'alentour.

Il est possible que St-Jaume, détruit par une des trop nombreuses invasions qui désolèrent nos pays, ne pût conserver et desservir ces diverses églises, mais il demeura prieuré rural, que les abbés de Montmajour possédèrent jusqu'au siècle dernier.

(1) Charte reproduite par Claude Chantelou dans l'*Historia Monasterii S. Petri Montis majoris*, manuscrit de la bibl. Méjanes, à Aix, n° 554.

(2) La charte de cette donation se trouve dans l'hist. mns. de Montmajour, par dom Chantelou, pag. 106. Elle est transcrite dans le recueil de l'abbé de Massilian, mns de la bibl. d'Avign., vol. Comtat-Venaissin, pièces.

Parmi les églises qui figurent dans la donation de l'évêque Guillaume, il en est une, celle de Ste-Marie, qui laissa dans l'histoire une lumineuse trace.

Plus connue aujourd'hui sous le vocable de N.-D. de la Tour, l'antique sanctuaire est à la veille de sortir de ses ruines. Dejà, M. Henri Chrestian, dans une intéressante notice, en a écrit l'histoire, il ne manquait plus à la gloire de N.-D. de la Tour que la pensée pieuse d'en rajeunir le culte séculaire.

XLVI. — Arnoul (1095). Arnoul occupait le siège épiscopal en 1095.

XLVII. — Geoffroy Ier (1107). Le 3 des calendes (30 août) 1107. Geoffroy, du consentement de son chapitre, fit cession à l'abbé de St-Ruf, du prieuré de Flassans. Parmi les chanoines qui signèrent cet acte se trouve la suscription de Brémond, qualifié d'archidiacre (1). A la demande de cet évêque, le pape Calixte II, par bulle ou 12 des calendes de mai, 12e indiction 1120 (20 avril) confirma l'église de Carpentras dans tous les privilèges qui lui avaient été accordés par ses prédécesseurs (2).

Vers la même époque, Geoffroy restitua à Rostaing, évêque de Vaison, l'église du Barroux qu'il avait possédée à tort jusque-là.

XLVIII. — Gaspard. Le successeur de Geoffroy fut Gaspard ou, selon quelques auteurs, Archaldus. Il

(1) *Pontificium carpentoractense*, d'après les archives de l'évêché de Carpentras.

(2) Voy. ce bref, texte et traduction dans la *Monographie de S. Siffrein*, pag. 58.

occupait le siège épiscopal vers l'année 1123. Il jouissait d'une grande considération auprès du pape Calixte II alors régnant, car il fut choisi par lui, sur les instances de Gautier, évêque de Maguelone, pour remplir une bien délicate mission. Des difficultés s'étaient élevées entre Guillaume, évêque de Montpellier, et le comte de Melgueil, et un procès était pendant entre eux.

Pour faire cesser amiablement cet état de choses, le pape députa l'évêque Gaspard, avec Pierre archevêque de Vienne, saint Hugues, évêque de Grenoble et Hildegaire, évêque de Tarragone, auprès des deux adversaires. Nous ignorons le succès de cette mission, mais nous y trouvons une preuve de l'estime que notre évêque s'était acquise.

Les soins spirituels de son diocèse ne faisaient pas négliger à Gaspard les intérêts matériels de sa ville épiscopale. La ville de Carpentras avait déjà à cette époque une grande importance commerciale. Depuis les temps les plus reculés elle possédait un marché florissant dont l'origine pourrait bien remonter à l'époque de l'occupation romaine (1).

L'évêque Gaspard en obtint la confirmation, en l'année 1135, de Raymond V, comte de Toulouse, marquis de Provence. Cette charte fut consentie en faveur des évêques de Carpentras, seigneurs temporels de la ville, par le comte de Toulouse, agissant en son nom et pour celui de son frère Alphonse, avec le conseil et l'assistance des barons de ses états.

Gaspard paraît avoir siégé jusqu'en l'année 1141.

(1) Ch. Cottier, *Notice sur Carpentras*, pag. 60 et suiv.

Fantoni recule la date de sa mort jusqu'en 1151, mais le *Gallia christiana* réfute cette opinion en établissant que son successeur occupait déjà le siège en 1142.

XLIX. — Raymond Ier (1142). L'évêque Raymond est encore un des prélats dont la réputation de sagesse, malgré les longs siècles qui nous séparent de lui, est arrivée jusqu'à nous.

Nous le trouvons comme témoin dans une charte de donation faite, le 12 mars 1142, aux moines de Biscaudun.

Quelques années après, il fut choisi pour trancher le différend survenu entre Bernard, évêque d'Orange et ses chanoines. Enfin une contestation s'étant élevée en 1150, entre Raymond, évêque de Marseille, et le chapitre de sa cathédrale, c'est encore à l'évêque de Carpentras, assisté de l'archevêque d'Aix et de l'évêque de Toulon, que l'on s'adressa pour la terminer.

Huit ans plus tard, en 1158, il assista comme témoin à la prestation de serment du prévôt Aycardus à Pierre, évêque de Marseille. Celui-ci avait d'ailleurs une telle confiance dans la sûreté de ses conseils qu'il réclama la présence de Raymond à l'accord intervenu entre lui et le vicomte de Marseille en 1165.

L'évêque Raymond profita du crédit dont il jouissait si justement pour obtenir de Raymond V, comte de Toulouse et marquis de Provence, le même qui avait accordé à Gaspard, son prédécesseur, l'établissement du marché de Carpentras, la confirmation de tous les privilèges précédemment accordés aux évêques de Carpentras. Il se fit restituer notamment les châteaux de sa mense épiscopale, moyennant deux mille sols melgoriens qu'il paya.

8

S'il faut en croire une lettre de dom Polycarpe de la Rivière à Peyresc (1), Raymond occupait encore le siège en 1170.

Le *Gallia christiana* et Charles Cottier donnent comme successeur à Raymond, dès l'année 1153, un évêque du nom de Guillaume de Risole.

Ils se fondent pour cela sur une charte rapportée par Bouche (2), aux termes de laquelle Raymond, comte de Barcelonne et marquis de Provence, confirme des donations faites en faveur de l'église d'Embrun et de Guillaume, son archevêque.

Dans cette charte, qui est datée du mois d'octobre 1153, figurent des témoins parmi lesquels on trouve Guillelmus de Risole, avec cette mention entre parenthéses : *Iste factus est episcopus Carpent.* Fornéry ne voit dans cette annotation qu'une note du copiste, sur laquelle il est difficile d'affirmer la vérité du fait qu'elle rapporte. Au surplus, il est certain que Raymond occupait le siège en 1153 et les années suivantes. D'un autre côté, les trois évêques qui succédèrent à Raymond sont très connus et incontestablement authentiques, de telle sorte que l'épiscopat de Guillaume de Risole ne paraît pas sérieusement prouvé.

L. — Innocent II (1170). L'évêque Innocent paraît avoir succédé à Raymond vers la fin de l'année 1170. Le *Gallia christiana* ne l'admet pas dans sa chronologie, pas plus d'ailleurs que Charles Cottier. Le chanoine Barbier et Fornéry le font siéger le premier en 1169 et

(1) Ruffi, *Epist.* VIII.
(2) *Hist. de Provence*, tome II, pag. 121.

le second l'année suivante. Enfin Farel recule la date de son pontificat jusqu'en 1184.

Il dut, au surplus, avoir un épiscopat de très courte durée.

LI. — ANDRÉ (1172). On ne sait rien de bien positif sur l'évêque André, que Fornéry fait siéger en 1172, Barbier en 1184, Farel et le *Pontificium Carpentoractense* en 1200, tandis que le *Gallia christiana* et Cottier révoquent en doute son existence.

Le chanoine Farel et le *Pontificium Carpentoractense* nous apprennent qu'il assista au couronnement d'Othon à Arles, en l'année 1200, et pensent que c'est sous son épiscopat, après la prise de Constantinople en 1204, que le saint Clou fut apporté d'Orient à Carpentras. Si l'on admet la chronologie de Farel et du *Pontificium Carpentoractense*, l'épiscopat d'André doit être reporté plus loin, entre Raimbaud et Geoffroi de Garosse.

LII. — PIERRE II (1174). Nous n'avons pas eu occasion de parler encore de l'antique monastère de N.-D. du Grès qui a laissé de si glorieux souvenirs dans l'histoire religieuse de notre ville. Il serait difficile d'établir la date précise de sa fondation, mais il est certain que les chanoines [réguliers de N.-D. du Grès avaient, depuis de long siècles, leur monastère et leur église, hors de la ville et près de la porte qui, pour cette raison, porte encore le nom de Notre-Dame. Cette église, dédiée à la Vierge, s'il en faut croire le chanoine Barbier, aurait été construite par les soins et grâce aux largesses de l'empereur Charlemagne lui-même.

On a toutefois une preuve de son existence au IXe

siècle par une charte dans laquelle l'empereur Louis l'Aveugle accorde quelques privilèges à l'église d'Apt (1).

On suppose qu'à l'origine le monastère était habité par des religieux bénédictins, mais il passa plus tard aux chanoines de St-Ruf, en faveur desquels le pape Eugène III accorda quelques privilèges (2), que le pape Innocent III voulut bien confirmer par sa bulle du 13 des calendes de décembre 1211.

Pierre II, évêque de Carpentras, leur fit, en 1178, des statuts que Peiresc nous a conservés (3) et que Geoffroy de Garosse modifia quelques années plus tard.

Malgré les troubles des Albigeois, les chanoines n'abandonnèrent par leur monastère, et ce ne fut qu'au XIVe siècles lorsque les compagnies des routiers et d'autres troupes de brigands vinrent ravager la Provence et le Comté Venaissin que, ne se voyant plus en sûreté dans leur vieille demeure, ils vinrent chercher dans l'intérieur de la ville de Carpentras une sécurité qu'ils ne trouvaient plus au-dehors.

On leur donna une maison située dans la rue Notre-Dame, et pour célébrer leurs offices, l'église de St-Jean-du-Bourg, qui se trouvait à côté de la chapelle actuelle des Pénitents-Blancs.

Ils consèrvèrent néanmoins leur ancien monastère

(1) Cette charte, mentionnée par Bouche, dans son *Hist. de Provence*, tom. I, pag. 774, porte : Actum est hoc præceptum anno incarnationis Dominicæ DCCCXCVI, indict. XIV, apud *Carpentoractensium monasterium*, anno VI, regnante Ludovico gloriose rege.

(2) Les religieux de S. Ruf ayant été institués en l'année 1038 et le pape Eugène III étant mort en 1154, c'est évidemment dans l'intervalle que le monastère de N. D. des Grès leur fut donné.

(3) Mns. de Peyresc, à la bibliothèque de Carpentras.

pendant quelques années, espérant toujours que, l'ordre rétabli, ils pourraient venir l'habiter à nouveau. Mais les vieilles et solides contructions qui remontaient sans doute à l'origine de la pieuse fondation devinrent un danger pour la sécurité publique. On craignit que les redoutables ennemis qui désolaient alors nos riches plaines ne s'y établissent et ne s'y fortifiassent à la porte de la ville, et on en décida la démolition. Il fut, en conséquence ordonné aux habitants, le 16 avril 1360, de se rendre le lendemain sur les lieux, avec les outils nécessaires pour travailler à cette démolition.

Les religieux voulurent protester contre cet acte de folle terreur, et intentèrent dans la suite un procès à la ville pour obtenir une indemnité légitime.

Il ne reste plus rien aujourd'hui des ruines du vieux monastère. On essaya bien d'y construire, dans le courant du XVIe siècle une chapelle rurale sous le vocable de N.-D. des Sept-Douleurs, qui ne survécut pas aux guerres de religion.

Les chanoines de N.-D. du Grès, qui étaient d'abord au nombre de dix, furent réduits à six (1) dans la suite. Autrefois ils vivaient en commun, mais l'usage finit par disparaître, malgré les efforts de plusieurs de nos évêques pour les ramener à la règle primitive.

Le vieux monastère et le prieuré de N.-D. de Nazareth furent possédés en commende par divers prélats. Clément VIII, en 1597, et du consentement de Paul

(1) Cinq des chanoines avaient de petits prieurés pour prébendes. Ces prieurés avaient eux-mêmes pour sièges les chapelles rurales de St-Donat, St-Félix, St-Victor, St-Laurent et Ste-Foix, avec leurs dépendances. Le sixième chanoine, qui était le sacristain, n'avait pas de prieuré.

Emile Sadolet, dernier prieur commendataire, unit le prieuré de N.-D. du Grès au collège des Jésuites d'Avignon, pour l'entretien de quatre professeurs de théologie.

Mgr de Béni, dernier évêque de Carpentras, fit prononcer la sécularisation des quatre chanoines qui s'étaient succédé jusque là, ainsi que nous le verrons dans la suite.

Pour ne pas trop anticiper sur les faits historiques que nous avons à raconter, nous allons, après cette petite digression que l'on nous pardonnera, reprendre la liste chronologique de nos évêques.

LIII. — Raimbaud (1177.) Nous savons peu de choses de l'épiscopat de Raimbaud. Dom Polycarpe de la Rivière donne le texte d'une charte de 1177, dans laquelle l'évêque de Carpentras, de concert avec Pierre, évêque d'Orange, autorise la donation faite par Raymonde, fille de Guillaume de Mornas, à l'hôpital de Saint-Jean de Jérusalem, de tout ce qu'elle possédait dans les châteaux de Mornas, de Gigondas, de Cairanne, du pont de Sorgues et de Caderousse.

Raimbaud figure encore l'année suivante comme témoin à une bulle de l'empereur Frédéric en faveur de l'église d'Arles.

Son épiscopat dut finir en 1195.

LIV. — Geoffroy de Garosse (1195). Le successeur de l'évêque Raimbaud fut Geoffroy de Garosse, issu d'une maison noble de la ville, où il naquit vers l'année 1150. Il avait donc 45 ans lorsqu'il fut revêtu de la dignité épiscopale.

Nous relevons son nom pour la première fois dans une charte du 30 juillet 1195, par laquelle un seigneur de la contrée, nommé Hugues, consentit une vente au profit des chevaliers de l'ordre du Temple. Trois ans plus tard, en 1198, nous trouvons l'évêque Geoffroy, seigneur temporel d'une partie de Venasque, ordonnant une enquête sur les dispositions testamentaires de Geoffroy de Venasque. Celui-ci, de la puissante maison de Venasque que les généalogistes rattachent à la famille des comtes de Toulouse, avait été l'un des principaux bienfaiteurs de l'abbaye de Sénanque, fondée quelques années auparavant grâce aux largesses de la maison de Simiane. Il voulut que sa protection pour le monastère naissant lui survécut et lui donna à sa mort tout le restant de ses biens. Pour toute récompense, il voulut être inhumé dans l'église du monastère et dans la tombe des religieux qu'il avait tant aimés de son vivant (1).

Geoffroy de Garosse donne encore son agrément, en 1201, à la donation que firent les chanoines de sa cathédrale à un particulier de la ville.

Nous arrivons à une des époques les plus troublées de l'histoire du midi de la France. C'était l'époque mémorable de l'affranchissement des communes. Sous l'influence des évêques en particulier, les communautés obtinrent des libertés et des franchises qui préludèrent à l'émancipation municipale. L'Église a levé la première le drapeau de la vraie liberté et de la civilisation, et c'est bien à cette généreuse initiative et à la douceur de la houlette pastorale qu'il faut rapporter l'origine du vieux proverbe : *Sous la crosse, il fait bon vivre.*

(1) *L'Abbaye de Sénanque*, par M. l'abbé Moyne, page 44.

Mais tandis que l'action bienfaisante de l'Eglise se manifestait en aidant à l'émancipation des communes, l'enfer suscita contre elle une nuée de sectaires qui, sous le nom de Vaudois et plus tard d'Albigeois, couvrirent le midi de la France de ruines et de sang.

Raymond VI, comte de Toulouse, dont les aïeux, nous dit Hurter, étaient célèbres dans l'histoire et la poësie comme catholiques fervents et vaillants chevaliers, fut le plus fameux des grands seigneurs qui prirent le parti de l'hérésie.

Raymond de Toulouse, poussé par ses coréligionnaires, se livra à tous les excès possibles et vint à Carpentras construire pour sa défense un château-fort qui porte son nom, tandis qu'il chassait de son siège le courageux évêque, Geoffroy de Garosse, pour mieux réduire les habitants à lui jurer fidélité.

Geoffroy en appela au pape de la violence dont il avait été l'objet et obtint de Milon, légat du St-Siège, à la date du 6 novembre 1209, un ordre formel enjoignant au comte de Toulouse de rétablir l'évêque dans ses droits et le condamnant à lui payer une indemnité de dix-huit mille sols raymondins (1).

Le comte parut un moment obéir aux injonctions du pape et se rendit à la sommation que le légat Milon lui fit de comparaître devant un concile d'évêques réunis à Valence. Raymond promit de se soumettre à tous les ordres du légat, mais ce ne fut que le 22 juin 1209 qu'il fut admis à l'absolution.

A cette effet, le légat, accompagné des archevêques d'Arles, d'Auch et d'Aix et de nombreux évêques,

(1) *Histoire de Vaison*, par le P. Boyer, liv. 1, page 113.

parmi lesquels Geoffroy de Garosse, se rendit dans le vestibule de l'abbaye de St-Gilles, où un autel avait été dressé.

Le comte Raymond s'avança alors vers le sanctuaire et d'une voix émue il promit solennellement de rétablir l'évêque de Carpentras dans tous les droits qu'il avait en dedans et en dehors de la ville. Ce ne fut qu'après cette cérémonie expiatoire que Raymond de Toulouse fut admis à recevoir l'absolution des mains du légat (1).

Guillaume de Bonnieux, abbé de Montmajour, avait protesté à son tour contre l'occupation du château de Bédoin dont le comte Raymond s'était emparé de force, et il en appela au pape et à l'empereur. Innocent III et Othon IV répondirent à son appel et confirmèrent les droits de Montmajour. L'évêque Geoffroy assista comme témoin à la charte du 12 février 1211, par laquelle Thédise, légat, et Guillaume, évêque d'Orange, ordonnèrent que l'abbé serait remis en possession de la portion du château de Bédoïn usurpée par le comte de Toulouse. Celui-ci ne persévéra pas dans ses bonnes dispositions et mourut quelques années après, tué d'un coup de pierre par les troupes du valeureux Simon de Montfort.

C'est donc grâce à la rare énergie de Geoffroy de Garosse, que l'église de Carpentras dut de sauver ses prérogatives. Les auteurs de la *Monographie*, se basant sur l'inscription tumulaire, que nous allons rapporter, lui accordent une gloire nouvelle, celle d'avoir réédifié

(1) *Avignon, son Histoire*, etc., par Joudou ; l'abbé Granget, *Histoire du diocèse d'Avignon*, tome Ier, page 378.

et agrandi son église cathédrale, saccagée peut-être par les Albigeois. Sans vouloir discuter cette opinion, combattue de nos jours par Mr Revoil, l'éminent architecte des monuments historiques, qui attribue à l'époque carlovingienne l'église que la *Monographie* revendique pour Geoffroy de Garosse, nous nous bornons à croire que notre évêque n'a été que le restaurateur du monument carlovingien, dont notre ville reste fière de posséder encore les glorieux débris.

Après un épiscopat de seize ans à peine, mais qui dut être tourmenté et laborieux, Geoffroy de Garrosse mourut, vers l'année 1211. On plaça sur sa tombe l'inscription suivante, qui témoigne des regrets qu'il laissa après lui, et des vertus qu'il déploya sur le siège épiscopal :

GAUFREDUS QUO CLARUIT URBS CARPENTORATENSIS,
HÎC JACET, UNDE DOLOR, NAM JACET URBIS HONOR.
RELLIGIO, VIGOR ECCLESIE, REVERENTIA CLERI,
HOC VIVENTE FUIT, HOCQUE RUENTE RUIT.
OPPRESSOS RELEVANS, TUMIDIS LEO, MITIBUS AGNUS ;
PAR FUIT AUT PRIMUS, VIXQUE SECUNDUS ERAT.
ECCLESIAM NIMIS ISTE SUAM NICHIL USQUE REDACTAM
EXTULIT ET CREVIT, FECIT ET ESSE QUOD EST.
NOBILIS IN TERRA, SED NOBILIOR SIT IN ALTO ;
NOBILIS HINC ABIIT, NOBILIOR MANEAT.
PRIMA DIES AUGUSTI TERRIS, HEU DOLOR ! ILLUM
ABSTULIT, ET CŒLO REDDIDIT HÆC EADEM.
HOS FECIT VERSUS IN SEDE SECUNDUS AB ILLO,
ILLIUSQUE NEPOS QUEM TENUIT, DOCUIT (1).

(1) Ici repose Geoffroy sous qui brilla la ville de Carpentras, et dont la perte cause notre douleur. — Lui vivant, la religion, l'Eglise, le clergé ont eu force et gloire. Il emporte tout avec lui. — Il était l'appui des opprimés. Il opposait aux superbes la force du lion, il avait pour les humbles

LV. — Guillaume de Bordellis (1211). Nous trouvons peu de choses sur l'épiscopat de cet évêque, dont le nom de famille nous a été conservé par deux chartes, l'une de 1232, l'autre de 1239, relatives à Guillaume Beroardi, son successeur. Il est à supposer qu'il eut à lutter à son tour contre les agissements du comte de Toulouse, car il fut obligé, en 1212, de se joindre à quelques évêques de la contrée, pour informer le pape Innocent III des difficultés qui lui étaient créées par ce prince.

Dans le courant de septembre 1215, Guillaume de Bordellis se fait prêter hommage par les co-seigneurs de Monteux, et en 1218, il reçoit de Raymond d'Agoult, la somme de cinq mille sols pour prix de diverses denrées qu'il lui avait vendues.

Sur la fin de sa vie, il se choisit pour coadjuteur, Isnard, prévôt de son chapitre et mourut vers l'année 1223.

LVI. — Isnard (1223). Isnard était déjà prévôt du chapitre et coadjuteur de Guillaume de Bordellis, lorsque ce dernier mourut. Il monta aussitôt sur le siège épiscopal et ne l'occupa que cinq ou six ans. Il eut à lutter, comme ses prédécesseurs, pour revendiquer la restitution des domaines épiscopaux usurpés par le

la douceur de l'agneau. — Toujours égal ou supérieur aux autres, à peine jamais l'a-t-on vu se laisser surpasser.—L'église était détruite, il en a élevé une autre ; il l'a agrandie et en a fait ce qu'elle est. — Illustre sur la terre, il le devient encore davantage au ciel. Que cette gloire demeure encore plus grande à l'avenir ! — Le premier jour d'août, douleur amère ! l'a enlevé à la terre et l'a rendu au séjour des cieux. — Son neveu, qu'il instruisit et éleva, et qui occupait le second rang après lui, a composé ces vers.

comte de Toulouse. Mais plus heureux qu'ils ne l'avaient été, il obtint la restitution du château du Baucet, du bourg de St-Didier et enfin des châteaux de Malemort et de St-Félix. Le comte de Toulouse ne se réserva que les chevauchées dont les évêques conservèrent la faculté de se libérer moyennant une redevance. La charte qui consacre cette transaction porte la date du 23 août 1224.

Isnard fit de très grands sacrifices pour augmenter les propriétés de l'évêché et les revenus de sa mense. Dans le courant de l'année 1226, il acquit d'un nommé Raimbaud une vieille tour qui se trouvait à côté d'une ancienne porte de la ville. Dans le mois d'octobre de la même année il acquit la sixième partie de la seigneurie de Venasque, de Raimbaud, co-seigneur du lieu. Le mois suivant Raymond de Venasque (1) lui vendit encore quelques-unes des tours du château de Venasque. Enfin vers la fin de la même année Bertrand et Guillaume Gaufridi vendirent à leur tour à l'évêque la cinquième partie de la même seigneurie.

Ces diverses chartes sont scellées d'une bulle en plomb, sur laquelle figure pour la première fois l'image du saint Mors, que l'Eglise cathédrale de Carpentras a le bonheur de posséder encore. Ce sceau représente d'un côté une évêque à mi-corps, debout, mitré, tenant la crosse de la main gauche, tandis que la main droite appuyée sur la poitrine semble tenir un livre. Légende : ✝ SIGILLUM EPISCOPI CARPNT. Au revers : le

(1) La famille de Venasque, une des plus puissantes du Comté Vénaissin, où elle florissait dès le XIe siècle, descend, d'après les généalogistes, de la maison des comtes de Toulouse, dont elle portait les armes.

St Mors, la partie du milieu en chaînettes entortillées, avec la légende : S. SANCTI SISFREDI (1).

Il n'entre pas dans mon sujet de refaire l'histoire de la précieuse relique ; elle a été écrite bien des fois et avec une érudition à laquelle je ne saurais prétendre. En dernier lieu, Monseigneur l'évêque de Fréjus, alors qu'il était encore archiprêtre de Carpentras, en a donné

(1) J'ai pu relever quatre types différents des bulles en plomb dont se sont servis les évêques de Carpentras pour sceller les actes ayant trait au temporel de l'évêché. La bulle d'Isnard est la plus ancienne. Raymond de Barjols dans deux chartes, qui se trouvent dans le beau cartulaire de l'évêché, datées du 3 des calendes d'avril et du 12 des calendes de juillet 1264, se sert de la même bulle qu'Isnard, son prédécesseur. A cette époque il en fit graver une nouvelle, dont je donnerai le dessin ci-après, et dont il se servit la première fois pour sceller une charte datée des calendes d'avril 1267.

En l'année 1302, l'évêque Bérenger Fornery se sert d'une bulle dont la partie de face paraît être la même que celle du sceau que je reproduirai tantôt, mais dont le revers porte le saint Mors, et la partie mouvante est formée de deux tiges réunies au bas par un anneau. Ce sceau est certainement celui sur lequel la forme du saint Mors se rapproche le plus de la relique vénérée à Carpentras.

Enfin l'évêque Hugues de Lesignan fait, en 1336, usage d'une bulle d'un type nouveau. La partie brisée du mors s'y trouve formée d'une chaînette dont les anneaux, au nombre de cinq de chaque côté, sont réunis dans le ba- par un anneau beaucoup plus grand.

Les évêques de Carpentras abandonnèrent dans la suite ce sceau impersonnel, pour se servir exclusivement de leur sceau particulier.

Un collectionneur de la région, après avoir patiemment réuni une fort intéressante série des bulles en plomb de nos évêques, a voulu trouver dans les différentes formes employées par les graveurs de cette époque lointaine pour reproduire le saint Mors, un argument contre l'authenticité de la relique. Il a, sans doute, oublié que ces sceaux étaient gravés certainement par des artistes étrangers qui, n'ayant pas l'image vraie sous les yeux, ne suivaient que leur caprice pour la représenter. Les artistes de notre époque, sous ce rapport, ne sont pas plus heureux que leurs devanciers. Il est donc puéril de vouloir opposer à la tradition six fois séculaire de l'Église de Carpentras un argument qui a le tort d'être absolument gratuit.

une monographie, qui restera le monument le plus autorisé élevé en son honneur (1).

Qu'il me suffise de rappeler que l'impératrice sainte Hélène, ayant retrouvé à Jérusalem la Croix et les principaux instruments de la passion de N. S. réserva pour l'empereur Constantin, son fils, les clous qui avaient percé les pieds et les mains du Sauveur.

Saint Ambroise rapporte que deux de ces clous, sous l'inspiration de sainte Hélène, furent transformés l'un en un mors pour le cheval de bataille de son fils, et l'autre en une lame qu'on enchâssa dans la couronne impériale.

Après la mort de Constantin-le-Grand, le saint Mors devint dans l'Eglise, un objet de vénération que le pape Vigile, vers le milieu du sixième siècle, prit à témoin du serment qu'il prêta, en plein concile général (2).

Quelques années plus tard, l'empereur Justin-le-Jeune fut délivré d'une obsession diabolique par l'imposition de la précieuse relique (3).

Ici, nous perdons, pendant plusieurs siècles, la trace du mors de Constantin, pour la retrouver, vers l'année 1167, parmi les reliques vénérées à Constantinople (4).

A dater du XIIIe siècle, il n'est plus question en Orient du St Mors de Constantin, que nous retrouvons à Carpentras.

Comment y fut-il apporté ? Il est bien difficile de le savoir, mais il est probable qu'enlevé, lors de la prise

(1) Le saint Mors de Carpentras et son reliquaire, par M. l'abbé F. Terris. Carpentras, Prière, 1874, broch. in-8° de 47 pages.

(2) Baluze, tom. Ier *Acta concilii quinti, pag.* 1544.

(3) Gregor. Turon. *De gloriâ martyrum*, lib. I. Cap. 6.

(4) Comte Riant. *Hist. des Scandinaves en Terre-Sainte*, page 69.

de Constantinople, en 1204, avec d'autres nombreuses reliques, par quelques croisés des troupes de Simon de Montfort, dont les noms ne nous sont pas parvenus, il devint la propriété de l'Eglise de Carpentras. Nos évêques s'empressèrent aussitôt d'enrichir de l'image de la relique leur sceau épiscopal, en attendant que la ville elle-même la plaçât dans les armes municipales (1), et que les notaires la fissent entrer dans la composition de leurs signatures (2).

Depuis cette époque, six siècles se sont écoulés, pendant lesquels la dévotion au saint Mors ne s'est jamais démentie. Et de nos jours encore, elle est aussi vive qu'elle l'était au moyen-âge, alors que les pensées de la foi entraînaient les peuples vers les Lieux-Saints et enflammaient tous les courages. La relique, dont l'Église de Carpentras garde avec un soin jaloux le précieux dépôt, reçoit comme autrefois les hommages de nos populations croyantes, et le magnifique reliquaire, où elle repose, est une éloquente preuve de la fidélité de notre foi.

Le plus ancien document qui nous ait été conservé touchant le saint Mors est donc le sceau épiscopal de l'évêque Isnard. Nous verrons tantôt que ses successeurs le conservèrent pendant longtemps encore, bien qu'ils eussent chacun leur sceau personnel.

Le 14 novembre 1227, Isnard reçut encore l'hommage de Bertrand de Misone, pour sa part de la seigneurie de Monteux. Déjà dans le mois de janvier

(1) Voir sur les armes de la ville de Carpentras, la note de la page 38.

(2) Voir la notice sur les *signatures des notaires d'Apt au moyen-âge*. Bulletin archéologique de Vaucluse, 1879, pag. 33

de la même année, celui-ci avait fait donation à l'abbaye de St Pierre de Molégès de quelques pièces de terre, sises sur le territoire de Monteux. L'évêque de Carpentras, haut seigneur du lieu, ratifia cette donation le 20 janvier 1228, en faveur de Cécile, abbesse, et lui imposa une cense annuelle de trois livres de poivre.

Dans le même mois de novembre 1227, Isnard acquit encore, pour les joindre au domaine temporel de l'évêché, tous les droits qu'Alfanti Sarracenus et autres seigneurs avaient sur le fief de Venasque, ainsi que les tours qu'ils possédaient à Malemort.

Enfin le 27 mai 1228, Isnard ratifia la donation faite par Bertrand de Venasque à l'abbé et au monastère de Sénanque du droit de pâturage dans la montagne de Venasque.

Isnard mourut probablement sur la fin de cette dernière année. Durant son court épiscopat, vers l'année 1226, le Comtat Vénaissin fut cruellement éprouvé par le fléau de la peste, dont le restant de la France eut a souffrir également beaucoup.

LVII. — Bernard ou Bertrand (1229). Cet évêque, que les historiens désignent tantôt sous le nom de Bernard, tantôt sous la simple initiale B. dans les chartes latines, a dû monter sur le siège épiscopal vers la fin de l'année 1228, ou bien dans les premiers jours de l'année 1229. Il reçoit en effet, le 6 février de cette dernière année, l'hommage de Bertrand de Misone pour sa co-seigneurie de Monteux. Le 10 avril suivant, il se fit prêter hommage par les co-seigneurs de Méthamis, parmi lesquels Raymond Alfanti.

Le Ier décembre de la même année, il acquit moyennant douze livres raymondines, de Rostagnus et de Béatrix, son épouse, une tour qui se trouvait dans la ville de Carpentras.

Dans le mois d'août 1230, Bertrand Alfanti, chevalier, et Bertrand, son fils, co-seigneurs de Méthamis, ratifient en faveur du même évêque la vente d'une tour à Venasque, qui avait été faite par Raymond Iterii à l'évêque Isnard, son prédécesseur.

Bernard eut quelques difficultés avec les prieurs de St Félix, de St Donat et de St Victor ; elles furent reglées par une sentente arbitrale de l'année 1230, aux termes de laquelle, ces prieurs furent tenus de donner à l'évêque la quatrième partie de leur dîme. On trouve également dans les archives de l'évêché une sentence de la même année qui oblige tous les co-seigneurs de Monteux à prêter hommage à l'évêque de Carpentras, à chaque changement de titulaire.

Enfin dans le courant de décembre de la même année, l'évêque Bernard dressa, de concert avec les chanoines de sa cathédrale, des statuts pour son chapitre.

Fornéry ne place la date de sa mort qu'après le mois de mai 1231, mais, d'après le *Pontificium Capentoractense* et le chanoine Farel, un ancien obituaire de St-André de Villeneuve-lez-Avignon fixe cette date au 31 août 1230.

LVIII. — GUILLAUME III BÉROARDI (1230). Après la mort de l'évêque Bernard, le siége épiscopal ne restà vacant que quelques semaines : d'après le *Pontificium Carpentoractense*, Guillaume Beroardi fut élu pour lui succèder le 18 novembre 1230. Guillaume était prévôt du chapitre métropolitain d'Arles, lorsqu'il fut appelé aux honneurs de l'épiscopat.

9

Les troubles soulevés dans le midi par les comtes de Toulouse étaient à peu près apaisés. Les évêques de Carpentras avaient obtenu la restitution d'une partie de leurs domaines, mais ils eurent à lutter longtemps encore contre les seigneurs pour revendiquer les droits de leur Eglise, méconnus et usurpés à la faveur des guerres qui venaient de marquer les derniers siècles. L'épiscopat de Guillaume, nous pouvons le dire, fut un règne réparateur pour le temporel de l'évêché, comme il le fut pour l'administration spirituelle du diocèse.

Le 16 mars 1232, il se fait prêter l'hommage accoutumé par Imbert d'Agoult, co-seigneur de Monteux, et le mois suivant il fait à Malemort l'acquisition d'un bois pour l'annexer aux dépendances du château de St-Félix.

Depuis longues années le péage de Monteux était une source de difficultés entre les divers co-seigneurs qui s'en disputaient la juridiction et les habitants de Carpentras. Ceux-ci se prévalaient justement des franchises que les évêques leur avaient obtenues, et quelques-uns même résistèrent aux exigences des co-seigneurs avec trop de vivacité. Pour éviter de nouveaux désordres,

Guillaume Béroardi s'adressa à Pierre de Landreville, sénéchal du Vénaissin, et prit pour arbitre Rainier, chanoine de Vaison. Celui-ci fit une minutieuse enquête et donna gain de cause aux gens de Carpentras.

L'évêque, non content de cette décision, obtint encore, dans le mois de septembre 1232, de Bertrand de Misone, co-seigneur de la huitième portion de la terre de Monteux, une déclaration confirmant expressément les exemptions accordées en 1210 en faveur de Geoffroy de Garosse et qui avaient été renouvelées plus récemment à la sollicitation de Guillaume de Bordellis. Quelques mois plustard, le 25 mai 1233, Bertrand de Misone prêta hommage à l'évêque pour sa co-seigneurie, qu'il vendit au mois de juillet suivant à Bertrand et à Geoffroy de Venasque.

Dans le courant du même mois de mai, l'évêque prit pour arbitre Guillaume Rostagni, prieur de l'église de la bienheureuse Vierge Marie de Pernes, au sujet de la dîme de l'Église de St-Hilaire, qui lui était disputée par l'abbesse de Ste-Marcelle.

En 1234 il fit aussi un règlement avec les habitants de Monteux, au sujet de la dîme des grains et du vin qu'il avait à percevoir sur leur territoire.

Dans le courant de la même année, les chanoines de la cathédrale eurent quelques contestations avec ceux de N.-D. du Grès. Ils exposèrent leurs difficultés à l'évêque et acceptèrent son arbitrage. Le 12 janvier 1235, il rendit une fort curieuse sentence qui mit fin aux débats. Les chanoines de N.-D. du Grès furent condamnés à payer à l'église cathédrale le vingtain des fruits de leurs domaines, et aux chanoines de la même église la moitié de la dépouille des morts qui seraient inhumés dans leur cimetière et des offrandes que feraient les fidèles à leur église *extrâ-muros*. La sentence réserva encore aux chanoines de St-Siffrein le quart des objets mobiliers qui seraient legués aux chanoines de N.-D. du Grès, et règla les processions de la cathédrale auxquelles ces derniers seraient tenus d'assister à l'avenir.

Dans le courant de l'année 1237, il fit deux nouvelles acquisitions pour la mense épiscopale : il acquit une terre, appelée la Condamine, tout près de Carpentras et reçut en don la quatrième partie du moulin des Aicards.

D'un autre côté le *Gallia Christiana* nous rapporte que vers la même époque Guillaume Beroardi distribua lui-même quelques biens aux pauvres de la ville, et qu'il se fit prêter hommage, le 20 juin 1238, par Bertrand Astier, pour la portion de la seigneurie de Venasque dont il était propriétaire.

Au mois de mai de la même année il reçut encore l'hommage des habitants de Monteux et fit publier le règlement, daté de Crémone, que l'empereur Frédéric, petit-fils du fameux Frédéric Barberousse, avait fait contre les Albigeois, avant sa révolte ouverte contre l'Église.

Un des actes les plus importants que fit l'évêque Guillaume pendant son long et laborieux épiscopat fut l'hommage qu'il prêta, en 1239, à Raymond VII, comte de Toulouse, pour les châteaux et fiefs de Venasque, St-Didier, le Baucet, Malemort, St-Félix et le fort des Alphants à Méthamis, dont ses prédécesseurs avaient obtenu la restitution. Le comte se réserva quelques redevances en argent à raison des droits des chevauchées dont l'évêque fut affranchi, mais il promit formellement de maintenir les évêques de Carpentras dans leurs droits et privilèges. Il ratifia en outre la charte par laquelle Raymond V, comte de Toulouse et marquis de Provence, tant en son nom qu'au nom de son frère Alphonse, de l'avis des seigneurs barons de ses états, confirma, en 1135, sur la demande de l'évêque Gaspard, le marché qui existait dans la ville depuis les temps les plus reculés. Il confirma également la charte par laquelle, en 1160, le même prince remit l'évêque Raymond dans la libre possession des châteaux de sa mense, moyennant une somme de deux mille sols melgoriens qu'il paya, et celle de 1224, dans laquelle l'évêque Isnard obtient lui-même la restitution de plusieurs domaines importants de l'évêché. Enfin, pour conserver au marché de Carpentras toute l'importance dont il avait joui jusque là, le comte de Toulouse veut que tous ceux qui viendront au marché ne puissent être inquiétés ni molestés pour quelque motif que ce soit.

La charte que nous venons d'analyser rapidement est datée du palais épiscopal d'Orange, où elle fut scellée en présence de personnages importants de la cour du comte de Toulouse. Elle fut vidimée le 12 octobre 1289 par le concile provincial réuni à Carpentras, et auquel prirent part l'archevêque d'Arles et les évêques de Toulon, de Vaison, d'Orange, de Cavaillon et de Carpentras. Chacun de ces prélats scella le vidimé de son sceau épiscopal et l'évêque de Carpentras le scella de la bulle en plomb avec l'effigie du St-Mors dont nous avons donné une description exacte.

Ce ne fut pas sans de grandes difficultés que l'évêque Béroardi put obtenir cette importante charte, qui mettait fin désormais à toutes contestations et qui assurait la tranquille possession des droits des évêques de Carpentras. Longtemps il résista aux ordres du comte de Toulouse qui exigeait l'hommage, il lutta ainsi pendant quatre ou cinq ans avec une rare énergie, jusqu'au moment ou le comte s'apprêtait à prendre les armes pour l'y contraindre. Alors seulement il s'y résigna, mais il le fit avec tant d'habileté qu'il trouva dans la nécessité même à laquelle il était réduit l'occasion d'obtenir pour le siège épiscopal les étonnantes faveurs que nous venons d'énumérer.

L'évêque voulut assurer de suite l'exécution des privilèges qu'il venait d'obtenir en contraignant, en la même année 1239, les co-seigneurs de Venasque, de Villes et de Monteux à lui faire l'hommage auquel ils étaient tenus.

L'année suivante, le 11 août 1240, il assista comme témoin au mariage que le comte Raymond de Toulouse contracta avec Sancie de Provence (1).

Nous avons déjà vu que le saint évêque Ayrard avait constitué canoniquement dans sa cathédrale un chapitre de seize chanoines, en l'année 982. Les ressources assignées par lui à cette fondation devinrent sans doute insuffisantes dans la suite, car Guillaume Béroardi se vit dans la nécessité de réduire à douze le nombre des chanoines établis par son prédécesseur. Il modifia les statuts primitifs, du consentement du chapitre lui-même, et ordonna que nul désormais ne pourrait être admis au canonicat, avant l'âge de 20 ans. Il voulut également obliger son prévôt, Pierre Anicus, à recevoir les

(1) *Hist. du Languedoc*, tom. III, pag. 41.

ordres sacrés, et, sur son refus il n'hésita pas à fulminer l'excommunication contre lui.

Nous le voyons assister encore au concile qui se réunit à Béziers dans le mois d'avril 1243, et le 5 décembre 1248 à celui de Valence. Ce dernier concile, auquel prirent part les évêques des quatre provinces de Vienne, de Narbonne, d'Arles et d'Aix, fut réuni pour parer aux dangers que les Albigeois faisaient courir à l'intégrité de la foi religieuse et au maintien de la paix sociale. Les évêques présents y renouvelèrent les anciens serments de maintenir la concorde entre les princes chrétiens, afin de faciliter les expéditions de la Terre Sainte. Ils déclarèrent l'empereur Frédéric déchu de tout droit, et on renouvela contre lui la sentence d'excommunication portée déjà par le pape.

L'évêque Guillaume Beroardi prit également part au synode de la province d'Arles, tenu à l'Isle, diocèse de Cavaillon, le mardi après la fête de l'Exaltation de la Croix de l'année 1251, sous la présidence de l'archevêque d'Arles lui-même, et auquel assistèrent les évêques de Cavaillon, d'Orange, de Marseille et de St-Paul.

Au mois de juillet de la même année, l'évêqne eut la douleur de perdre son frère, Raymond Beroardi, chevalier, et quatre ans plus tard, en 1255, son neveu Pierre ou Pons Beroardi, fils du précédent et chanoine de sa cathédrale. Ils furent inhumés l'un et l'autre dans le cloître de l'église, où on pouvait lire, il y a peu d'années, leurs inscriptions tumulaires, que voici :

ANNO DNI MCCLI. D. S. V. S. NONAS JVLII OBIIT DNVS RAIMVNDVS BEROARDI MILES FRATER DNI WILLELMI BEROARDI EPI TVNC CARPEN.

A côté de cette première inscription se trouvaient celles du chanoine Pierre, dont nous venons de parler, et celle d'un personnage qui paraît être de la même famille :

> ANNO DNI MCCLV. S. IX. K. NOVEMB. OBIIT
> DNVS P. BEROARDI FILII EI. CANON. CARPEN.
> AN. S. VII K SEPT. OBIIT DNVS BONIFACIVS
> CARPEN. CORPUS ANIMÆ REQVIESCANT IN PACE.

Le comte Raymond VII de Toulouse, après avoir été pour l'évêque Guillaume un adversaire dangereux, devint pour lui un protecteur et un ami. Sa confiance était devenue si grande, qu'il le nomma son exécuteur testamentaire dans son testament de 1249. A sa mort, Alphonse de Poitiers, frère de saint Louis et mari de Jeanne, fille et héritière du comte de Toulouse, ne crut mieux faire que de lui conserver toute la confiance qu'avait en lui l'illustre défunt. Il lui donna la délicate et difficile mission de relever dans tout le Comté Venaissin les droits divers appartenant aux comtes de Toulouse, dont les titres avaient disparu au milieu des troubles des Albigeois. Le travail de l'évêque de Carpentras, dont un des originaux, connu sous le nom *de livre rouge des Comtes de Toulouse*, existe encore à la bibliothèque de notre ville, est un des documents les plus curieux de notre histoire locale.

Le 22 mai 1257, il intervint entre l'évêque et les habitants de Mazan un acte de délimitation des deux territoires de Carpentras et de Mazan.

Parmi les possessions des évêques de Carpentras, il en est une qui dans tous les temps fut l'objet de soins plus assidus de leur part : c'est le château de St-Félix à Malemort, qui servit de résidence d'été à nos évêques, jusqu'au moment de la Révolution. Guillaume Béroardi obtint deux concessions importantes pour le château épiscopal. Raymond d'Ansouis, abbé de Montmajour, pour témoigner de sa reconnaissance, lui donna, le 16 juin 1258, quelques terres dépendant du prieuré de St-Maurice, à Malemort, et, en 1260, il obtint de Geoffroy de Venasque et de Rostang, son neveu, la permission de deriver les eaux d'une source pour les conduire à St-Félix.

L'histoire nous rapporte que, pendant son long épiscopat, Guillaume Beroardi sut admirablement gouverner le peuple confié à sa sollicitude pastorale, et qu'il sut y faire régner la paix et toutes les vertus chrétiennes.

Fornéry place la date de sa mort au 12 mars 1263. Cette date n'est pas acceptée par tous les historiens : c'est ainsi que le *Gallia Christiana* fait siéger Guillaume de Barjols dès l'année 1255, et Charles Cottier en 1258. Le *Pontificium Carpentoractense* fait remonter à l'année 1239 l'élévation de Guillaume de Barjols au siège épiscopal et lui attribue la plupart des actes que Fornéry attribue lui-même à Guillaume Beroardi, son prédécesseur. La similitude de prénoms aura certainement induit en erreur le docte inconnu qui nous a laissé le *Pontificium*.

Nous avons été assez heureux pour retrouver aux archives nationales à Paris, et aux archives départementales des Bouches-du-Rhône, à Marseille, le sceau épiscopal de Guillaume Beroardi, dont nous donnons ici la gravure.

Le sceau (1) est ogival et à 50 mill. Il représente l'évêque debout, vu de face, mitré, crossé et bénissant. On lit autour la légende :

S. GLLI EPI CARPENTORATENSIS

(Sigillum Guillelmi episcopi Carpentoratensis).

(1) Archives nationales. Inventaires et documents. Collection de sceaux par Mr Douët d'Arcq. Paris, Henri Plon, 1863.— Le sceau original se trouve appendu à un vidimus, de 1238, de plusieurs chartes des princes d'Orange et des comtes de Toulouse, aux archives nationales J. 309, n° 17. On le trouve également aux archives départementales des Bouches-du-Rhône, à un hommage prêté à Jean V, archevêque d'Arles, par Bertrand Porcellet, Pons Gallard, Elzéar de Becdejun, Raimond Pons et autres seigneurs, pour les pâturages de Crau, St-Hippolyte, Galignan, les Angles, etc. (Arles 4 des ides d'août 1234).—(Iconographie des Bouches-du-Rhône de M. Blanchard, pl. 7, n° 4.)

LIX

RAIMOND II DE BARJOLS

(1263)

A la mort de Guillaume Beroardi, Raimond de Barjols, sacristain de l'Eglise d'Arles, fut élu pour lui succéder (1).

Il appartenait apparemment à une famille de l'Agenois, qui vint se transplanter à Avignon dans le courant du XII° siècle, et dont l'histoire nous a gardé le souvenir. Quelques auteurs cependant lui prêtent une origine provençale et lui donnent pour berceau la petite ville de Barjols, qui, déjà au XIII° siècle, était connue par sa collégiale.

(1) Le *Pontificium Carpentoractense*, le *Gallia Christiana* et Cottier désignent ce prélat sous le prénom de Guillaume de Barjols ; mais Fornery le désigne sous celui de Raimond, et son témoignage est confirmé par les chartes l'intéressant, qui se trouvent dans le cartulaire de l'évêché, et par le sceau dont nous donnons la gravure.

Quoi qu'il en soit de cette origine, Elias de Barjols était un troubadour en renom de la cour d'Alphonse II, comte de Provence. Il a écrit la mémorable lutte de Raimond Bérenger avec la famille des Baux, sous le titre : *La Guerra dels Baussencs,* ainsi que des poésies, dont quelques-unes sont parvenues jusqu'à nous. Il abandonna plus tard la muse pour le cloître, et mourut, jeune encore, en 1180, chez les hospitaliers de St-Bénézet à Avignon (1).

Arnaud de Barjols, de la famille du précédent, commandait une partie des troupes qui composaient la petite armée d'Avignon, pendant le siège que le roi Louis VIII vint faire de cette ville en l'année 1226 (2).

Raimond de Barjols, peut-être fils d'Arnaud, fut élevé au siège épiscopal peu de temps après la mort de son prédécesseur. Le 23 juillet 1263, il renouvela les statuts de son chapitre, avec l'assentiment de tous ses chanoines. L'acte qu'il fit dresser à cet effet et dont l'original figure dans le cartulaire de l'évêché, portait autrefois les deux sceaux, dont nous donnons ici la gravure.

L'un d'eux est la bulle en plomb, à l'empreinte du saint Mors, que nous avons déjà décrite.

(1) Du Verdier. *Biblioth.* éd. de Lyon de 1585, in-folio, page 274. — Millot, *Hist. litt. des Troubadours,* tom. 1er, pag. 347-353. — Raynouard, *Choix de poésies originales des Troubadours,* tom. 5, pag. 140.

(2) *Hist. générale de Languedoc.* — *Mém. de l'Athénée de Vaucluse* 1re partie, page 208.

Le second est le sceau personnel de Raimond de Barjols, dont nous avons été assez heureux pour retrouver l'empreinte dans les archives nationales. Ce sceau, ogival, de 50 millimètres, représente l'évêque debout, vu de face, mitré, crossé et bénissant. On lit la légende :

S. R. EPISCOPI CARPENTORATENSIS (1)

(Sigillum Raimundi episcopi Carpentoratensis).

Raimond de Barjols mit tous ses soins et tout son zèle, à maintenir la discipline ecclésiastique dans son clergé, ce qui ne lui fit pas abandonner l'œuvre de réparation que ses prédécesseurs avaient entreprise, pour augmenter les domaines de l'évêché qui avaient eu tant à souffrir des usurpations du pouvoir séculier.

La seigneurie de Venasque, était le fief auquel les évêques de Carpentras tenaient le plus, à raison, sans

(1) Ce sceau se trouve aux archives nationales, à Paris, J, 329, n° 8 et figure sous le n° 6549 de la collection des sceaux de M. Douët d'Arcq. L'acte du 23 juillet 1263 fut reçu par Jacques Autrani, notaire de Carpentras, qui le signa en traçant l'image du St-Mors. J'ai publié cette signature dans la brochure : Les *signatures des notaires d'Apt* au moyen-âge. Avignon. Seguin frères, 1878.

doute, des souvenirs qui s'y rattachaient. Nous avons vu déjà avec quelle persévérance ils avaient voulu réunir sous leur juridiction les fractions presque infinitésimales du droit seigneurial. Raimond de Barjols continua leur œuvre avec succès, car à lui seul il acquit les portions de Ripert et Hugues Lantelmi, le 25 mai 1264, de Guillaume Ricavi, de Guillaume et Geoffroy de Tourvieille, le 19 janvier 1265; de Raimond Riveti, en juillet 1266; de Guillaume de Montessano le 30 du même mois de juillet, et de Raimond de Garrigues, le 22 août suivant.

Le 16 mars 1267, il reçoit l'hommage de Bertrand de Venasque, pour tous les droits qu'il avait sur le même lieu.

A cette sage persévérance pour arriver au but qu'il s'était proposé, Raimond de Barjols joignait une rare énergie pour ne pas laisser s'affaiblir entre ses mains l'autorité dont il était revêtu.

Nous avons vu tantôt qu'un des premiers actes de son épiscopat, fut d'approuver les statuts qui régissaient le chapitre de sa cathédrale. Il y ajouta, le 26 décembre 1264, de l'assentiment de son chapitre, un règlement nouveau aux termes duquel nul ecclésiastique n'était apte à devenir chanoine s'il n'était engagé dans les ordres sacrés. Le prévôt de la cathédrale, nommé Pierre Arici, continua néanmoins à jouir des revenus de sa charge, bien qu'il ne se fût pas soumis à l'ordonnance épiscopale. L'évêque patienta quelques années, mais le 30 juin 1267 (1), il lança l'excommunication contre ce

(1) *Le Pontificium Carpentoraciense,* dit 31 mai.

prévôt et lui enjoignit de se présenter devant lui aux Quatre-temps suivants pour recevoir la prêtrise.

Soucieux de défendre les intérêts de son clergé aussi bien que ceux de la dignité épiscopale, par une ordonnance en date du 2 septembre 1268, il défendit aux religieux de construire aucune église nouvelle dans la ville ou le diocèse de Carpentras, sans le consentement de l'évêque et du chapitre (1).

Cette indomptable énergie de caractère lui valut la confiance du pape Clément IV. Celui-ci, par bref daté de Viterbe du 15 juin 1267, lui donna la délicate et pénible mission de révoquer toutes les aliénations des biens de l'abbaye de Montmajour qui avaient été faites sans l'agrément du St-Siège, et d'obliger les détenteurs de ces biens à les restituer.

Peu après, Raimond Blanc, prêtre et administrateur des revenus de l'hospice de Mazan, eut à rendre compte de son administration, sur l'ordre de l'évêque (octobre 1269).

Le crédit dont jouissait Raimond de Barjols était général. L'archevêque d'Arles et l'abbé de Montmajour ayant quelques difficultés à résoudre entre eux, au sujet de diverses propriétés sises entre Salon et Miramas, c'est à l'évêque de Carpentras qu'ils allèrent les soumettre. Celui-ci répondit à leur confiance réciproque et rendit, dans le palais que l'archevêque possédait à Salon, une sentence à laquelle toutes les parties applaudirent.

Mais en même temps qu'il savait montrer toute l'énergie de son caractère, il attirait à lui par l'affabilité de

(1) *Pontificium Carpentoractense.*

ses manières et la douceur de son administration. En 1269, il autorisa les Juifs à s'établir dans la ville, alors qu'ils étaient chassés de la Provence et des terres du roi de France. L'Église s'est toujours montrée tolérante, et les juifs, en particulier, ont pu bien des fois apprécier sa maternelle influence. Quelques années après, en 1276, intervint un accord entre l'évêque de Carpentras et la colonie israélite, par lequel les juifs s'engagèrent à ne jamais faire d'opposition au gouvernement (1). Vers la même époque il obtint du Sénéchal du Venaissin, pour la ville de Carpentras, les franchises municipales dont jouissaient déjà plusieurs villes de France, depuis environ un siècle.

Mais à côté de tant de précieuses qualités, l'histoire nous a gardé le souvenir de l'extrême délicatesse avec laquelle l'éminent prélat aimait à traiter ses affaires personnelles. Nous avons parlé bien des fois déjà des droits seigneuriaux que nos évêques avaient sur la ville. Les syndics de Carpentras soulevèrent quelques difficultés à Raimond de Barjols à ce sujet. L'évêque s'en remit à l'arbitrage de l'évêque de Vaison, de Pierre de Rostagni, que nous retrouverons bientôt sur le siège épiscopal, et de Guillaume de Laude, professeur aux lois. La transaction qui mit fin aux débats fut passée en 1270 dans le cloître de l'église de la Bienheureuse Vierge Marie, hors les murs, en présence de Guy de Vaugrigneuse, sénéchal du Comté Venaissin, de Pierre Alrici, prévôt du chapitre, et de Berenger Fornéry, prieur de

(1) Bibl. de la ville, *Inventaire des droits de l'évêque* et du *chapitre*, n° 535, f° 59, verso.

Mazan, qui fut élevé à son tour aux honneurs de l'épiscopat.

C'est à la même époque que s'accomplit un évènement considérable dans l'histoire de notre pays.

Alphonse, comte de Poitiers, frère de saint Louis, avait épousé, en 1237, Jeanne, fille unique de Raymond VII, comte de Toulouse et marquis de Provence. Les deux époux moururent l'un et l'autre sans postérité, à Savone, en août 1271. Avec Jeanne s'éteignait la race des comtes de Toulouse.

Philippe-le-Hardi, nonobstant le testament par lequel l'illustre défunte léguait le Comtat à Charles de Provence, son beau-frère, et se basant sur une substitution insérée dans l'acte de partage intervenu, en 1125, entre le comte de Toulouse et le comte de Provence, s'empara aussitôt du Venaissin, mais il le garda peu. Dans l'intervalle, Raimond de Barjols lui prêta l'hommage et le serment de fidélité, dans sa cathédrale, le 21 novembre 1271, devant Florent de Varennes, amiral de France. L'évêque pouvait difficilement s'y soustraire, mais il voulut néanmoins insérer cette clause dans la formule de son serment : *Salvo tamen jure Ecclesiæ Romanæ*, donnant ainsi un grand exemple d'indépendance et de fermeté.

La cour romaine avait, en effet, des droits incontestables sur le Comté Venaissin, depuis le traité conclu à Paris, en l'année 1229, entre le roi saint Louis et le comte Raymond VII de Toulouse, dans lequel le comte cédait au légat du Pape, acceptant au nom de l'Église, les *pays et domaines qu'il possédait sur la rive gauche du Rhône* (1). Elle avait d'ailleurs compris combien ce pays serait important pour elle dans le cas où les révolutions incessantes qui désolaient alors l'Italie obligeraient le Souverain-Pontife à venir chercher un asile en France.

Le pape Grégoire X venait d'être élevé au souverain pontificat. Un des premiers actes de son règne fut de réclamer au roi de France la restitution du Comté Venaissin. Philippe-le-Hardi hésita pendant quelque temps à donner satisfaction au pape, mais enfin il s'y résigna.

Raimond de Barjols fut un des premiers à prêter hommage au St-Siège, le 1er février 1274, dans le palais épiscopal devant les commissaires du pape, Guillaume de St-Laurent et l'archevêque d'Arles. Mais justement jaloux des prérogatives épiscopales, il revendiqua son titre de haut seigneur de Monteux. Il fit reconnaître, en conséquence, ses droits de suzeraineté sur les autres co-seigneurs du même lieu et obtint des commissaires du pape qu'ils ne prêteraient hommage qu'entre ses mains.

Dans le courant de la même année il dut recourir une fois encore à l'arbitrage de l'évêque de Vaison, de Pierre de Rostagni et de Guillaume de Laude, au sujet de la transaction intervenue, quatre ans auparavant, entre lui et les syndics de la ville. Le 14 juin 1274, une nouvelle transaction vint définitivement régler leurs difficultés réciproques.

Raimond de Barjols mourut dans les premiers jours de février 1275, après douze ans d'épiscopat.

(1) Papon, *Histoire de Provence*, tom III, pag. 53-54.

LX

PIERRE III DE ROSTAGNI

(1275)

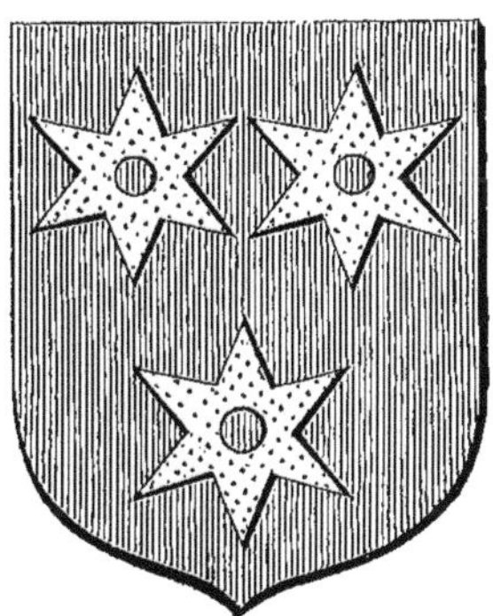

Le successeur de Raimond de Barjols appartenait à l'une des plus anciennes et des plus illustres familles de notre ville et était chanoine de notre église cathédrale. Son père, Hugues de Rostagni, avait une telle réputation d'intégrité, qu'il fut pris pour arbitre dans le procès survenu entre l'évêque d'Avignon et le podestat de cette ville, au sujet des limites de Barbentane dont l'évêque possédait la seigneurie.

Sa mère, Anne de Languisel, était originaire de Nîmes et appartenait à une maison qui s'acquit, dès le XIIIe siècle, une considération peu commune. Jamais famille ne donna simultanément à l'Église de si nombreux prélats.

André de Languisel était évêque d'Avignon en 1291.

Bernard de Languisel, son frère, occupait le siège

archiépiscopal d'Arles dès l'année 1274. Élevé aux honneurs de la pourpre romaine en 1281, il fut nommé légat du St-Siège en Lombardie et évêque de Porto, et mourut à Civita-Vecchia en 1290.

Bertrand de Languisel fut à son tour évêque de Nîmes, où il mourut, après un épiscopat de 44 ans.

Gérard de Languisel, frère des précédents, était lui-même évêque d'Uzès vers la même époque.

Enfin Guirand de Languisel, neveu de ces quatre prélats, fut nommé à l'évêché d'Apt en 1330.

Hugues de Rostagni eut de son union avec Anne de Languisel, deux fils, dont l'aîné fut le successeur de Raimond de Barjols, et dont le cadet fut la tige d'une famille nombreuse et honorée, qui vécut pendant de longs siècles dans notre ville et dont un rameau se transplanta plus tard dans la ville d'Aix.

Il eût parmi ses enfants : Raymond de Rostagni, qui fut évêque de Toulon, de 1305 à 1312 (1), et Garcende de Rostagni, abbesse d'un monastère d'Hyères en 1304.

Mais revenons-en à notre sujet.

Pour ne pas laisser prescrire les droits de son église, Pierre de Rostagni se hâta, dès son élection, et avant même qu'il eût reçu la consécration épiscopale, de faire prêter l'hommage accoutumé à tous ses seigneurs vassaux. Le cérémonial ordinaire emprunta à Venasque plus de solennité qu'ailleurs. L'évêque s'y rendit le 17

(1) Françoise de Rostagni, issue de cette famille, épousa en 1656 Antoine de Perret, dont la petite-fille, Jeanne Thérèse de Perret, épousa en 1725 Jean-Baptiste de Terris, bisaïeul de Monseigneur l'Évêque actuel de Fréjus et trisaïeul de l'auteur de cette étude.

mars 1275, convoqua sur la place publique tous les autres co-seigneurs et leur notifia le droit qu'avaient tous les évêques de Carpentras de faire arborer la bannière de leur église sur telle porte de Venasque qu'il leur plairait. Fornéry nous rapporte que cette bannière était rouge et portait en jaune les attributs de l'épiscopat, la crosse et la mitre, avec les clefs de l'église (1).

A son tour il prêta le serment de fidélité au St-Siège, le 24 mars 1275, entre les mains de Guillaume de Villaret, grand prieur de St-Gilles et recteur du Comté Vénaissin.

Il continua avec persévérance l'œuvre de ses prédécesseurs et acquit, pendant son court épiscopat, de nouvelles portions des fiefs de Venasque et du Baucet.

Dans le courant de l'année 1276, il tint également à faire acte de juridiction en arborant son étendard sur le principal portail de Venasque, sur la forteresse de St-Jean de Durfort, dans la baronnie de Sault, sur celle de St-Lambert, sur le portail de Murs et sur le château de Méthamis.

A l'exemple de son prédécesseur, il se montra bienveillant et juste à l'égard des juifs de la ville. Ceux-ci, de leur côté, lui témoignèrent leur reconnaissance, ils lui prêtèrent le serment de fidélité, le 27 février 1277 et se déclarèrent ses hommes-liges.

Nous retrouvons encore Pierre de Rostagni, le 17 mai 1279, au concile provincial d'Avignon, mais c'est la

(1) Selon Pithon-Curt, cet étendard portait un écu de gueules, chargé des clous d'or de la Passion. Le *Pontificium Carpentoractense* dit : Fecit apponi vexillum rubeum cum mitris, crocis et clavis crocei coloris in portali castri de Venasca.

dernière fois. Il mourut, selon toutes les probabilités vers la fin de la même année ou au commencement de l'année suivante. Il laissa d'unanimes regrets dans son diocèse, qui perdait en lui un canoniste éminent et un grand prélat, dont le renom de sainteté et de science s'était répandu au loin.

Armes : *de gueules à trois molettes d'éperon d'or*, 2 et 1.

LXI

RAIMOND III DE MAZAN

(1280)

A la mort de Pierre de Rostagni, Raimond de Mazan réunit sur sa tête la presque unanimité des suffrages, le 10 février 1280 (1). Il était alors simple chanoine de la cathédrale de St-Siffrein, et prieur de Caromb, mais il avait déjà rempli dans l'Eglise des fonctions qui peuvent nous donner, à six siècles de distance, une juste idée de sa valeur et de ses mérites. Le pape Clément IV, non content de le nommer son chapelain, voulut l'honorer encore d'une marque plus particulière de sa bienveillance et de son estime. Il lui confia une mission fort délicate auprès du roi de Castille, avec le titre de nonce apostolique. Sa mission terminée, il vint reprendre sa place

(1) *Pontif. Carpent.* — *Gallia Christiana.*

dans le chapitre, pour monter bientôt sur le siège épiscopal.

Néanmoins, malgré la distinction de sa famille, qui occupait un rang considérable dans le pays, malgré la haute réputation de sainteté qui déjà s'attachait à sa personne, son élection fut très vivement combattue par un de ses confrères. Nous avons hâte de dire que l'archevêque d'Arles, Bernard de Languisel, en sa qualité de métropolitain, s'empressa de la confirmer dans les termes les plus élogieux. Il voulut le sacrer lui-même dans l'église de Salon, le 28 février 1280, entouré des évêques de Marseille, de Toulon et d'Orange.

Un des premiers devoirs du nouveau prélat fut de prêter hommage au pape pour les droits seigneuriaux qu'il avait sur la ville de Carpentras et les autres fiefs de la mense épiscopale. Il crut bien devoir soulever quelques difficultés à ce sujet à Guillaume de Villaret, tant il était jaloux de conserver à ses successeurs les droits dont il n'était que le dépositaire; mais il se soumit bien vite, à l'exemple de ses prédécesseurs, et prêta hommage le 17 septembre 1280, dans l'église de l'hôpital de St-Jean, à Cavaillon, devant le représentant du St-Siège.

Un grand évènement religieux, l'invention des reliques de sainte Madeleine à St-Maximin, vint marquer l'année 1279. Depuis de longs siècles, déjà, l'illustre pénitente de la Ste-Baume dormait ignorée dans une cryp[illegible] souterraine, où nos pères avaient caché ses précieuses reliques, pour les soustraire aux terribles invasions d[illegible] Sarrazins, qui ont tant de fois bouleversé la Proven[illegible] De grandes fêtes religieuses eurent lieu l'année suiva[illegible] à l'occasion de la translation solennelle des précie[illegible] reliques, et des foules immenses accoururent de tous les points du pays pour y prendre part. Charles d'Anjou, prince de Salernes, fils de Charles Ier, roi de Sicile et comte Provence, convoqua de nombreux prélats pour en rehausser l'éclat. Au milieu de ce noble cortège, nous aimons à retrouver Raimond de Mazan, le nouveau pasteur du diocèse de Carpentras (1).

L'éclat de ces fêtes, le renouveau de ferveur qu'elles amenèrent dans nos populations croyantes, inspirèrent à l'évêque Raimond la pensée de rajeunir le culte, tant de fois séculaire, de saint Siffrein, dont nous avons déjà raconté la vie et dont le souvenir est resté si populaire parmi nous. Il fit commencer aussitôt une magnifique châsse en argent, où il déposa solennellement ses reliques, le 28 octobre 1285, et fixa désormais au troisième dimanche après Pâques la fête de la translation célébrée jusque-là au mois de juillet de chaque année.

On dressa procès-verbal de cette nouvelle translation, et on déposa dans la châsse les deux vers suivants pour attester l'identité du précieux dépôt qu'elle renfermait :

Hic sunt translata sancti nunc ossa beata
Siffredi ; vere verbis his firmiter hære.

L'année 1282 fut une année de troubles pour notre ville.

Nous avons vu déjà comment, sous l'impulsion de nos évêques, nos communes purent s'affranchir de la tutelle des seigneurs féodaux. Tous les chefs de famille, à des époques fixes, se réunissaient dans la cathédrale; ils y traitaient des affaires publiques et choisissaient

(1) Faillon. *Monuments sur l'apostolat de Sainte Marie Madeleine en Provence*, tom. I, pag. 906.

des délégués qui, sous le nom de *syndics* ou de *consuls*, étaient chargés de veiller aux intérêts communs. Rien d'étonnant qu'à l'origine, nos ancêtres, surpris par la pratique toujours périlleuse de la liberté, ne soient tombés dans des excès regrettables, alors que, de nos jours encore, c'est au nom de liberté que s'établissent toutes les tyrannies.

Les syndics de la ville s'arrogèrent donc le droit, en dehors de la sanction souveraine du seigneur temporel, de lever de nouvelles tailles sur les habitants L'évêque se hâta de protester, et les syndics se retirèrent dans la chapelle de St-Georges, à Aubignan, en dehors du diocèse de Carpentras, pour y délibérer plus librement. L'évêque se vit dans l'obligation de sévir et lança contre eux l'excommunication. Les syndics en appelèrent à l'archevêque d'Arles et au Souverain-Pontife lui-même de la sentence de l'évêque. Le pape commit alors Bérenger Cavalleri, docteur-ès-droits, pour règler amiablement cette importante affaire. Celui-ci, après de longues et minutieuses informations, confirma la sentence épiscopale. Les syndics se soumirent et la paix ne tarda pas à renaître dans la ville.

Au milieu de toutes les difficultés qu'il eut à surmonter, Raimond de Mazan ne perdit pas de vue le projet séculaire de ses prédécesseurs, et fut assez heureux pour réunir à son tour au domaine épiscopal de nouvelles portions du fief de Venasque. Nous savons déjà la prédilection toute particulière de nos évêques pour cette seigneurie, si modeste en apparence, mais à laquelle l'église de Carpentras tenait par des liens si étroits.

Raimond de Mazan perdit en mars 1282 le prévôt de son chapitre. Il fut inhumé dans le cloître, et on plaça sur sa tombe l'inscription suivante, qui nous a été conservée par le chanoine Farel, mais dont les doctes auteurs de la Monographie ont dû rétablir le texte primitif :

QVI JACET HAC TVMBA, SIMPLEX VELVT IPSA COLVMBA,
NOMINE RAIMVNDVS, FVIT OMNI CRIMINE MVNDVS ;
PAVPERIBVS CHRISTI PER TE PRÆPOSITVS ISTI ;
DONA LIBENS TRIBVIT PLVRIMA CVM DECVIT.
REDDE SIBI MVNVS ERGO QVI TRINVS ET VNVS
REGNAS IN CELIS, HVNC DEMONIS ERIPE TELIS.
ANNIS MILLENIS CENTVM BIS OCTVAGENIS
JVNGE DVOS ISTIS, RAPVIT MORS HVNC CITO TRISTIS
CRISPINI FESTO, DEVS ISTI PROXIMVS ESTO.

Le 19 septembre, 1287, l'évêque Raimond, pour se conformer à l'usage, alla prêter hommage entre les mains d'Henri de Giberiis, nouveau recteur du Comtat, dans le château de Pernes.

Le 30 mars suivant, il assista au concile provincial tenu à l'Isle, sous la présidence de Rostaing, archevêque d'Arles.

Le 10 mars, 1289, il se fit à son tour prêter hommage par les habitants de Carpentras, et le 11 octobre de la même année, il eut la consolation de voir se réunir en concile, sous les voûtes de sa cathédrale, les évêques de la contrée.

Toujours prêt à réprimer les abus, il fit faire vers la même époque des publications à son de trompe dans tous les carrefours de la ville, pour défendre, sous peine d'excommunication, le prêt à usure, dont l'usage commençait à se répandre.

Il tomba malade dans les premiers jours de l'année 1294 et mourut peu après.

Armes : de *gueules à l'aigle au vol abaissé, d'or, couronnée de même, membrée et becquée d'azur.*

LXII

BERENGER FORNERI

(1294)

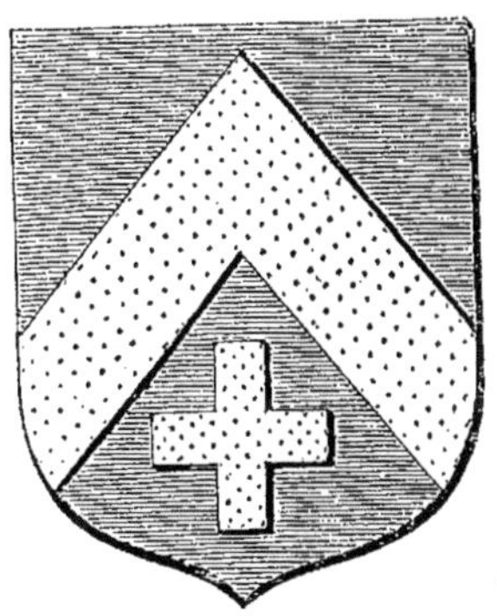

Tous les historiens, à l'exception de Fornery, s'accordent à dire que le successeur de Raimond de Mazan, sur le siège épiscopal, fut Bérenger de Mazan, son parent. Barjavel partage le sentiment de ce dernier auteur, le plus sérieux qui ait écrit sur notre histoire, et le rattache à la famille Forneri, qui tenait déjà, dans le XIIIe siècle, un rang considérable dans notre ville.

Bérenger Forneri, chanoine de Carpentras, d'après Farel, était prieur de Mazan lorsqu'il fut élevé à l'épiscopat. C'est cette circonstance, sans doute, qui l'a fait confondre avec la famille de son prédécesseur.

Il reçut la consécration épiscopale, le 25 juin 1294, dans la cathédrale, au milieu d'un concours immense de fidèles.

Un des premiers soins du nouveau prélat fut d'assurer pour l'avenir l'entretien des ornements qui servaient à l'exercice du culte dans la cathédrale, et de jeter les bases d'une bibliothèque que ses successeurs se firent honneur de patronner après lui. Il fit, à cet effet, de concert avec Pierre, prévôt de son chapitre, une ordonnance par laquelle tous les revenus attachés aux dignités et bénéfices de la cathédrale seraient désormais réservés, pendant leur vacance, pour être employés en achats de livres et d'ornements.

Le 4 janvier, 1295, il passa avec Isnard de Mormoiron et Pierre Raybaudi, co-seigneurs du lieu de Villes, une transaction réglant les droits seigneuriaux que les évêques de Carpentras avaient à y prétendre. Parmi les témoins qui intervinrent dans cet acte, on trouve les noms de deux parents de l'évêque, Bertrand Forneri, chevalier, et Hugues Forneri, chanoine de Carpentras, que nous retrouverons tantôt premier archidiacre du chapitre.

Bérenger, à l'exemple de ses prédécesseurs, exigea de tous les seigneurs feudataires de sa mense l'hommage accoutumé. Il prêta lui-même le sien au Pape, le 3 juillet 1295, entre les mains de Jean de Grillac, recteur du Vénaissin.

Jaloux de conserver fidèlement tous les droits épiscopaux, Bérenger eut à soutenir de grandes difficultés contre le recteur et les autres officiers pontificaux. De part et d'autre la lutte s'envenima, et le recteur en vint jusqu'à séquestrer tous les biens de l'évêché et à mettre en prison, de sa seule autorité, quelques individus attachés au service de l'évêque. Celui-ci protesta avec une indomptable énergie contre cet abus de pouvoir.

Nous ignorons ce qu'il en advint, mais il est à croire qu'une transaction mit fin aux débats.

Guillaume de Mazan, prévôt du chapitre, avait, à plusieurs reprises, réclamé auprès de l'évêque et des chanoines sur l'insuffisance des revenus attachés à sa charge. Il mourut avant d'avoir obtenu ce qu'il demandait ; mais son successeur, Siffrein Panaïrerii, fut plus heureux que lui. L'évêque et le chapitre réunirent, en 1304, le prieuré de Serres à la prébende du prévôt, à la condition qu'il entretiendrait lui-même un curé pour le service ecclésiastique.

Le nouveau prévôt avait été chanoine-pénitencier de la cathédrale avant de succéder à Guillaume de Mazan. C'est en cette qualité qu'il transigea, le 14 des calendes de février 1287, avec Jean Romey, gardien des Frères mineurs de Monteux, au sujet des offrandes qu'il percevait pour les sépultures faites dans son église, et dont il s'obligea de donner le tiers au chapitre de St-Siffrein (1). Ce couvent, qui fut fondé à Monteux du vivant même de saint François d'Assise, fut, dans la suite, transféré à Carpentras, à l'époque des guerres sanglantes du XVIe siècle, ainsi que nous le verrons plus tard.

Le chapitre de la cathédrale comptait déjà plus de trois siècles d'existence, depuis sa fondation par l'évêque Ayrard. Il appartenait à Bérenger Forneri de lui donner un lustre nouveau. De concert avec les chanoines, il donna à Pierre de Ferrières, archevêque d'Arles, son métropolitain, la mission de créer la dignité d'archidiacre et de lui assigner une prébende sur les

(1) Voir sur l'origine de ce couvent la brochure : *N.-D. de l'Observance à Carpentras*. Carpentras, Tourette, 1880.

biens de l'évêché et sur ceux du chapitre. L'Archevêque se rendit, en effet, à Carpentras, pour s'acquitter de la mission qui lui avait été confiée et fonder la nouvelle dignité capitulaire, à laquelle il assigna l'église et le prieuré de Loriol. L'archidiacre fut chargé d'y établir un vicaire, qui serait nommé par l'évêque sur sa présentation. On dressa une charte pour donner à la nouvelle fondation toutes les garanties désirables, et dans laquelle l'archevêque d'Arles créa deux nouvelles prébendes en faveur de deux chanoines qui n'en avaient point encore (1).

Le premier titulaire de l'archidiaconat fut Hugues Forneri, parent de l'évêque, son frère peut-être.

L'épiscopat de Bérenger fut témoin d'un des plus grands évènements de l'histoire de l'Église. Bertrand de Got, natif des environs de Bordeaux, fut élevé à la papauté sous le nom de Clément V, le 5 juin 1305. L'Italie traversait alors une des époque les plus troublées de son histoire. Elle était en proie aux factions des Guelfes et des Gibelins, tandis que Rome elle-même était livrée sans merci à l'anarchie républicaine. Pour échapper aux difficultés sans nombre qui l'attendaient, Clément V crut prudent de venir transporter à Avignon la cour pontificale, préférant, selon l'expression de Pétrarque, les bords sauvages du Rhône aux rives fortunées du Tibre.

Nous avons vu déjà que le roi Philippe-le-Hardi avait cédé le Comté-Venaissin au pape Grégoire X en 1272.

(1) La charte de cette fondation nous a été conservée par Farel, mns. à la bibliothèque de Carpentras, page 80. En 1306, Bérenger Forneri confirma la nomination faite par l'abbé de St-André de Villeneuve, de Rostaing Alfanti, comme prieur de Sault.

Quoi de plus naturel que le nouveau pape, voulant sauvegarder la liberté de l'Église, soit venu abriter le trône de Saint Pierre dans une ville voisine de ses Etats? Les auteurs italiens ont bien essayé plus tard d'attaquer la mémoire des papes français d'Avignon, mais il n'en est pas moins vrai qu'ils firent honneur à leur pays et à l'Église et qu'ils ont laissé dans l'impartiale histoire un souvenir glorieux.

Les splendeurs de la cour pontificale ne tardèrent pas à transformer notre pays ; les lettres et les arts s'y donnèrent rendez-vous. Avignon allait devenir le centre du monde civilisé.

L'évêque Bérenger fut, vers le même temps, indignement calomnié dans son honneur épiscopal par Raimond Durand, clerc de son église. Celui-ci n'hésita même pas à l'accuser de plusieurs crimes devant le Souverain Pontife. Cette affaire fit grand bruit, non seulement dans le diocèse, mais encore dans toute l'église de France. Une indignation générale ne tarda pas à s'élever contre ces accusations mensongères. De toutes parts on écrivit au St-Père, pour protester contre la calomnie et pour certifier combien la conduite de l'évêque avait été irréprochable. Les Frères Mineurs prirent à tâche de le réhabiliter, et ils y réussirent en montrant avec quelle sagesse il avait gouverné son église durant son épiscopat, et combien il avait été charitable envers le peuple qui lui était confié et pour lequel il avait volontairement abandonné une somme considérable qui lui était légitimement due. La calomnie tourna donc à l'avantage de l'évêque, puisqu'elle lui valut ce concert de louanges auquel le pape lui-même dut se joindre, pour effacer jusqu'au souvenir de l'épreuve terrible à laquelle Bérenger Forneri venait d'être soumis.

L'évêque commençait à se remettre des tracasseries que nous venons de raconter, lorsqu'il se vit obligé de soutenir les droits du siège épiscopal contre les prétentions de Bertrand de Got, vicomte de Lomagne, neveu du pape régnant. Il le fit avec une fermeté et une indépendance qui font honneur à son caractère.

La seigneurie de Monteux, nous l'avons dit déjà, appartenait à l'évêque de Carpentras pour une partie, et à plusieurs autres co-seigneurs, qui étaient tenus à l'hommage envers l'évêque, seigneur principal du lieu. Le 13 mars 1245, Guillaume Beroardi exigea l'hommage qui lui était dû et fit insérer dans la charte, qui fut dressée à cet effet, la défense pour les co-seigneurs d'aliéner en tout ou en partie cette seigneurie. Néanmoins, Barral et Bertrand des Baux, seigneurs de Brantes, vendirent, au mépris des droits de l'évêque et de l'hommage de 1245, à Bertrand de Got, le château de Monteux avec toute sa juridiction. L'évêque et Raimond de Venasque, seigneurs par indivis d'une huitième portion de ce fief, s'empressèrent de protester, le 10 novembre 1311, devant Raimond Guilhem, seigneur de Budos, recteur du Comté-Vénaissin et neveu lui-même de Clément V, contre la vente faite au préjudice de leurs droits et de la suzeraineté de l'évêque. Toutes ces protestations restèrent sans effet, car le 15 mai 1313 le vicomte de Lomagne prenait officiellement possession de son nouveau fief.

L'évêque renouvela ses protestations le 9 mars 1316, après la mort de Clément V, en présence du vicomte, qui revendiqua lui-même la toute propriété sans partage de la seigneurie de Monteux. Nous verrons tantôt le rôle fâcheux qu'il joua dans la suite.

Ce fut à cette époque que les Frères Prêcheurs de l'ordre de Saint-Dominique vinrent fonder dans notre ville un couvent qui devint prospère et fut l'une de ses gloires les plus pures. Nous aurons l'occasion de le retrouver souvent dans le cours de cette étude.

Au mois de mai 1313, Clément V, jugeant sans doute qu'il était plus convenable pour lui d'habiter une ville dont il était le souverain (1), transporta sa résidence à Carpentras ainsi que celle de la Cour romaine. Il y séjourna jusqu'au mois d'avril de l'année suivante, de telle sorte que pendant près d'une année notre ville eut l'honneur d'abriter le trône de St Pierre et de voir converger vers elle l'attention et les vœux de tout le [illegible]n.

[illegible]ant le séjour du Pape à Carpentras que [illegible]t, au prix de 300 florins d'or, dont la chambre [illegible]ique paya une partie, de Barral des Baux, seigneur du Barroux, Caromb, Crillon, etc., et, suivant acte reçu le 30 novembre 1313 par Bernard de Giornio, notaire, la source des Alps qui alimente nos fontaines (2).

Le 21 mars 1314, le pape vint tenir un consistoire à Monteux, où il fit promulguer solennellement les décrets du concile général de Vienne, dont il voulait composer un septième livre des Décrétales. Ce fut un des der-

(1) Clément VI n'acquit la ville d'Avignon de la reine Jeanne qu'au mois de juin 1348.

(2) Voir le dict. de Barjavel, art. Bert. des Baux ; Pithon-Curt, tom. IV, pag. 347 ; Cottier, notice sur les Recteurs, pag. 48, 99, etc.

niers vœux de son pontificat, que la mort ne lui permit pas de réaliser (1).

Clément V, se sentant malade et espérant que l'air natal lui serait favorable, se mit en route pour Bordeaux, quelques jours après la cérémonie du consistoire. Il passa par Châteauneuf-Calcernier, traversa le Rhône, mais, arrivé à Roquemaure, ses forces l'abandonnèrent et il y mourut, le 20 avril 1314. Son corps fut déposé dans un cercueil en plomb et transporté à Carpentras à la demande de l'évêque et du chapitre, pour y être enseveli dans la cathédrale, avec le consentement des cardinaux.

Cependant, dès que la nouvelle de la mort du pape fut connue à Carpentras, les cardinaux, au nombre de vingt-trois, se réunirent en conclave pour lui choisir un successeur. Mais ils se trouvèrent divisés en deux camps à peu près égaux, les Italiens d'un côté, qui voulaient que le nouveau pape fut de leur nation ; les Gascons, de l'autre, qui voulaient maintenir la tiare sur la tête d'un cardinal français. De graves désordres éclatèrent alors dans la ville ; les partisans des cardinaux italiens et ceux des cardinaux gascons se livrèrent entre eux aux dernières violences. Un incendie se déclara subitement dans le palais où le conclave se trouvait réuni, et les flammes s'étendirent, dit-on, jusqu'au lieu où reposait le pape défunt. Les cardinaux effrayés firent une brèche par laquelle ils prirent la fuite : ainsi le conclave fut obligé de se séparer le 22 juillet, et la papauté resta vacante jus-

(1) Jean XXII, son successeur, fit publier ces mêmes décrets, en 1317, sous le nom de *Clémentines*, lesquelles furent imprimées en 1460 par Faust et Schœffer.

qu'en 1315, époque à laquelle un nouveau conclave réuni à Lyon proclama Jean XXII.

Dans l'intervalle, le vicomte de Lomagne pilla une partie du trésor pontifical amassé par Clément V, son oncle, dans le château de Monteux, tandis que le seigneur de Budos, non moins avide de s'emparer des richesses de l'Église, jetait le trouble et le désordre parmi les habitants de Carpentras.

Barbier raconte même, d'après plusieurs auteurs anciens, que deux des cardinaux du conclave auraient trouvé la mort, au milieu d'une émeute, dans le refectoire du couvent des Dominicains, dont l'établissement à Carpentras datait de trois ans à peine (1).

La ville de Carpentras ne resta pas longtemps dépositaire des dépouilles de Clément V. Les chanoines d'Uzeste, dans le diocèse de Bazas, fondés par le pape défunt, vinrent réclamer son corps, prétextant qu'il avait choisi sa sépulture dans leur église collégiale. Il y eut entre les deux chapitres un procès, qui dura deux ans, mais qui donna raison aux chanoines d'Uzeste.

Deux siècles et demi plus tard, une nouvelle tempête devait se lever sur les cendres de Clément V ; elles avaient été sauvées de l'incendie de 1314, mais elles ne purent échapper à la fureur des calvinistes de 1577 et furent jetées au vent.

Au milieu de toutes les difficultés qui marquèrent

(1) On trouve, en effet, dans un écrit intitulé : *Antiquitas et notabilia Ven^lis Conventûs Sancti Dominici Carpentoract.*, rapporté par le chanoine Barbier : « In hoc refectorio, ut traditur, fuerunt duo Cardinales pugione confossi, pro ut legitur in libro antiquo intitulato : *Joannes Lamean de Berger*, in libro scismorum et de illorum discrimine his verbis ».

son épiscopat, Bérenger Forneri ne négligea pas les devoirs souvent périlleux de sa charge. Nous venons de voir la fermeté avec laquelle il sut s'en acquitter, malgré tous les obstacles qu'il eut à surmonter.

Le 17 mai 1315 il fit dresser un procès-verbal pour constater officiellement ses droits sur les châteaux de St-Lambert et de Bezaure.

Un des derniers actes de son épiscopat fut l'établissement à Carpentras, en 1317, de la compagnie des Pénitents noirs de la Miséricorde, dont Jean Thomas Balbis publia les statuts en 1686, et dont M. le marquis Edmond de Seguins-Vassieux a écrit l'histoire avec la critique et l'intelligence qu'on lui connaît (1).

Bérenger Forneri mourut dans le courant de la même année.

Armes : *d'azur au chevron d'or, accompagné en pointe d'une croisette de même* (2).

(1) *Statuts, règlements et privilèges de la confrérie des pénitents de la miséricorde*, Carpentras, Devillario, 1853.

(2) Pithon-Curt. I, 171.

LXIII

OTHON

(1318)

Peu après la mort de Bérenger Forneri, Othon fut élu pour lui succéder. Nous savons peu de choses de son épiscopat, qui fut cependant marqué par un fait important dans l'histoire de notre ville.

Depuis que les papes étaient devenus souverains du Comté-Venaissin, l'administration temporelle de notre pays avait été confiée à un Recteur, représentant direct de l'autorité pontificale.

Les recteurs, dès l'origine de leur création, eurent leur demeure dans la ville de Pernes, et n'habitèrent pas la capitale du Vénaissin. On avait craint que la présence du premier magistrat dans la ville de Carpentras, dont l'évêque était le seigneur temporel, ne donnât à celui-ci une situation trop prépondérante, ou ne devint le prétexte de conflits regrettables.

Nous avons vu, à plusieurs reprises déjà, les évêques se rendre dans le château de Pernes, pour y prêter, entre les mains du Recteur, l'hommage qu'ils devaient au St-Siège. Mais cet état de choses ne pouvait durer longtemps, car il était fort étrange que le représentant du gouvernement ne fît pas sa résidence à Carpentras, qui était en même temps la capitale et le centre nécessaire de tout le Vénaissin.

Jean XXII voulut régulariser cette situation. A cet effet, il engagea l'évêque Othon à céder au St-Siège la juridiction temporelle qu'il avait sur la ville et de recevoir, en retour, une juste rémunération des droits qu'il abandonnait.

L'évêque se prêta à cet arrangement qui lui était imposé par les circonstances et qui assurait pour l'avenir son indépendance et sa tranquillité dans une ville où ses prédécesseurs avaient eu à souffrir bien des fois des empiétements de l'autorité civile.

Jean XXII nomma à cet effet les cardinaux Bérenger Fredoli, évêque de Tusculum, et Guillaume, évêque de Palestrina, et Othon accepta lui-même leur arbitrage.

Les Cardinaux s'acquittèrent de leur mission à la satisfaction de tous et dressèrent eux-mêmes, le 12 avril 1320, la célèbre bulle de *dismembration* qui réunissait à perpétuité au domaine pontifical la juridiction temporelle de la ville de Carpentras.

Cette bulle réserve à l'évêque sa juridiction spirituelle, son palais épiscopal, ses domaines et généralement toutes ses possessions dans la ville et sur son territoire. Elle maintient également en sa faveur quelques droits seigneuriaux et notamment la leyde, le sextier, les langues de bœuf, les lombes de cochon, les droits sur les juifs, les boulangers et les tavernes. Elle unit encore à la mense épiscopale la juridiction avec haute, moyenne et basse justice, que le St-Siège avait sur les fiefs de Blauvac et de St-Pierre-de-Vassols, ainsi que tous ses droits et possessions sur les mêmes lieux, la maison des chevaliers de Malte à Pernes avec toutes ses dépendances et enfin un nombre considérable de censes, pensions, redevances en grains, huiles et autres denrées.

Le pape ajouta encore, vers l'année 1324, à tous les droits que nous venons d'énumérer, le riche prieuré de Mazan.

Othon jouissait évidemment d'une grande considération, puisqu'il fut l'une des cautions du comte et de la comtesse Archambaud de Périgord, pour assurer l'exécution complète des clauses du contrat de mariage d'Agnès, leur fille, avec le prince Jean, fils de Charles II, roi de Sicile, du 14 novembre 1321.

Othon fit, en 1322, l'inventaire des reliques de sa catrédrale. Le parchemin original de cet inventaire, acquis en 1873 par la bibliothèque d'Inguimbert de notre ville, mentionne, en premier lieu, celui d'un des très saints Clous dont Notre-Seigneur fut percé au jour de sa Passion, qui a été transformé en mors de cheval (1).

Nous retrouvons l'évêque Othon, au concile tenu à St-Ruf près d'Avignon en 1326 et auquel prirent part de nombreux évêques du midi.

Il mourut probablement vers l'année 1331.

(1) Imprimis unum ex sanctissimis clavis seu aculeis cum quibus Dominus noster Jesus-Christus in die S.S. Passionis suæ pro salute humani generis in ligno crucis extitit crucifixus et perforatus, sub specie frœni equini reductum. — Le *St-Mors de Carpentras* par l'abbé F. de Terris, page 14.

LXIV

HUGUES DE LÉSIGNAN

(1332)

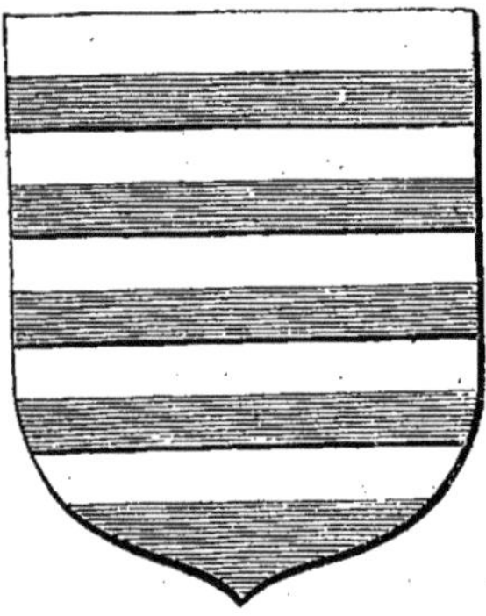

Ce fut Hugues de Lésignan qui succèda à l'évêque Othon sur le siège épiscopal.

Il appartenait à l'une des plus illustres maisons de France, à laquelle une petite ville du Poitou avait donné son nom. Après avoir régné avec le titre de roi de Jérusalem et de Chypre, dans le XIIe siècle, cette famille se divisa dans la suite en de nombreux rameaux. C'est à l'un d'eux, celui des comtes d'Angoulême et de la Marche, qu'appartenait le nouvel évêque de Carpentras (1).

Nous trouvons son nom pour la première fois dans un acte du 14 février 1332, bien que quelques auteurs,

(1) Le nom primitif était de Lesignem, dont on a fait plus tard Lesignan et enfin Lusignan ou Luzignan.

Columbi entre autres, aient voulu faire remonter son épiscopat à l'année 1330.

Le 5 décembre 1333, il rendit une ordonnance par laquelle il accorda à tous les couvents de religieux le droit de sépulture, réservant toutefois le droit de présentation aux églises paroissiales. Ce droit devint malheureusement dans la suite la source de nombreuses difficultés.

Hugues de Lésignan devait à sa fortune et à l'éclat de son origine une autorité et un prestige dont le pape Benoît XII voulut user dans une circonstance difficile. La ville de Vienne, en Dauphiné, était à guerroyer avec un grand seigneur de ce pays, Guillaume d'Illins. Le pape dut intervenir comme pacificateur, et ce fut à l'évêque de Carpentras et à celui de Périgueux qu'il confia la mission de ramener la paix.

Le 23 mars 1335 il promulgua des statuts diocésains qu'il dressa de concert avec son chapitre, et qui touchaient aux fondations pieuses fort nombreuses à cette époque, aux cérémonies de l'office divin et à divers points de la discipline ecclésiastique.

Il tint à conserver, à l'exemple de ses prédécesseurs, tous les privilèges de son église. C'est ainsi que la bulle de dismembration lui conférait des droits honorifiques qu'il sut exiger, comme il exigea de tous ses feudataires l'hommage accoutumé.

L'histoire nous parle, mais sans le préciser davantage, d'un voyage que l'évêque Hugues de Lésignan fit à Rome dans le courant de la même année.

Le pape Jean XXII mourut le 4 décembre 1334, et le 21 du même mois Jacques Fournier fut élevé au souverain pontificat sous le nom de Benoît XII.

Un des premiers actes du nouveau pape fut de confier la rectorie du Venaissin à Pierre Guilhem, évêque d'Orange. Ce fut un choix heureux, car le nouveau recteur s'occupa des obligations de sa charge avec le plus grand zèle.

Jusque là notre ville avait été administrée par des syndics nommés chaque année par tous les chefs de famille, réunis en *parlement général* dans l'église cathédrale, pour discuter publiquement les affaires importantes de la ville. Ces réunions étaient souvent orageuses et avaient le tort de n'aboutir quelquefois qu'à des discussions stériles. Pour donner à l'administration municipale une impulsion plus pratique, le recteur autorisa, le 15 février 1336, l'établissement d'un conseil de la communauté, composé de quelques notables seulement, et qui eut la charge d'administrer désormais les intérêts communs, en dehors des passions locales.

Il fit également, le 15 mai 1337, quelques règlements en faveur du marché, dont l'importance était déjà considérable, et, dans les premiers jours de l'année suivante, il convoqua les États du pays, au palais rectorial, et fit dresser des statuts qui reçurent, le 13 février 1338, l'approbation de l'assemblée dans laquelle siégeait Hugues de Lésignan.

Le pape Jean XXII avait cru devoir, à la suite de plaintes nombreuses, chasser les juifs de ses États. Autorisés à y rentrer en 1343, plusieurs d'entre eux revinrent à Carpentras, mais dans un tel état d'indigence qu'ils se trouvèrent dans l'impossibilité d'acquitter la redevance annuelle de dix-huit livres qu'ils payaient à l'évêque avant leur expulsion. L'évêque le comprit et réduisit leur redevance annuelle à 4 sols par famille, payables moitié à la Noël et moitié aux fêtes de Pâques. Pierre Laplon, quarante-deux ans plus tard, voyant qu'ils s'étaient enrichis à nouveau et que le nombre s'accroissait chaque année, rétablit l'ancienne redevance.

Le 8 février 1347, Hugues de Lésignan, déjà avancé en âge et sentant ses forces l'abandonner, fit son testament, dans lequel les pauvres de son diocèse eurent une large part. Il légua une somme considérable qui devait être employée à acquérir des biens fonds et dont les revenus devaient être distribués en aumônes, le mercredi et le vendredi de chaque semaine. Hugues de Lésignan mourut peu après.

Après sa mort, le cardinal d'Albano et Raimond de Lanconia, prélat de la maison du pape Clément VI et secrétaire des bulles, furent chargés d'exécuter les volontés du charitable évêque. Ils acquirent, en conséquence, une grange, l'île de Cadenet sur le Rhône, près de Mornas, et plusieurs biens importants aux terroirs de Villes et de St-Lambert, parmi lesquels la quatrième portion de ce dernier. La distribution des aumônes fut confiée à l'évêque et aux syndics de ville. Nous verrons plus tard que des difficultés ne tardèrent pas à s'élever entre ces derniers.

Armes : *Burellé d'argent et d'azur* (1).

(1) Diverses branches ont brisé : l'une de dix merlettes de gueules, une autre de huit merlettes en orle et d'un franc quartier de gueules, une troisième d'un lambel, une quatrième d'un ou plusieurs lions de gueules brochant sur le burelé ; mais comme on ignore à quelle branche appartenait exactement cet évêque, il paraît convenable de lui attribuer les armes pleines de sa maison.

(Opinion de la Société héraldique de France).

LXV

GEOFFROY III DE VAIROLS

(1347)

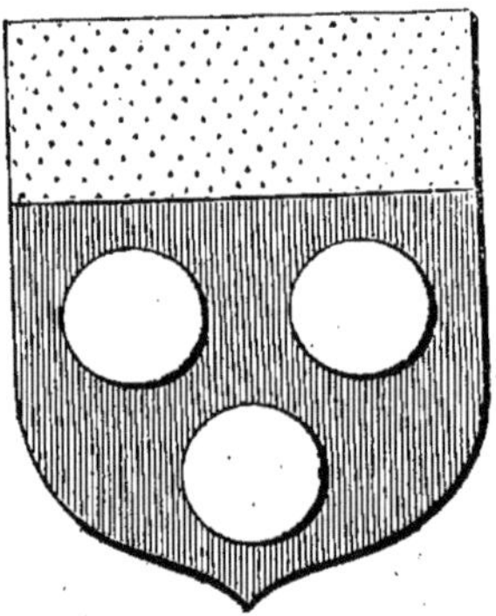

Les historiens placent en 1347 la date de l'élévation de Geoffroy de Vairols au siège épiscopal, à l'exception toutefois du chanoine Barbier qui la recule jusqu'en 1354.

Le pape Clément VI, qui l'estimait beaucoup, lui donna le titre de nonce, avec la mission de traiter le mariage du dauphin Humbert et de la princesse Blanche de Savoie. Il réussit d'abord pleinement, mais des difficultés surgirent plus tard et ce projet fut abandonné (1).

Peu après sa nomination Geoffroy eut des contestations avec Jean Barthelémy, prieur de Notre-Dame du Grès et les syndics de la ville. Les parties, suivant

(1) Voir l'acte de ce mariage qui n'eut pas lieu dans Valbonnais: *Mémoire pour servir à l'histoire du Dauphiné*, page 628.

l'usage de ce temps, choisirent pour les résoudre deux arbitres, Louis, abbé de St-Séverin de Naples et vicaire général de l'évêque, et Raimond Guillelmi, chevalier. L'accord ne tarda pas à se faire, et le 11 janvier 1352 fut signée la transaction, qui devait le consacrer.

Nous avons vu tantôt que, pour se conformer aux volontés de Hugues de Lésignan, le cardinal-évêque d'Albano et Raimond de Lanconia, ses exécuteurs testamentaires firent différentes acquisitions, dont les revenus devaient être distribués aux pauvres par l'évêque et les syndics de la ville. Leur mission terminée, ceux-ci remirent à l'évêque toutes les propriétés acquises par leurs soins, et l'acte de cette remise fut dressé le 26 juin 1353.

L'année suivante, Jean Blanqui, damoiseau, fonda à Monteux un monastère de Bernardines, de l'ordre de Cîteaux. Il ne compta à l'origine que sept religieuses, venues de la célèbre abbaye de Ste-Croix d'Apt, et eut pour première abbesse la mère Barrasse d'Apt, d'une des plus illustres maisons de Provence. Delphine de Venasque, ayant succédé quelques années après à Barrasse d'Apt, transféra à Carpentras le nouveau monastère, dont les destinées furent brillantes (1).

Geoffroy eut à défendre contre un puissant adversaire les droits de son église. L'empereur Charles IV, dont la bonne foi fut évidemment surprise, avait fait

(1) Voir : *Gallia Christiana*, I, 919 ; Barbier pag. 112 ; les archives départementales de Vaucluse, où il y a six registres et deux liasses de papiers provenant de ce monastère. Le catalogue des abbesses conservé par Barbier renferme les noms des plus grandes familles du midi : de Venasque, du Puy, de l'Espine, Gaufridy, de Seguins, de Blégiers, de la Plane, de Centenier, de Guillomont, de Cohorn, de Sobirats, etc.

donation au duc de Brunswick des châteaux de St-Lambert et de Besaure, qui étaient la propriété des évêques de Carpentras. Geoffroy se hâta de réclamer et en référa au pape lui-même. Clément VI, alors régnant, le soutint dans sa juste revendication et obligea l'empereur à révoquer la donation qu'il en avait faite.

Deux siècles plus tard, le cardinal Sadolet eut à défendre lui-même la propriété de ces deux châteaux, sur lesquels Jean d'Astouaud, seigneur de Murs, croyait avoir des droits. Un arrêt du parlement de Provence, du 28 mars 1526, donna complètement gain de cause à l'évêque, contre le seigneur de Murs. Claude d'Astouaud acquit les droits de l'évêque, en 1586, moyennant un capital de deux mille écus d'or qui lui était dû par la ville d'Avignon.

Geoffroy de Vairols, après neuf ans d'épiscopat, fut transféré au siège de Carcassonne, vers la fin de l'année 1356.

Armes : *de gueules à trois besants ou tourteaux d'argent, au chef d'or* (1).

(1) Ces armes étaient gravées avec celles du pape Clément VI, au bas de l'ancien reliquaire du St-Clou.

LXVI

JEAN III ROGER DE BEAUFORT

(1357)

Le siège épiscopal resta vacant quelques mois à peine, car au commencement de l'année 1357, Jean Roger de Beaufort fut élu pour succéder à l'évêque défunt.

Le nouveau prélat appartenait à une famille illustre. Neveu du pape Clément VI et frère de Grégoire XI, il naquit au château de Maumont, au diocèse de Limoges, du mariage de Guillaume Roger, seigneur des Rosiers et de Beaufort, vicomte de Turenne, avec Marie du Chambon.

Un des premiers actes de son épiscopat (1359) fut de ratifier la fondation pieuse qu'un noble gentilhomme du pays, Jean Blanqui, avait faite à Monteux quelques années auparavant (1354), d'un monastère de religieuses de l'ordre de Saint-Benoît, sous le vocable de Sainte-

Madeleine. Quelques années plus tard, en 1367, ce monastère, qui passa dans la suite sous l'observance de Cîteaux, fut transféré dans l'enceinte de la ville de Carpentras, avec l'autorisation du Siège Apostolique (1).

Le quatorzième siècle penchait déjà vers son déclin. Les premières années en avaient été tourmentées par les démêlés du pape Boniface VIII avec le roi Philippe-le-Bel, et bientôt par les troubles qui ensanglantèrent l'Italie et qui provoquèrent la translation du Saint-Siège à Avignon. Au milieu des luttes qui divisaient alors l'Europe, l'Eglise continua à donner au monde les exemples de la sainteté, qui ont rendu à jamais célèbre le treizième siècle. Pour ne pas sortir du midi de la France, c'est ce siècle qui vit naître saint Roch à Montpellier, qui donna à l'église d'Apt saint Elzéar et sainte Delphine, à l'église d'Avignon le bienheureux Pierre de Luxembourg, sainte Roseline à l'ordre des Chartreux et à l'église de Fréjus, à l'Église universelle le bienheureux pape Urbain V.

Des monastères se fondent de toutes parts pour montrer une fois de plus que les époques de lutte ont toujours été pour l'Église les plus fécondes, tandis que l'art, inspiré par la foi, élevait nos magnifiques cathédrales gothiques.

L'Église et ses évêques donnaient en même temps aux études une impulsion incomparable, et la fondation de la célèbre Université d'Avignon, en assurant au Comté Venaissin une large part dans cette renaissance littéraire et religieuse qui devançait de deux siècles la renaissance païenne du siècle de Léon X, eut pour effet d'y

(1) Voir le *Gallia Christiana*, tom. 1. — **Instrumenta ecclesiæ Carpentoractensis, VII, pag. 150.**

produire un centre intellectuel fort important, dont le nom de Pétrarque fut une des gloires.

Nommé au siège épiscopal de Carpentras, au milieu de ce renouveau, Jean Roger de Beaufort, obéissant à l'impulsion générale, eut tout naturellement la pensée de relever sa vieille cathédrale, ébranlée par les injures du temps.

Mais l'entreprise était difficile, et le courageux prélat n'eut que la gloire d'en avoir conçu le projet. Le 29 novembre 1363, avec l'assentiment de son chapitre, il établit officiellement l'œuvre de la reconstruction et lui assigna la quatrième portion des revenus de chacun des bénéfices de son diocèse, pendant l'année qui suivrait leur vacance. Nous verrons tantôt avec quelle énergie ses successeurs se dévouèrent à cette œuvre, qui produisit un des plus beaux monuments de l'architecture religieuse du midi de la France.

A cette même époque, la ville de Carpentras travaillait à la construction des magnifiques remparts, à l'abri desquels elle sut garder pendant des siècles son indépendance et sa foi.

Cette admirable enceinte, commencée sous le pontificat de Clément VI, en 1356, et terminée en 1377, comptait trente-six tours d'une incomparable beauté (1).

(1) Les voyageurs qui ont vu les remparts d'Aiguemortes peuvent à peine se faire une idée de ceux de Carpentras, de leur élévation et de leur solidité. On pourra consulter les intéressants détails que l'on trouve sur les murs de notre ville, dans la collection Tissot, *Mélanges*, n° 24.

En 1629, année de la peste, on fit vœu de donner à saint Roch un cierge qui ceignît les murailles : on les mesura alors et on trouva que l'enceinte des remparts avait 913 cannes au dedans et 1500 au dehors. Ils furent fort utiles pour protéger la ville contre les huguenots en 1562 et contre les brigands de 1791. — Le prix fait de la tour de la porte d'Orange, et de celle de Monteux, fut donné à Raymond Trevelle, le 23 mai 1389, au prix de 24 sous la canne carrée. (Archives municipales, E E 2, carton, 10 pièces.)

Les siècles l'eussent respectée longtemps encore, trop longtemps peut-être, au gré d'une administration peu soucieuse des gloires et des souvenirs du passé. Sa démolition fut votée en 1840, et, dans le courant de la même année, le marteau sacrilège commença son œuvre. Nos beaux remparts avaient vécu 463 ans ! Seule, la tour de la porte d'Orange est encore debout, comme une protestation vivante, destinée à rappeler (pour combien de temps encore ?) la majesté de nos remparts disparus.

Dans le courant de l'année 1363, un conflit s'éleva entre l'évêque et Philippe de Cabassole, recteur du Comté Venaissin, au sujet du viguier de Bedoin, Jacques Maurelli, accusé de divers excès commis dans l'exercice de sa charge. L'affaire fut jugée par le pape Urbain V lui-même, qui donna raison au recteur contre les prétentions de l'évêque.

Deux ans plus tard, une imposante cérémonie réunissait dans la cathédrale d'Apt de nombreux et illustres prélats. Tout l'épiscopat des provinces d'Aix, d'Arles et d'Embrun, rassemblé en concile, s'y était rendu pour décréter sur la discipline ecclésiastique vingt-huit canons qui nous été conservés (1).

Les archevêques d'Aix, d'Arles, d'Embrun, Philippe de Cabassole, patriarche de Jérusalem, et les évêques de Carpentras, d'Orange, de Marseille, de Vaison, de Saint-Paul-Trois-Châteaux, de Toulon, de Digne, de

(1) On trouve les actes de ce concile, que Fleury appelle le *Concile des Trois Provinces*, dans le Trésor des anecdotes ecclésiastiques du P. Martenne, et dans les Mémoires du clergé de France, de Du Temps. L'abbé Boze, dans son *Histoire de l'Eglise d'Apt*, donne la traduction des vingt-huit canons qui y furent publiés. (Pag. 253 et suiv.)

Sénès, de Vence, de Nice, de Riez, de Sisteron et d'Apt, y prirent part avec les abbés de Saint-Pons, de Nice, de Boscodon, de Valsainte et de Saint-Eusèbe.

Les décrets du concile furent publiés avec solennité, le 14 mai 1365, dans la cathédrale, en présence de tous les prélats réunis et au milieu d'un concours considérable de fidèles.

Déjà la veille, les Pères du concile avaient tenu à vénérer la relique insigne de la vraie Croix, que possède aujourd'hui encore l'église paroissiale de Saignon et à témoigner de son authenticité. Ils firent dresser, à cet effet, une attestation sur parchemin, à laquelle chacun d'eux apposa son sceau épiscopal. Celui de Jean-Roger de Beaufort y est encore assez bien conservé, et nous avons pu en reproduire la partie la plus essentielle.

Il porte, dans la partie du milieu, la seule qui nous soit parvenue, la Vierge debout, tenant l'Enfant Jésus dans les bras, l'un et l'autre nimbés, à gauche un évêque debout et mitre en tête, et à droite un personnage debout et nimbé, tournés l'un et l'autre du côté de la Vierge.

Deux ans plus tard, en 1367, l'évêque permit aux juifs de la ville de construire, dans le quartier qui leur était assigné, une synagogue dont il fixa lui-même les dimensions, et d'établir à leur usage, en dehors des murs de la ville, un cimetière particulier, moyennant une redevance annuelle de six livres (1). Les juifs acquirent, à cet effet, en 1370, au prix de trente-huit florins, de Pierre des Armands, un terrain sur lequel ce dernier se réserva le droit de pâture pour ses troupeaux.

Jean Roger de Beaufort eut, en 1369, à faire acte d'autorité pour faire respecter la volonté des défunts. Il institua, à cet effet, un procureur spécial qui eut mission d'exiger le payement des legs pieux, dont on s'affranchissait trop aisément à cette époque.

Le cardinal Pierre Roger de Beaufort, frère de l'évêque de Carpentras, fut élevé au souverain pontificat le 30 décembre 1370, sous le nom de Grégoire XI. Ce fut lui qui, au milieu de difficultés sans nombre, suivant l'exemple que lui en avait donné son prédécesseur, le bienheureux Urbain V, et d'après les exhortations de sainte Catherine de Sienne, qui vint le trouver à Avignon même, décida la translation du Saint-Siège à Rome.

Un des premiers actes du pontificat de Grégoire XI fut de transférer l'évêque de Carpentras, son frère, au siège archiépiscopal d'Auch, en 1371. Il y demeura peu,

(1) L'évêque ordonna que la synagogue n'aurait que 4 toises de hauteur sur 5 de long et 4 de large ; c'étaient les dimensions de celle qui fut démolie lors de l'expulsion des juifs par Jean XXII.

car le 6 des calendes de septembre 1375, Jean Roger de Beaufort fut transféré à l'archevêché de Narbonne, où il mourut, en l'année 1391.

Armes : *d'argent à la bande d'azur accompagnée de six roses de gueules.*

LXVII

JEAN IV FLANDRIN

(1371)

Jean Flandrin, originaire de Boutières (1), au diocèse de Viviers, était doyen de Laudun, d'après Fornery, le *Gallia Christiana* et le *Pontificium Carpentoractense*, et de Laon (2), d'après du Temps, lorsqu'il fut nommé à l'évêché de Carpentras. Le *Gallia Christiana* le confondant avec son prédécesseur, le fait assister au concile d'Apt de 1365 et nommer ensuite au siège d'Auch en 1371.

Il siègea trois ans à peine, car il fut remplacé sur notre siège épiscopal en l'année 1374. Nous perdons ensuite sa trace pendant cinq ans, jusqu'en 1379, époque

(1) M. le curé de N.-D. de Borrée, au diocèse de Viviers, prétend que Jean Flandrin est né dans sa paroisse.

(2) Du Temps I, 405.

à laquelle il fut transféré à l'archevêché d'Auch, dont il prit possession le 14 novembre de cette même année.

Nous savons peu de chose de son épiscopat, mais nous pouvons affirmer qu'il fut un prélat éminent, car le St-Siège l'honora de la pourpre romaine, à Beaucaire, au mois d'octobre 1390, du titre des saints Jean et Paul.

Déjà son frère, Pierre Flandrin, doyen de Bayeux, avait été élevé à la dignité cardinalice, du titre de saint Eustache.

Jean Flandrin mourut de la peste, à Avignon, en 1396 (1).

Armes : *d'argent à la fasce de sinople accompagnée de trois roses de gueules, deux en chef et une en pointe.*

(1) Voir, sur la vie de ce prélat, le *Gallia Christiana*, tom. 1, pag. 997 et les historiens de Pierre de Lune.

LXVIII

GUILLAUME IV DE LESTRANGE

(1374)

Guillaume de Lestrange succéda, en 1374, à l'évêque Jean Flandrin. Il appartenait à une ancienne maison du Languedoc, ou plutôt du Limousin, d'après le *Pontificium Carpentoractense*, depuis longtemps éteinte, et dont l'histoire a gardé le souvenir. C'était un prélat d'une très grande valeur et pour lequel le pape Grégoire XI avait la plus haute estime.

En ce temps-là, la terrible guerre de cent ans, entre la France et l'Angleterre, semblait tourner à l'avantage de notre patrie, Duguesclin faisait des prodiges de valeur pour chasser des terres du roi Charles V les soldats d'Edouard d'Angleterre ; au point que celui-ci, pris de découragement à la vue des succès du célèbre connétable, laissait échapper un jour cet aveu que l'histoire a recueilli : « *Il n'y eut oncques roy qui moins se armât et qui tant me donnât à faire.* »

Le pape Grégoire XI voulant ramener la paix entre les deux princes les plus puissants de la chrétienté, tenta de les réunir en 1375. Il confia cette importante mais périlleuse mission à deux prélats en renom, Philippe du Prat, archevêque de Ravenne, et Guillaume de Lestrange, évêque de Carpentras.

Les deux délégués du pape se rendirent à Bruges, où le roi de France députa le duc d'Anjou, son frère, et le roi d'Angleterre le duc de Lancastre, son fils.

Le Souverain Pontife avait conçu l'espoir de mettre un terme à la guerre entre les deux puissantes nations, pour les réunir une fois encore sous l'étendard du Christ et les pousser à une nouvelle croisade contre les infidèles. Mais, malgré l'habileté des négociateurs, le pape n'obtint qu'une trêve de quelques mois et il dut renoncer à la croisade qu'il méditait.

Pendant le séjour de leur évêque à Bruges, les consuls de Carpentras, ne sachant comment se procurer les ressources suffisantes pour terminer les remparts de la ville, se virent dans la nécessité d'imposer les bestiaux et diverses autres marchandises. Guillaume de Lestrange s'émut de cette mesure, qui portait atteinte à ses droits, et dut écrire aux consuls pour protester. Mais il céda, sans doute, devant la dure nécessité pour la ville de se fortifier, et il ne poursuivit pas ses revendications.

D'ailleurs dans le courant de juin de l'année suivante, le pape, voulant le récompenser de ses services et de ses mérites, le transféra au siège archiépiscopal de Rouen.

Grégoire XI, qui l'affectionnait beaucoup, le conduisit, en 1377, dans le voyage qu'il fit en Italie, pour ramener le St-Siège à Rome, et il le choisit pour son exécuteur testamentaire (1).

Armes : *de gueules à deux lions affrontés d'or, à un léopard d'argent en chef.*

(1) Additions du *Gallia Christiana*, tom. I, pag. 8. — *Spicileg.* tom. VI, pag. 688.

LXIX

PIERRE IV LAPLON

(1376)

L'obscurité la plus complète règne sur l'origine du successeur de Guillaume de Lestrange. Les historiens du Comtat le rattachent à une noble famille Laplon, de Carpentras, tandis que plusieurs autres le désignent sous le nom de Pierre de Rabat, et le disent issu de l'illustre maison de Foix-Rabat, qui compte des alliances avec les rois d'Aragon et de Navarre (1). M. l'abbé Lasserre, l'auteur si distingué de l'histoire religieuse d'Alet et de son diocèse (2), croit même pouvoir affirmer que ce prélat, d'abord évêque de Carpentras, de 1376 à 1377, aurait été transféré à Alet, pour remonter à nouveau sur le siège de saint Siffrein.

Néanmoins je penche à croire que ce prélat appartenait à la famille Laplon, de Carpentras, qui a fourni d'autres rejetons dans la ville. Pierre Laplon, son frère, habitait, en effet, Carpentras à la même époque, avec Almodie, son épouse. Celle-ci étant venue à mourir, le conseil de ville se réunit aussitôt, et afin de témoigner de son estime pour l'évêque, il délibéra, à l'unanimité de contribuer des deniers de la ville à ses funérailles.

Quoi qu'il en soit d'ailleurs de son origine Pierre Laplon paraît sur le siège épiscopal dès le mois de septembre 1376. Un de ses premiers soins fut d'exiger de ses vassaux l'hommage accoutumé ; il prêta lui-même l'hommage qu'il devait au Saint-Siège le 12 septembre 1379.

Il règla ensuite quelques difficultés soulevées par les juifs de la ville, et le 25 janvier 1385 il passa avec eux une transaction, par laquelle ceux-ci s'engagèrent à payer, à chaque vacance du siège, une redevance de dix-huit livres.

Jusqu'ici nous n'avons pas eu l'occasion de parler de l'origine des établissements charitables que possèdait

(1) La famille de Foix-Rabat portait : d'or à trois pals de gueules, le troisième à senestre chargé en chef de trois losanges d'or, 2 et 1.

(2) *Recherches sur la ville d'Alet et son ancien diocèse*, par M. l'abbé Lasserre, Carcassonne. Parer, 1877.

notre ville. Il serait difficile d'établir historiquement la date de leur fondation, mais il est bien certain qu'elle remonte à une époque reculée.

Le livre rouge des comtes de Toulouse établit que déjà, vers le milieu du XIIIe siècle, il existait à Carpentras, sous le nom de *Domus Charitatis* un établissement pieux destiné à recevoir les malheureux. Cette maison de charité était située d'abord hors les murs et tout près de l'antique monastère des chanoines de N.-D. du Grès. C'était un vaste et monumental établissement entouré de hautes murailles, défendu de créneaux et de fossés et dans lequel on pénétrait par plusieurs portes avec ponts-levis. On eût dit une forteresse, élevée là aux abords de la ville pour en imposer aux Albigeois ou aux Routiers. Mais cet appareil militaire, créé pour mettre à l'abri de toute surprise les pauvres malades et les infirmes, ne tarda pas à devenir un danger pour la sécurité de la ville elle-même.

Le Comté-Vénaissin était alors fort menacé par des troupes de brigands indisciplinés, qui, sous la conduite d'Arnaud de Servole, désolaient les provinces. Or, dans la crainte que ces brigands ne s'emparassent de cette position, pour venir ensuite menacer la ville, Jean Ferdinand de Heredia, chevalier de St-Jean de Jérusalem, grand prieur d'Aragon et capitaine général des troupes du Comtat, fit démolir, en 1359, la splendide demeure que la générosité de nos pères avait élevée pour le soulagement des pauvres. Nous avons déjà vu que l'année suivante, le 16 avril 1360, les syndics de la ville crurent prudent de raser aussi l'ancien monastère de Notre-Dame du Grès, qui se trouvait dans le voisinage.

Cet hôpital était administré, à l'origine, par des *cari-*

tadiers sous la surveillance de l'évêque. L'élection de ces recteurs, qui avait lieu, chaque année, pour la seconde fête de Pâques, sur la place publique, ne tarda pas à devenir le prétexte de regrettables excès. Robert de Genève, reconnu alors comme pape, sous le nom de Clément VII, par une partie considérable de la chrétienté, dut intervenir pour rendre à l'administration charitable son caractère pacifique. Par sa bulle du 10 des calendes de mars 1391, il prévint toute compétition inopportune en ordonnant que l'élection serait faite désormais par les syndics de la ville.

Après la destruction de cet établissement, les malades furent transférés dans un hôpital, placé sous le vocable de saint Siffrein et construit aux portes de la cathédrale. Plus tard on en construisit un nouveau dans la rue de Notre-Dame, et on lui conserva le titre de *Domus Charitatis* qu'avait porté déjà celui qui fut rasé pendant les troubles du XIVe siècle. Il garda ce nom jusqu'au 19 mars 1648, où le cardinal Bichi le plaça sous le patronage de saint Pierre-aux-Grâces. Nous verrons dans la suite avec quelle généreuse magnificence Monseigneur d'Inguimbert fit construire l'hôtel-Dieu actuel, un des plus beaux monuments de la ville.

Pierre Laplon mourut vers la fin de l'année 1398.

C'est à lui sans doute que nous devons attribuer le magnifique sceau gothique, dont nous avons été si heureux de retrouver une empreinte dans la riche collection de M. Garcin d'Apt, et que M. Laugier, l'éminent numismate marseillais, a rétabli dans sa pureté primitive.

Ce sceau ogival mesure 85 millimètres et porte : *Au centre et sous un arc trilobé un évêque assis, mitré, crossé et bénissant, de chaque côté un écusson (à ses ar-*

mes ?) au dessus et sous un arceau gothique, accosté de deux clochetons, une Vierge tenant l'Enfant Jésus dans ses bras, l'un et l'autre nimbés ; au dessous et sous un arceau un évêque à genoux, les mains jointes et mitre en tête; légende : S. PETRI DEI GRATIA EPISCOPI CARPENTORACTENSIS.

LXX

JEAN V FILHETI

ADMINISTRATEUR DE L'ÉGLISE DE CARPENTRAS

(1399)

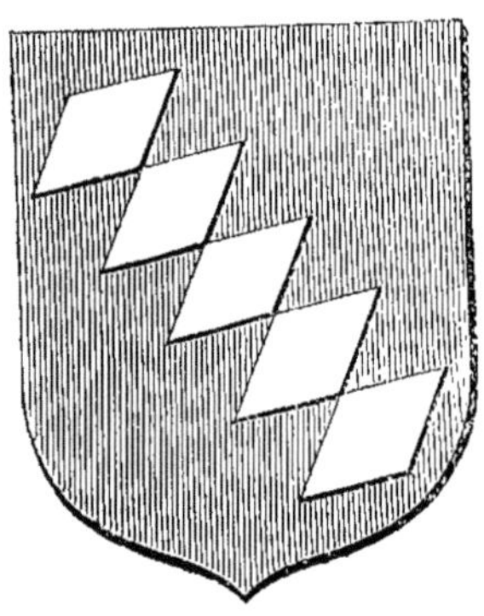

Avec les dernières années du XIVe siècle, commence pour l'Eglise de Carpentras, aussi bien que pour l'Église universelle, une époque de troubles et de douloureuses agitations. Le grand schisme d'Occident, qui partageait la chrétienté en deux obédiences d'importance à peu égale, du moins dans les commencements, rend très-difficile la tâche de l'historien des Églises particulières, qui parfois flottèrent d'une obédience à l'autre, parfois même furent exposées à avoir deux évêques en même temps, nommés par chacun des deux prétendants à la Papauté.

D'autres fois la succession régulière des évêques se trouve interrompue par ce motif que chacun des deux

Pontifes, au lieu de pourvoir à la vacance des sièges épiscopaux, se réservait le titre et les revenus de certaines Eglises vacantes, qu'il faisait administrer par de simples délégués apostoliques.

C'est à ce titre que nous faisons figurer dans la série de nos évêques, Jean Filheti, évêque d'Apt et neveu de Jean de Lagrange, cardinal d'Amiens, qui gouverna l'église de Carpentras après Pierre Laplon, au nom et pour le compte de Pierre de Lune, connu comme pape, dans son obédience, sous le nom de Benoît XIII.

Ce Pontife, dont nous n'avons pas à raconter la vie si agitée, un des plus savants jurisconsultes et des plus habiles diplomates de son temps, eut le malheur de mettre au service d'une mauvaise cause des qualités qui, en d'autres circonstances, en eussent fait un des plus grands papes qui se soient assis sur le siège de saint Pierre. Il était assiégé dans son palais d'Avignon par les troupes françaises du maréchal de Boucicaut, quand il apprit la mort de Pierre Laplon. C'est pour se ménager la faveur du duc d'Orléans et celles de Jean de Lagrange, cardinal d'Amiens et conseiller de ce prince, qu'il nomma Jean Filheti, administrateur de l'évêché vacant.

Natif de Forest, au diocèse de Clermont, Jean Filheti occupait le siège épiscopal d'Apt depuis le 9 janvier 1391. Sa nomination comme administrateur fut assez mal accueillie de la part des habitants, qui insistèrent en vain auprès du Pape d'Avignon pour avoir un évêque et non un simple administrateur (1), si bien que Jean

(1) *Pontificium Carpentoractense.*

Filheti craignit un instant qu'il ne lui fût pas possible de prendre possession du siège épiscopal. Le cardinal d'Amiens, son oncle, le Meingre de Boucicaut, gouverneur du Dauphiné et frère du Maréchal, et le seigneur de l'Espinasse, chambellan du roi, durent même écrire aux syndics de la ville une lettre dans le but de les mettre en demeure d'avoir à lui faire bon accueil.

L'Evêque fut alors reçu avec tous les honneurs dus à sa dignité, et les autorités de la ville lui prodiguèrent les marques de la plus complète déférence.

Il y eut un moment d'alerte dans le pays à la suite d'une nouvelle colportée par la malveillance de quelquels habitants. Le bruit s'était répandu, en effet, que Boucicaut, gouverneur du Dauphiné, allait venir s'emparer de la ville, à la sollicitation de l'évêque. Les syndics s'en émurent et prirent d'énergiques mesures pour s'opposer victorieusement à une surprise de ce genre. Le cardinal de Lagrange dut intervenir auprès des vigilants administrateurs de la ville, pour calmer leurs terreurs patriotiques et démentir absolument la nouvelle.

L'an 1399 fut mémorable pour notre ville par le séjour qu'y fit saint Vincent Ferrier. Né à Valence, en Espagne, et entré à l'âge de dix-huit ans dans l'ordre des Frères Prêcheurs, Vincent noua de bonne heure d'étroites relations avec le cardinal Pierre de Lune, qui remplissait dans ce pays les fonctions de légat au nom de Robert de Genève (Clément VII). Aussi pour lui témoigner l'estime qu'il avait de sa sainteté et de la grande réputation dont il jouissait déjà, à peine reconnu comme pape sous le nom de Benoît XIII, Pierre de Lune se hâta de mander le Saint à Avignon, de le choisir pour son confesseur et de lui confier les hautes fonctions de grand pénitentier et de maître du sacré palais. Vincent vécut au milieu des honneurs de la cour pontificale en humble religieux, jeûnant, veillant, prêchant comme il faisait depuis plusieurs années, essayant surtout d'user de la grande influence que lui donnaient sa renommée et la confiance du pontife pour amener celui-ci à mettre fin, par une abdication volontaire, au schisme qui déchirait la chrétienté. Benoît XIII lui offrit l'évêché de Valence et plus tard le cardinalat : le Saint refusa l'un et l'autre avec une invincible humilité, et voyant que tous les efforts de son zèle pour l'unité de l'église échouaient devant l'obstination du pontife, il se retira au couvent des Dominicains d'Avignon où il tomba malade de chagrin. Guéri miraculeusement par Notre-Seigneur qui lui donna la mission de prêcher la pénitence et les grandes vérités de la religion, il attendit deux ans l'autorisation de Benoît XIII, qui, cèdant enfin à ses instances, le fit légat spécial du St Siège et lui en conféra tous les pouvoirs qui furent confirmés plus tard par le concile de Constance et par le pape Martin V.

Il commença sa mission à Avignon même, le jour de Ste Cécile, 1398, et pendant plus de vingt ans il parcourut presque toutes les provinces de la France, de l'Espagne et de l'Italie, semant les miracles sur ses pas, prêchant souvent plusieurs fois le jour et devant des auditoires innombrables, avec un succès inoui et rappelant aux pécheurs l'approche du jugement de Dieu.

C'est le 22 novembre 1399 que le grand thaumaturge arriva à Carpentras. Il descendit au couvent des Dominicains. Les syndics de la ville, heureux de posséder dans leurs murs le célèbre missionnaire, se hâtèrent d'aller lui souhaiter la bienvenue et de lui offrir les présents qu'on était dans l'usage de donner aux personnages de distinction.

Le 14 décembre suivant, le saint prêcha dans l'église des Dominicains un sermon dont l'histoire a gardé le souvenir, au milieu d'un auditoire immense, dans lequel on remarqua l'évêque et toute la magistrature du pays, ayant à sa tête le recteur, Jean de Alzerino (1).

Saint Vincent Ferrier demeura à Carpentras jusqu'au 12 février 1400, époque à laquelle il quitta notre ville pour continuer pendant dix-neuf ans encore son fructueux apostolat. La chaire dans laquelle il prêcha en 1399 fut pieusement conservée jusqu'en 1793, époque à laquelle les révolutionnaires la brisèrent, sans pitié pour le grand souvenir qu'elle rappelait.

Jean Filheti accorda, le 7 août 1402, un canonicat à un de ses aumôniers, et cessa peu après d'administrer notre diocèse.

Il testa, le 6 septembre 1409, devant Louis de Roca, notaire d'Apt, et mourut le 26 juin 1410.

Armes : *de gueules à cinq fusées péries en bande d'argent* (2).

(1) On raconte que les Dominicains, voulant faire honneur à leur hôte illustre, lui offrirent un plat de soles qui avait coûté six liards.

(2) Petra Sancta, page 228.

LXXI

BENOIT XIII (Pierre de Lune)

ADMINISTRATEUR DU DIOCÈSE

(1403)

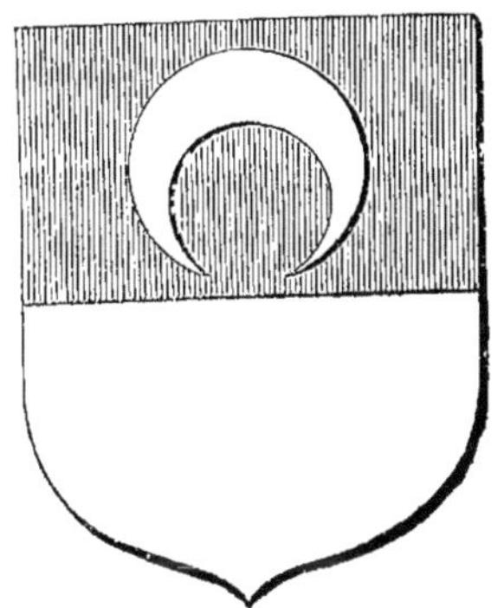

Pierre de Lune, retenu prisonnier, comme nous venons de le dire, par les troupes du maréchal de Boucicaut, résolut de tromper la surveillance de ses gardiens et de s'évader pour se relever du discrédit qui gagnait sa cause. Le duc d'Orléans et un gentilhomme du nom de Braquemont s'engagèrent à lui en donner les moyens. A cet effet, ce dernier se ménagea une maison sûre, où le pape put se rendre à l'aide d'un déguisement. Il s'était procuré à l'avance 500 cavaliers qui l'attendaient dans la campagne pour lui faire escorte, et, le 12 mars 1402, le pape put sortir de la ville et se rendre à Châteaurenard, d'où il voulut écrire lui-même au roi de France pour lui annoncer son évasion.

Ce coup d'audace opéra une véritable révolution dans les esprits. La France revint à l'obédience de Benoît XIII, les cardinaux se rendirent auprès de lui, et l'on put croire un moment que son autorité allait être universellement reconnue.

Il se réserva, dès l'année 1403, l'administration de l'évêché de Carpentras, favorisa la reconstruction de la cathédrale et nomma pour son vicaire-général Aldebert de Moreriis, licencié aux décrets et doyen de St-Agricol d'Avignon.

Il conserva cette administration jusqu'en 1411, ce qui indiquerait que l'épiscopat de Paul de Camplon, dont le *Gallia Christiana*, Cottier et Barbier ont placé la date en 1406, est au moins très problématique.

Pierre de Lune tint à visiter la ville de Carpentras dès le début de son administration, et y fit son entrée solennelle, par la porte de Pernes, le 5 mai 1403. Il y revint encore le 6 juin suivant et n'en repartit que le 26 par la porte de Monteux. Il avait eu un moment la pensée d'y fixer sa résidence; mais il y renonça bientôt, malgré les instances d'Antoine de Lune, son parent, qui venait de reprendre l'administration de la Rectorie.

Il aida puissamment aux travaux de la cathédrale, si bien qu'un an après il délégua Artaud, archevêque d'Arles, pour venir procéder solennellement à la pose de la première pierre. Le 22 février 1404, cette cérémonie eut lieu avec une grande pompe. Déjà la veille, le conseil de ville s'était assemblé à cette occasion, et les syndics, voulant montrer leur reconnaisance à l'archevêque d'Arles, jugèrent à propos de lui offrir six cierges de quatre livres, douze chapons et six boîtes de confiture au sucre.

On voit aujourd'hui encore, encadrée dans le mur méridional de l'église, la belle inscription gothique destinée à rappeler le souvenir de cette cérémonie et dont le texte est celui-ci :

ANNO A NATIVITATE DOMINI MCCCCIV DIE FESTI CATHEDRÆ BEATI PETRI APOSTOLI, FUIT POSITUS PRIMUS LAPIS HUJUS ECCLESIÆ NOVÆ ALMI CONFESSORIS BEATI SIFFREDI EPISCOPI ET PATRONI PRÆSENTIS CIVITATIS CARPENTORACTENSIS, PER REVERENDISSIMUM IN CHRISTO PATREM DNUM ARTAUDUM ARCHIEPISCOPUM ARELATENSEM, NOMINE SANCTISSIMI IN CHRISTO PATRIS ET DOMINI NOSTRI DOMINI BENEDICTI DIVINA PROVIDENTIA PAPÆ XIII PONTIFICATUS SUI ANNO XI. MAGISTER ET ORDINATOR HUJUS ÆDIFICII FUIT MAGISTER COLINUS THOMACII DE DINANT IN BRETANHA.

Mais la belle cathédrale que nous admirons aujourd'hui resta longtemps inachevée. Bâtie dans un siècle de discordes, de guerres et de calamités, il ne fallut pas moins de cent seize ans avant qu'elle pût être livrée aux cérémonies du culte. L'architecte Colinus Thomacii mourut avant l'achèvement de son œuvre, et nos évêques eurent à s'imposer des sacrifices énormes pour la mener à bien.

Aldebert de Moreriis, vicaire-général du pape, administra sagement le diocèse pendant la vacance. Le 21 mai 1405 il fit une transaction avec les juifs, et le 29 décembre de l'année suivante, il exigea l'hommage de Jacques du Puy, pour sa co-seigneurie de Villes.

Toutefois, la vacance du siège ne laissait pas que d'être pour l'administration régulière du diocèse un sujet de difficultés sans nombre. Pierre de Lune, abandonné de nouveau par ses partisans, se trouvait dans la dure nécessité de traîner sa pénible existence de retraite en retraite, jusqu'au jour où, fatigué des luttes qu'il avait dû essuyer, il alla mourir à Peniscola, près Tortose en Aragon, dans un âge très avancé.

Bertrand de Sade profita de cette lassitude des esprits pour écrire aux syndics de la ville une lettre qui leur fut remise par Jean de Sade, son fils, et dans laquelle il les priait de demander l'évêché de Carpentras pour Paul de Sade, évêque de Marseille, son parent. Le conseil de ville, assemblé le 23 mars 1407, délibéra de supplier très humblement le pape de leur accorder ce prélat. Mais cette prière resta sans effet, car Benoît XIII avait besoin des revenus de l'évêché et ne voulut pas s'en priver. Il se démit néanmoins de l'administration vers l'année 1411.

Armes : *Coupé de gueules et d'argent au croissant renversé d'argent sur la partie de gueules qui est en chef.*

LXXII

LE CARDINAL LOUIS DE FIESQUE

ADMINISTRATEUR DU DIOCÈSE

(1411)

La démission de Benoît XIII, comme administrateur de l'évêché, ne fut pas complètement volontaire. Le diocèse de Carpentras venait d'être soustrait à son obédience, pour passer à celle de Jean XXIII, Balthazar Cossa, qui avait été élu pape le 14 mai 1410, après la mort d'Alexandre V.

Un des premiers soins du nouveau pape fut d'en confier l'administration perpétuelle au cardinal Louis de Fiesque.

Le nouveau prélat appartenait à l'illustre maison des comtes de Lavagne, qui avait déjà donné à l'Église deux papes illustres, Innocent IV et Adrien V (1).

(1) Voir sur cette famille : L'hermite de Soliers, la *Ligurie française ; Della famiglia Fiesca*, par Frederici.

Nommé évêque de Verceil en 1384 par le pape Urbain VI, il fut dans le courant de la même année élevé à la dignité cardinalice du titre de St-Adrien.

Tour à tour légat du St-Siège à Bologne et à Ferrare, il s'acquitta de ses hautes fonctions avec distinction et talent. Alexandre V le nomma nonce auprès du roi de Sicile, et Jean XXIII lui confia l'administration perpétuelle de l'évêché de Carpentras. Il est probable qu'il ne résida jamais, car il fut toujours représenté par un procureur général qui administrait en son nom.

André de *Puteo* fut le premier qui exerça cette charge. Le 6 novembre 1422, le cardinal lui donna un successeur, avec des pouvoirs plus étendus, en la personne de Jean de Fiesque, prieur du monastère de N.-D. du Grès, son parent. Ce dernier conserva cette charge quelques mois à peine, car le cardinal Louis de Fiesque mourut à Rome, où il faisait sa résidence habituelle, le 3 avril 1423. On transféra ses dépouilles mortelles dans le tombeau de ses ancêtres, qui se trouvait à Gênes, dans l'église de San-Laurenzo.

Le *Gallia Christiana* rapporte une charte disant que le roi d'Angleterre, Henri V, nomma le 22 janvier de la huitième année de son règne, c'est-à-dire vers 1421, au siège épiscopal de Carpentras, Charles Le Double, chapelain de Saint-Nicolas d'Evreux. L'existence de ce prélat ne repose absolument que sur cette donnée, que vient contredire la procuration conférée, le 6 novembre 1422, par le cardinal-administrateur à Jean de Fiesque, son cousin.

Nous venons de voir précédemment combien les troubles qui désolèrent l'Église pendant toute la durée du grand Schisme avaient jeté le désordre dans les nominations épiscopales. Il est possible que Charles Le Double ait été nommé à Carpentras, soit par Jean XXIII, soit par Martin V, et que cette nomination, à cause de la difficulté des temps, soit ensuite restée sans effet.

Rien ne prouve, au surplus, qu'il ait jamais pris possession de son siège, ce qui nous autorise à ne pas le compter sur la liste de nos évêques.

Armes : *Bandé d'argent et d'azur de six pièces.*

LXXIII

MARTIN V (Othon Colonna)

ADMINISTRATEUR DU DIOCÈSE

(1423)

Après la mort du cardinal de Fiesque, le siège épiscopal fut administré pendant quelques mois par le pape Martin V, Othon Colonna.

Les Colonna ont été, avec les Orsini, les deux plus puissantes familles de Rome au moyen-âge.

Ils prétendaient qu'un de leurs aïeux rapporta de Judée la colonne de la Flagellation, qu'ils portent depuis lors dans leurs armes. Martin V est assurément une des plus belles illustrations de cette puissante maison, représentée de nos jours encore par le prince Colonna, qui porte alternativement avec le prince Orsini le titre de *prince-assistant au trône apostolique*, la plus haute dignité romaine après le souverain pontificat.

L'administration de Martin V dura fort peu, et il n'en est fait mention que dans un acte de donation consenti par Raymond Manfredi, le 4 juillet 1424, en faveur du monastère de Sainte-Marie-Madeleine, fondé depuis quelques années seulement dans notre ville.

Un mois après, le 11 août, le pape, ne pouvant conserver utilement pour le bien des âmes l'administration du diocèse, lui donna Jacques de Camplon pour évêque.

Armes : *De gueules à la colonne d'argent ayant la base et le chapiteau d'or, et couronnée de même.*

LXXIV

JACQUES DE CAMPLON

(1424)

Jacques de Camplon fut enfin nommé titulaire du siège épiscopal, par le pape Martin V, le 11 août 1424, et quelques jours après, il fut également nommé Recteur du Comté Venaissin. Cette double nomination nous montre l'estime qu'avait le pape pour ses mérites. Malheureusement la mort vint le frapper au moment où il se disposait à venir prendre possession de ses nouvelles fonctions.

Originaire de l'Abruzze, dans le royaume de Naples, il appartenait à une famille nommée par Ughelli *de Briciis de Cave*, et paraît avoir emprunté à un fief possédé par sa famille le surnom de Camplon, sous lequel il nous est connu (1). Il était fort savant dans le droit et dans la discipline ecclésiastique, et les lettres trouvèrent en lui un érudit.

Il débuta dans la carrière ecclésiastique comme vicaire-général de Florence, pour être appelé, peu après, à Rome comme auditeur de la chambre apostolique. Il assista en qualité d'auditeur au concile de Constance, et fut ensuite nommé nonce en France, où le roi Charles VI eut pour lui la plus grande estime.

Le pape le nomma, en 1420, à l'évêché d'Aquino. Transféré au siège de Spolète le 28 juin 1424, il fut nommé, quelques semaines après, au siège épiscopal de Carpentras.

Il mourut à Rome le 11 novembre suivant et fut inhumé dans une chapelle qu'il avait fait construire dans la basilique de Sainte-Marie-Majeure.

On grava sur sa tombe l'inscription suivante, que l'historien Ughelli et le *Gallia Christiana* nous ont conservée :

HIC REQUIESCIT CORPUS BONÆ MEM. D. JACOBI DE CAMPLO, EPISCOPI CARPENTORACTENSIS, QUI OBIIT ANNO D. MCCCCXXIV DIE XI MENSIS NOVEMBRIS PRO CUJUS ANIMA, QUÆ REQUIESCAT IN PACE HÆC CAPELLA IN HONOREM B. M. PROUT IPSE IN SUO TESTAMENTO RELIQUIT PRO DOMINO CAPELLANO FUNDATA ET DOTATA EST.

Armes : *D'azur au chevron d'or, accompagné de deux étoiles d'argent en chef et d'un croissant de même en pointe.*

(1) Voir Ughelli, *Italia Sacra*, tom. 1, coll. 1268, p. 398 ; Fantoni, tom. 2, livre III, pag. 385 ; Topius, in bibl. Neapol., pag. 110 ; *Gallia Christiana*, tome I, pag. 909.

LXXV

SAGAX CONTI

(1426)

Après la mort de Jacques de Camplon, le siège épiscopal resta vacant deux années encore. Sagax Conti en fut pourvu en 1426 et l'occupa pendant vingt ans.

Il appartenait à une illustre maison du patriciat romain, qui a donné plusieurs papes et de nombreux cardinaux à l'Église et deux vice-légats au comté Venaissin. Il fut lui-même un prélat de mérite, qui résida malheureusement très peu dans son diocèse, à cause des affaires importantes qui le retinrent en Italie pendant plusieurs années de son épiscopat.

A l'exemple de ses prédécesseurs, il se fit rendre, le 28 octobre 1428, par les co-seigneurs de Venasque, l'hommage séculaire qu'ils devaient à l'Evêque.

Ne voulant pas que son diocèse souffrît trop de son

séjour en Italie, il délégua ses pouvoirs à Barthélemy, évêque de Cavaillon, qui administra le diocèse en son nom (1).

Sagax Conti fut transféré, le 29 mai 1446, à l'évêché de Spolète, où il mourut deux ans après.

Armes : *De gueules à l'aigle au vol abaissé échiquetée d'or et de sable couronnée d'or* (2).

(1) Ughelli, tom. II, pag. 1268.

(2) Ces armes figurent encore sur les anciens vitraux du chœur de St-Siffrein. (V. Reynard-Lespinasse, *Armorial de l'Etat d'Avignon*, pag. 183 et 200.)

LXXVI

GUILLAUME V SOIBERTI

(1446)

Guillaume Soïberti (1), chanoine et prévôt du chapitre d'Uzès, sa ville natale, était neveu de Pierre Soïberti, évêque de cette ville en 1427, lorsqu'il fut appelé par son chapitre à occuper le même siège en 1441.

Guillaume de Champeaux et Alain de Coëtivy, tour-à-tour administrateurs de l'évêché d'Uzès, attaquèrent violemment son élection et s'opposèrent ouvertement à ce qu'il prît possession du siège. Guillaume Soïberti dut en appeler à l'archevêque de Narbonne, son métropolitain, au pape lui-même et enfin au parlement de Toulouse. Il obtint justice en 1445, après quatre années de persévérants efforts (2). L'année suivante, Nicolas V le transféra à Carpentras, où il siègea trois ans à peine.

Un des premiers actes de son épiscopat fut de faire ouvrir la châsse où reposaient les reliques de saint Siffrein, pour en retirer la tête, qu'il plaça dans un reliquaire, en forme de buste, qu'il fit exécuter lui-même.

Nous avons eu occasion de parler de l'origine des établissements charitables dans notre ville, mais nous n'avons rien dit encore de l'œuvre des orphelines, qui

(1) Soïberti, Soybert et qqfois Sombreti.

(2) Catalogue analytique des Évêques d'Uzès, par M. Charvet ; Alais, Martin, 1870, pag. 121.

fut si florissante autrefois, et que nous aimons à retrouver encore dans nos murs.

Depuis les temps les plus reculés, la ville entretenait les pauvres orphelines, que des personnes pieuses logeaient dans leurs propres maisons. En 1447, le conseil de ville, de concert avec l'Évêque, décida que désormais les orphelines seraient logées dans la maison de ville. Cet état de choses dura jusqu'en 1557, époque à laquelle Jacques Sacrat établit une congrégation, dont la mission fut de pourvoir aux besoins spirituels et temporels des pauvres orphelines, ainsi que nous verrons plus tard.

Le 4 décembre 1448, Guillaume Soïberti accompagna le cardinal de Foix et le roi Réné aux Saintes-Maries et assista, avec treize autres prélats, à la translation solennelle des reliques des saintes Marie-Salomé, Marie-Jacobé et Marie-Cléophas, dans une châsse de cyprès. Il signa au procès-verbal que le roi fit dresser pour conserver le souvenir de la cérémonie (1).

Il mourut au commencement de l'année 1449.

Armes inconnues.

(1) Faillon, *Monuments sur l'apostolat de sainte Marie-Magdeleine de Provence*, tom. I, pag. 1328, et tom. II, pag. 1278.

LXXVII

BARTHELEMY VITELLESCHI

(1449)

Barthélemy Vitelleschi appartenait à une famille illustre de Rome, qui avait déjà donné à l'Eglise Jean Vitelleschi, patriarche d'Alexandrie (1), le cardinal Jean Vitelleschi, archevêque de Florence en 1435 (2), et qui devait fournir, un siècle plus tard, Mutius Vitelleschi, sixième général de l'ordre de la compagnie de Jésus.

Barthélemy Vitelleschi fut élu évêque de Montefiascone et de Corneto, le 16 des calendes d'avril 1438, mais il jouit peu de son siège. Le pape Eugène IV, successeur de Martin V, n'étant pas en bons termes avec le cardinal de Florence, fit rejaillir sur Barthélemy,

(1) Gamurrini, tom. I, pag. 149.
(2) Ughelli, tom. I, pag. 986, et tom. 3, pag. 168.

Vitelleschi, son neveu, tous les effets de leur mésintelligence, et alla même jusqu'à le priver de son évêché de Corneto. Celui-ci se mit alors sous la protection du concile de Bâle et passa sous l'obédience de Félix V, que le concile venait d'élever au souverain pontificat pour l'opposer à Eugène IV. Après la mort d'Eugène, Nicolas V ayant été élu pour lui succéder, Félix abdiqua la tiare, en 1449, pour mettre un terme au grand Schisme.

Barthélemy Vitelleschi se hâta de reconnaître le nouveau pape et fut très bien accueilli par lui.

Nicolas V ne put lui restituer son évêché de Corneto, qui avait été pourvu d'un titulaire, mais l'évêché de Carpentras étant devenu vacant par la mort de Guillaume Soïberti, il le lui conféra le 14 juillet 1449.

Le nouveau prélat se disposait à quitter l'Italie pour venir prendre possession de son siège, lorsque l'évêque de Corneto, nommé par Eugène IV pour succéder à Barthélemy Vitelleschi, vint à mourir. Le pape se hâta alors de transférer celui-ci à son ancien siège; dont il avait été dépouillé, de telle sorte que Barthélemy Vitelleschi n'a jamais pris possession personnellement du siège de Carpentras.

Quelques années plus tard, il entreprit le long et pénible pèlerinage de Jérusalem, et mourut à son retour, à Modon, le 13 décembre 1463.

Son corps fut transporté à Corneto, où il fut inhumé dans la cathédrale avec l'épitaphe suivante :

SEPULCHRUM R. IN CHRISTO PATRIS BARTHOLOMÆI DE CORNETO EPISCOPI CORNETI ET MONTISFLASCONIS, NEPOTIS SUPRASEPULTI CARDINALIS. OBIIT ANNO MCDLXIII DECEMB. XIII. MODONI PERGENS EX HIERUSALEM.

Ughelli, qui nous a conservé le texte de cette inscription (1), affirme que le corps de l'évêque défunt était encore parfaitement conservé, à l'époque où il écrivait son ouvrage (1717).

Armes : *Parti: d'or et d'azur à deux veaux de l'un en l'autre, affrontés, terrassés de sinople, au chef demi parti d'azur et de gueules chargé de six fleurs de lys d'or, 3 et 3.*

(1) Ughelli, tom. I, pag. 196.

LXXVIII

GEORGES II D'ORNOS

(1449)

Le *Gallia Christiana*, sur la foi de l'historien Ughelli (1), nous apprend que Georges d'Ornos était évêque d'Uzès, lorsque le Pape Nicolas V lui conféra l'évêché de Carpentras, le 21 juillet 1449. Il est vrai de dire que le même ouvrage (2), revenant sur son affirmation, nous dit ensuite, d'après les archives du Vatican, que Georges était évêque de Vicence et non point d'Uzès, comme il l'avait écrit d'abord (3).

Le jour même de sa nomination, le nouvel évêque prêta le serment accoutumé entre les mains du pape lui-même et obtint de lui une bulle qui l'autorisait à accepter l'abbaye de Notre-Dame de Filacii, dans le diocèse de Genève, que le duc de Savoie venait de lui accorder, de même que tous les autres bénéfices et dignités ecclésiastiques dont il pourrait être pourvu à l'avenir.

Nous savons peu de choses de son épiscopat, qui dura trois années seulement. Par son testament du 4 novembre 1452, il fonda cinquante messes anniversaires et

(1) *Ughelli*, tom. I, col. 909.

(2) *Gallia Christiana*, tom. V, col. 641.

(3) *Ughelli* ne mentionne parmi les évêques de Vicence qu'un seul prélat de ce nom, qui siégeait en 1389 et qui ne saurait être, par conséquent, l'évêque de Carpentras (tom. V, pag. 1060). Je ne sais encore d'après quel document le regretté M. Charvet, d'Alais, affirme, dans son catalogue des évêques d'Uzès, qu'Olivier du Chatel se serait démis, en 1448, du siège d'Uzès pour passer à celui de Carpentras.

15

légua à son église sa précieuse bibliothèque. Il exprima toutefois le désir qu'elle fût vendue et que le prix en fût employé à la construction de la nouvelle cathédrale, dont la première pierre avait été posée en 1404 et qui ne put être consacrée qu'en 1520.

Une partie de ses livres fut effectivement vendue après sa mort, pour se conformer à ses dernières volontés, mais les meilleurs ouvrages furent mis en réserve pour servir de bases à la fondation d'une bibliothèque publique. Cette détermination fut prise dans une assemblée solennelle où se trouvèrent Jacques Buqueti, lieutenant de Roger de Foix, recteur du Comtat, l'évêque Michel Anglici, les chanoines, les syndics, les conseillers et beaucoup de notables de la ville. On crut ainsi devoir enfreindre les volontés de l'illustre défunt pour conserver à la postérité les trésors littéraires, malheureusement disparus aujourd'hui, accumulés par lui.

Le 16 avril 1460, sous le consulat de Christophe de Grignan, de Pierre de Affiis et de Pons Bermond, jurisconsulte, une nouvelle assemblée des notabilités de la ville décida, en principe, la création d'une bibliothèque, où les ouvrages laissés que Georges d'Ornos, augmentés de ceux que Michel Anglici, son successeur, avait réunis à son tour, furent déposés dans la cathédrale, à la chapelle de Sainte-Anne. Il y fut convenu que les livres de l'évêque défunt y seraient, pour l'usage des clercs et du public, suspendus à des chaînes de fer rivées à la voûte de l'église. Déjà l'année précédente, les syndics de la ville, justement jaloux de leur précieux dépôt, avaient pris un arrêté portant interdiction de copier les ouvrages délaissés par l'évêque.

Il est intéressant de voir l'Église prendre elle-même,

dès cette époque reculée, l'initiative de ces bibliothèques que les cathédrales établirent pour l'usage des fidèles et qui ont pu sauver de l'oubli les richesses littéraires que l'antiquité nous a léguées. Nous verrons dans la suite avec quelle générosité un autre de nos évêques, l'illustre d'Inguimbert, vint, trois siècles plus tard, doter notre ville de cette incomparable collection que le monde savant lui envie.

Georges d'Ornos mourut au commencement du mois de novembre 1452.

Armes inconnues.

LXXIX

MICHEL ANGLICI

(1452

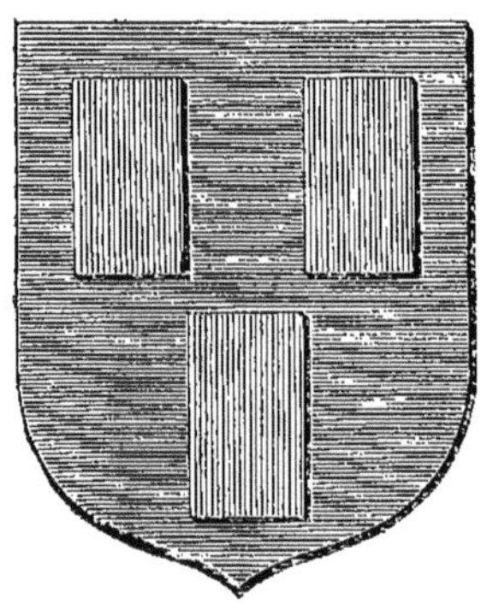

Michel Anglici, originaire de la Normandie, se trouvait à Rome, lorsque la nouvelle de la mort de Georges d'Ornos parvint au pape. Il fut aussitôt nommé pour lui succéder et reçut la consécration épiscopale le 27 du même mois de novembre.

Pour se conformer à l'usage, il prêta entre les mains de Roger de Foix, évêque de Tarbes, recteur du Comté-Venaissin, l'hommage qu'il devait au Saint-Siège pour les fiefs de sa mense.

Il assista, en 1456, au Concile provincial que présidèrent à Avignon le cardinal Pierre de Foix, légat du Vénaissin, et Alain de Coëtivy, évêque d'Avignon.

Le 12 juin 1459 fut une journée d'émeute pour la ville de Carpentras. Quelques infortunés citoyens, se trouvant dans l'impossibilité de payer les dettes qu'ils avaient contractées envers des juifs, se virent poursuivis par ceux-ci avec acharnement. Robert Martini, notaire de la ville, prend ouvertement leur parti. Ses trois fils le suivent dans la rue, où il ameute la population et en appelle aux armes. En vain les officiers pontificaux veulent protéger les Juifs contre la foule, et leur épargner les horreurs qui partout ailleurs les frappèrent ; ils se voient impuissants à lui résister. La population, fort excitée, enfonce aussitôt les maisons juives, pille, égorge sans pitié tous ceux qu'elle peut atteindre, si bien que le soir venu, on put relever soixante cadavres israélites.

Lorsque l'ordre fut rétabli, on rechercha vainement Martini, l'auteur de ce désordre ; mais on mit la main sur plusieurs de ses complices et on les condamna pour l'exemple. Mais il resta dans la ville un ferment de discorde qui fut longtemps à se calmer ; et, en 1462, les Juifs, voulant user de représailles, assommèrent le vicaire de la Judicature (1).

Nous sommes bien loin, on le voit, de l'accord intervenu entre l'évêque et la colonie israélite, en 1276, par lequel les Juifs prirent l'engagement, à raison de la protection qui leur était accordée dans les États du Pape, de ne jamais faire de l'opposition au gouvernement pontifical. Malgré cela, les papes continuèrent à les favoriser, ce qui explique le grand nombre de leurs

(1) *Les Juifs dans les Etats français du Saint-Siège au Moyen-Age*, par M. de Maulde. — Bulletin archéologique de Vaucluse, 1879, pag. 111. — Délibérations du Conseil de ville de Carpentras, registre BB, 81. — Inventaire des droits de l'évêque à la bibliothèque d'Inguimbert, manuscrit n° 535, folio 59, verso ; etc., etc.

familles qui étaient venues chercher un asile sur les terres du Comtat.

Michel Anglici eut à revendiquer l'île de Cadenet près Mornas, acquise par le cardinal d'Albano et Raimond de Lanconia pour le compte de la mense épiscopale, après la mort de Hugues de Lésignan. Les officiers du roi de France reconnurent officiellement les droits de l'évêque et lui rendirent les biens dont ils lui contestaient la propriété, le 6 octobre 1462.

Ce fut sous l'épiscopat de Michel Anglici, que la ville acquit, le 10 avril 1470, d'Enéas Audardy, dit Champenois, l'ancien hôtel de ville, qui était contigu à la tour de l'horloge. Une incendie terrible le détruisit le 22 novembre 1713, et la ville acquit ensuite, le 3 juillet 1738, du marquis de la Roque, l'hôtel de ville actuel, dont elle fit réparer la façade en 1740.

Cottier fait siéger en 1475 Jean de Montmirail, et se base pour cela sur une requête qui lui fut adressée par les habitants de Chaumont en Bassigny, dans laquelle il est qualifié d'évêque de Carpentras. Mais c'est là évidemment une erreur, car Jean de Montmirail fut évêque de Vaison de 1469 au 3 juin 1479, date de sa mort (1).

Michel Anglici, devenu malade, songea à se retirer, et, le 28 mars 1471, il fit à cet effet une procuration à Pierre Viticola, son neveu, pour aller à Rome se démettre de son évêché entre les mains du pape (2).

Il testa le 26 août suivant, et rendit son âme à Dieu le 27 septembre de la même année.

(1) *Gallia Christiana*, tome 1er, page 933.
(2) Vitraux du chœur de la cathédrale.

Il fut inhumé dans la cathédrale, et on plaça sur sa tombe l'inscription suivante (1) :

MEMORIE DNI MICHAELIS ANGLICI
THEOLOGIE PROFESSORIS
EPI CARPEN.
NATIONIS NORMANNIE
CVIVS ANIMA IN PACE REQVIESCIT

Armes : D'*azur à trois billettes de gueules, posées 2 et 1* (2).

(1) Archives de l'Hôtel-de-Ville, même registre, fol. 72. — Farel, pag. 256. — Michel Anglici avait amené avec lui un de ses parents, Jean Anglici, qui fut nommé régent des écoles en 1474 (mêmes archives, série BB. reg. 91), et qui devint official de l'évêque Frédéric de Saluces en 1475. (P. Justin, mns., page 72.)

(2) Vitraux du chœur de la cathédrale.

LXXX

JULIEN DE LA ROVÈRE

(1472)

Julien de la Rovère, une des gloires du pontificat romain, naquit au bourg d'Albizale, près de Savone, en 1443. Il était fils de Raphaël de la Rovère et de Théodore Manerola, et atteignait à peine ses 29 ans lorsque le pape Sixte IV, son oncle, le nomma à l'évêché de Carpentras (1). Depuis quelques années déjà il était abbé commandataire de Notre-Dame-du-Grès, et le pape l'avait, en 1471, créé cardinal du titre de Saint-Pierre-ès-Liens. Cette rapide élévation aux dignités ecclésiastiques nous donne la preuve des mérites et des vertus du nouvel évêque.

Né avec un génie guerrier, il était doué d'une indomptable énergie, et sut, dans cette époque de luttes, porter sans faiblesse la houlette pastorale.

(1) Le Conseil de ville prit connaissance, le 8 janvier 1472, des lettres annonçant la nomination de Julien de la Rovère. (Mêmes archives et registre, fol. 76.)

Il passa quatre ans à peine sur le siège de Carpentras (1), et fut nommé à l'évêché d'Avignon en 1475. Le pape Sixte IV, son oncle, qui l'affectionnait beaucoup, térigea, le 21 novembre de la même année, à sa sollicitation, le siège épiscopal d'Avignon en archevêché, et lui donna comme suffragants les évêchés de Carpentras, de Cavaillon et de Vaison qu'il détacha, comme Avignon, de la province ecclésiastique d'Arles.

L'année suivante, il succéda au cardinal Charles de Bourbon comme légat du Comté Venaissin, et après avoir successivement occupé les sièges d'Albano, d'Ostie et de Bologne, il fut élu à la papauté le 1er novembre 1503. Il occupa dix ans le trône apostolique, et mourut à Rome le 21 janvier 1513. Il fut inhumé dans son église cardinalice de Saint-Pierre-ès-Liens.

Armes : D'*azur au chêne d'or, les branches passées en double sautoir.*

Son sceau comme légat portait : légende en minuscules gothiques : *S. Juliani Mis. Div. Cardinalis sti Petri e vincul. legat.* Dans le champ, la scène de la délivrance de saint Pierre des liens de sa prison. Au-dessus, dans un édicule d'architecture romane, la Vierge à mi-corps tenant l'Enfant-Jésus sur son bras droit ; tous les deux sont nimbés. Au-dessous, un écu au chêne des la Rovère, timbré du chapeau de cardinal à huit houppes. (Blancard. *Iconographie des Bouches-du-Rhône*, planche 110.)

(1) On trouve dans les mélanges de Baluze (tome IV, pag. 527) un bref par lequel Sixte IV écrivit à Charles, duc de Bourgogne, le 21 mars 1472, pour s'excuser de n'avoir point fait cardinal le candidat proposé par ce prince, disant qu'il avait préféré son neveu, Julien de la Rovère, ancien évêque de Carpentras, et aujourd'hui de Lausanne. Il est probable que, l'évêché d'Avignon venant à vaquer, Julien ne prit jamais possession de celui de Lausanne.

LXXXI

FRÉDÉRIC DE SALUCES

(1474)

Frédéric de Saluces, doyen de l'église de Saluces, abbé de Sainte-Marie-de-Stapharde, en Piémont, conseiller du duc de Savoie et recteur du Comté Venaissin, fut nommé par le pape pour succéder au cardinal de la Rovère. Il était fils du marquis Louis de Saluces et d'Élisabeth Paléologue de Montferrat et petit-neveu du pape Clément VII.

Cette famille, l'une des plus illustres de la Savoie, n'était pas inconnue dans notre Midi, et, en particulier, à Carpentras, lorsque le pape éleva Frédéric de Saluces à l'épiscopat.

Amédée de Saluces, créé cardinal par Clément VII, en 1383, joua un rôle important dans les affaires du grand schisme. Il posséda un bénéfice à Bollène, légua par testament sa bibliothèque à l'Université d'Avignon, et fonda un anniversaire dans la cathédrale de Carpentras.

Vers la même époque, Pierre de Saluces occupait avec distinction le siège épiscopal de Mende.

Un rameau de cette famille dut même se transplanter pendant quelques années dans le pays, car un de ses membres habita Malaucène, et Jacques de Saluces fut élu syndic de Carpentras en 1479.

Frédéric de Saluces, voulant se consacrer entièrement à l'administration de son diocèse, se démit bientôt de ses fonctions de recteur. Il administra avec sagesse, soit par lui-même, soit par Jean de Montebello, son vicaire-général, et mourut en 1483.

Armes : *Équipolé de cinq points d'argent à quatre d'azur* (1).

(1) Ughelli dit qu'il portait : *D'argent à la croix de Piémont d'azur*, ou bien encore : *D'or au chef d'azur*.

LXXXII

PIERRE V DE VALLETARIIS

(1483)

Pierre de Valletariis n'avait que 22 ans lorsque le pape Sixte IV, son oncle, par bulles du 24 septembre 1483, le nomma au siège épiscopal de Carpentras. Il appartenait à une ancienne maison de Savone, transplantée plus tard à Gênes, où il naquit, et à laquelle appartenait Antoine de Valletariis, évêque de Brugnato (1).

Avant que la nouvelle de sa nomination fût parvenue à Carpentras, les chanoines de la cathédrale, croyant pouvoir user du droit de nomination que les papes

(1) Ughelli, tom IV, pag. 687. Un membre de cette famille dut faire souche dans le pays, car je trouve un Pierre de Valletariis, recteur de la chapellenie de Sainte-Catherine dans l'église de Modène, en 1550. (Voir aux archives départementales de Vaucluse, *Nomina et loca beneficiorum diœc. Carp.*, pag. 36.)

avaient autrefois délégué aux chapitres dans les temps difficiles, avaient élu, pour succéder à l'évêque défunt, Jacques Alberti, chanoine de la cathédrale. Ils s'empressèrent de notifier cette élection au pape, en le suppliant très humblement de la confirmer. Mais le pape, fort mécontent de cet acte d'indépendance, adressa, le 16 octobre, un bref aux syndics et au peuple de la ville, pour se plaindre qu'une ville immédiatement soumise à l'autorité pontificale eût osé procéder à cette élection et se prévaloir ainsi d'un droit qui ne lui appartenait pas.

Jacques Alberti ne voulut pas d'ailleurs persister dans ses prétentions, il se soumit bien au contraire et fit donner sa démission par procureur entre les mains du pape lui-même. Mais ces difficultés retardèrent néanmoins la prise de possession de notre nouvel évêque, qui ne reçut la consécration épiscopale qu'en 1486.

Vers la même époque, le chapitre fut accusé auprès de Constantin Heruli, évêque de Spolète, recteur du Comté-Venaissin, de dire le même office que celui des Templiers, condamnés par l'Église. Raimond Bruni, licencié aux droits, chanoine de l'Église d'Apt, prieur de Villes et benéficier de la cathédrale de Carpentras, voulut défendre lui-même le chapitre et prouva que, dès l'origine de l'Église, on n'avait cessé de réciter à Venasque et plus tard à Carpentras l'office divinement institué par saint Trophime, archevêque d'Arles, et dont saint Siffrein avait expressément approuvé l'usage (1).

(1) Raimond Bruni intima sa démarche, le 28 novembre 1486, aux membres du chapitre : Jean Nobleti, docteur ès-décrets, archidiacre ; Guillaume de Casabona, sacristain ; Tristan de Valleguerio, précenteur ; Bertrand de Wariponte, André de Affiis, chanoines, etc. (Mns. de Curel à la bibliothèque d'Avignon, n° 59).

Le 24 février 1500, l'église du couvent des Dominicains, fondé en 1312, fut consacrée, au milieu d'une grande pompe, par Arnaud de Calvero, évêque d'Ancône (1).

Dans le courant de la même année, Pierre de Valletariis fit construire, sur la cime la plus élevée du mont Ventoux, la chapelle de la Sainte-Croix, qu'il enrichit d'un reliquaire et qui devint bientôt, malgré les difficultés et les longueurs de la route, un lieu de pèlerinage où vinrent tour à tour les pénitents de Carpentras, d'Avignon, du Dauphiné, de la Provence et du Languedoc (2).

Le pape Jules II de la Rovère eut l'évêque de Carpentras en grande estime et lui en donna constamment des preuves éclatantes. Par sa bulle de 1507, il l'exempta, lui, ses clercs, les officiers des châteaux de sa mense et de ses prieurés, de la juridiction du Recteur, du juge de la Cour suprême et du légat. Peu après, il le nomma prélat de sa maison.

Pierre de Valletariis, donna son approbation, en 1508, aux règlements nouveaux des chanoines et des bénéficiers de la cathédrale ; et, en 1511, il plaça sous le vocable des cinq plaies de Notre-Seigneur l'œuvre des pénitents noirs de la Miséricorde, établie par Bérenger Fornéry, en 1317.

Après la mort du pape Jules II, Léon X, son successeur, continua de témoigner à l'évêque de Carpentras toute l'estime dont l'avait honoré son prédécesseur. Le

(1) Archives municipales, G. G., n° 59, carton relatif au collège de la ville confié aux Dominicains.

(2) Barbier, page 158.

16 décembre 1513, il confia à Pierre de Valletariis la double charge de vice-légat et de recteur du Comté-Vénaissin. Celui-ci quitta toutefois la rectorie dans le courant de l'année suivante et ne conserva que la charge de vice-légat, qu'il exerça fort sagement tant qu'il vécut.

Son épiscopat fut troublé par des pertes considérables qu'il eut à subir, et dont la cause ne nous est pas connue. Son palais, ses châteaux, ses campagnes furent indignement dévastés et ses meubles, son argent, ses bijoux et ses papiers eux-mêmes furent pillés, sans qu'on ait pu mettre la main sur les coupables.

Léon X adressa, à cette occasion, au sacristain du Chapitre, le 15 juillet 1513, en le chargeant de le publier, un monitoire ordonnant à tous les détenteurs des biens de l'évêque, de les lui restituer sans retard.

Pierre de Valletariis mourut à Rome au commencement de l'année 1517.

Armes : *d'or au lion de gueules lampassé et couronné de même* (1).

(1) Ughelli, tom. IV, page 987.

LXXXIII

LE CARDINAL JACQUES II SADOLET

(1517)

Le XVe siècle venait de finir. Ses premières années avaient été marquées par les malheurs du grand Schisme, et il vit, sur son déclin, se lever, pour les lettres, les sciences et les arts, une renaissance d'une incomparable fécondité. Tandis que les Universités de Louvain, de Dôle, de Poitiers, de Caen, de Nantes et de Bordeaux se fondaient sous l'influence religieuse, les docteurs et les savants ne pouvaient manquer de se multiplier.

Après la mort de Jules II, Léon X montait sur le trône de saint Pierre et inaugurait ce grand *siècle des Médicis*, qui devait être pour l'Eglise et pour la France une époque mémorable. C'était au lendemain de Marignan. Léon X avait conquis l'estime de François Ier, son ennemi de la veille, et avait posé à Bologne les bases de ce concordat célèbre qui déchirait la vieille pragmatique et devait, trois siècles durant, régir l'Église de France (1).

Le XVIe siècle commençait, lui aussi, souriant de promesses. L'essor des sciences et des arts était prodigieux, les éléments de progrès et de culture intellectuelle s'épanouissaient d'une manière véritablement admirable, et chaque branche des connaissances humaines fournissait des hommes illustres. Une des grandes figures de cette grande époque fut, sans contredit, le cardinal Sadolet, qui succèda à Pierre de Valletariis sur le siège épiscopal de Carpentras.

Si, sous de tels guides, l'intelligence humaine eût continué de suivre dans son développement la voie tracée par l'Eglise, la civilisation aurait agrandi le cercle de ses conquêtes pour le bonheur des peuples ; malheureusement la Réforme vint la précipiter sur un chemin bordé d'écueils. Des apostats, Luther, Zwingle, Calvin, poussés par l'orgueil, se déclarèrent contre l'autorité souveraine du pape, et, sous prétexte de controverses religieuses, ils déchaînèrent sur l'Europe entière une des plus sanglantes révolutions connues dans l'histoire de l'humanité.

Jacques Sadolet naquit à Modène (Italie), le 12 juillet 1477. Son père, Jean Sadolet, savant jurisconsulte, professait le droit à Pise et à Ferrare, où il jouissait d'un très grand crédit. Sa mère, Madeleine Bembo, était la tante du cardinal Pierre Bembo, une des lumières de cette grande époque, dont le nom se trouve souvent mêlé à l'histoire de notre illustre évêque.

(1) De Berluc-Perussis, *François Ier à Avignon.*

Son éducation fut très soignée, et sa précoce intelligence fit dans les lettres des progrès étonnants. Pierre Bembo et lui suivirent les cours de maîtres habiles, ceux entre autres de Nicolas Leoniceno, qui les surpassait tous par l'étendue de son savoir.

Tous les grands auteurs de l'antiquité lui devinrent familiers, et une de ses joies était de porter avec lui, dans ses voyages ou ses promenades, les œuvres de Virgile et de Démosthène, sorties récemment des presses de Venise, et qu'il aimait à lire et à méditer, assis au pied d'un arbre, lorsque la route l'avait fatigué (1).

Il avait vingt-deux ans à peine lorsque le cardinal Carraffa, archevêque de Naples, qui habitait Rome une grande partie de l'année, se l'attacha en qualité de secrétaire. L'illustre cardinal vit tout le parti que l'Église pourrait tirer un jour de l'intelligence de son jeune protégé, et il n'eut pas de peine à diriger ses pas vers l'état ecclésiastique, où sa piété et la maturité de son esprit le portaient naturellement.

Le Cardinal lui obtint rapidement un canonicat du chapitre de Saint-Laurent *in Damaso*, et, sa situation ainsi assurée, il put se livrer à toutes ses études de prédilection. Il se fit bientôt une réputation de science qui le mit en rapport avec tous les savants et les cardinaux de Rome.

La mort du cardinal Carraffa, en 1511, fut pour Sadolet une épreuve dont il eut peine à se remettre. Frédéric Frégosse, évêque de Gubbio, s'empressa de lui offrir un asile dans son palais. Il y trouva à profusion des manuscrits de tous les âges, les chefs-d'œuvre

(1) Florobelli, *Vie de Sadolet*, pag. VIII, tom. V.

de l'imprimerie naissante, des reliques de l'archéologie antique et un jardin vaste et solitaire où il pouvait se promener et méditer tout à son aise

Les auteurs de l'antiquité ne furent pas, avec ses études théologiques et philosophiques, le seul objet des études du jeune Sadolet. Il cultiva aussi la muse avec succès, et il avait seize ans à peine lorsqu'il fit son poëme *De Caio Curtio et de Curtio lacu.*

La reconnaissance lui dicta son deuxième poëme, *Ad Octavimo et Fredericum Fregosos Genuenses.*

Une des pages les plus émouvantes de la jeunesse de Sadolet, qui nous montre l'importance qu'il s'était acquise déjà dans le monde savant, se rattache à une découverte qui fit à Rome une émotion profonde. C'était au mois de janvier 1506. Des paysans étaient à travailler un champ tout près des Thermes de Titus. Tout à coup ils découvrent un bloc de marbre, qui dormait là depuis des siècles, et qu'ils arrivèrent à dégager complètement, avec des précautions infinies. Un spectateur, saisi d'admiration à la vue du groupe, se hâte d'aller chercher Sadolet. Celui-ci accourt ; il examine le bloc qui vient d'être rendu à la lumière et comme à la vie, et il ne peut contenir son enthousiasme, car il a reconnu le Laocoon, tel que Pline l'avait décrit. Les grands artistes de Rome accourent à leur tour ; le bruit de la précieuse découverte se répand dans la ville, et le groupe merveilleux, orné de fleurs et de verdure, est transporté triomphalement au palais du Vatican, au milieu des acclamations enthousiastes de la foule. Ce spectacle inspira à Sadolet son troisième poëme, qui nous a été conservé et qui fut fort admiré par ses savants contemporains.

Cependant Jean de Médicis avait été élu pape le 11 mars 1512, et il avait pris le nom à jamais illustre de Léon X. Avant même de sortir du conclave, le nouveau pape choisit Jacques Sadolet et Pierre Bembo, comme secrétaires des brefs, voulant mettre à profit leur brillante intelligence et leur foi solide. Au milieu des splendeurs de la cour pontificale, Sadolet ne perdit rien de sa simplicité native, de son désintéressement naturel et de sa bienveillance pour tous. N'ayant pour subvenir aux nécessités de la vie que les trois cents écus attachés à la dignité dont il était revêtu, il passa quatre années, donnant tout son temps aux devoirs de sa charge et consacrant à l'étude les rares heures de liberté dont il pouvait disposer. Il s'appartenait si peu et il avait un tel dégoût des biens de ce monde, que Pierre Bembo crut un jour devoir demander une soutane pour lui au pape lui-même. Léon X, qui l'affectionnait beaucoup, profita de la vacance du siège épiscopal de Carpentras, à la mort de Pierre de Valletariis, pour y nommer Jacques Sadolet, son illustre secrétaire, le 19 mai 1517.

Celui-ci, absent de Rome, se trouvait alors en pèlerinage à N.-D. de Lorette. A la nouvelle de son élévation à l'épiscopat, bien loin de se réjouir, il éprouva une grande peine et fit tous ses efforts pour éloigner de ses épaules une charge aussi lourde. Léon X ne voulut pas néanmoins se priver des services du savant prélat et le dispensa de la résidence.

Il dut se résigner à cette obligation, mais ce fut une nouvelle peine pour lui de ne pouvoir présider lui-même aux destinées de son Église de Carpentras. Il pourvut à son administration par le ministère de ses vicaires-généraux, Barthélemy Rupario, Gaufridy et Barthélemy de Castellane, protonotaire apostolique.

Mais quoique retenu à Rome par les devoirs de sa charge, le nouvel évêque ne perdit point son diocèse de vue. A sa prière, Léon X, par bref du 11 novembre 1517, autorisa les syndics de Carpentras à prendre le titre de consuls, avec la faculté d'envoyer des courriers portant des masses d'argent et ayant à leur robe les armes de la ville.

Nous avons parlé souvent de la reconstruction de la cathédrale. Cette œuvre magnifique coûta plus d'un siècle de travail et de sacrifices à nos pères, et souvent même, pendant ce long espace, on dut l'interrompre, faute de ressources suffisantes. Jacques Sadolet, désirant voir le couronnement de cette œuvre, obtint du pape, le 16 mars 1519, un bref accordant une indulgence plénière à tous ceux qui visiteraient cette église et aideraient à son achèvement.

Le 24 octobre 1520, Barthélemy de Castellane présida un synode diocèsain pour remettre en vigueur parmi le clergé la vieille discipline ecclésiastique, qui avait pu s'altérer pendant les troubles du Schisme.

Mais toutes les éclatantes qualités de Sadolet ne faisaient qu'augmenter les regrets de son clergé de ne pas le posséder. Pour lui témoigner le désir de le voir et d'apprécier plus directement ses mérites, ses prêtres se cotisèrent pour lui faire, en 1519, l'hommage d'une somme de 531 florins. (1)

Le 1er décembre 1521 le pape Léon X mourut, après un pontificat de neuf ans à peine. Adrien VI, pontife

(1) L'abbé Ricard, *Histoire du cardinal Sadolet*, Avignon, Seguin, 1872.

austère qui lui succèda, ne partageait pas pour les lettres les goûts de son prédécesseur ; et Sadolet, heureux de voir qu'il ne serait pas maintenu dans ses fonctions, put songer à se rendre, comme il l'avait demandé si souvent, dans sa ville épiscopale. Il quitta donc Rome, où son départ fut un deuil public, et, après trente quatre jours d'un pénible et périlleux voyage, il put arriver à Carpentras dans le courant du mois d'avril 1523.

Son arrivée dans son diocèse fut un grand évènement pour la ville, où il fut accueilli avec un enthousiasme indescriptible. Malheureusement son séjour devait y être de courte durée.

Adrien VI mourut, moins de deux ans après son élévation à l'épiscopat. Clément VII fut élu pour lui succéder, le 29 novembre de la même année. Le nouveau pape professait pour l'évêque de Carpentras la même estime dont l'avait honoré Léon X, et il se hâta de le rappeler auprès de lui avec la même charge qu'il avait occupée déjà à la cour pontificale. Sadolet ne put se dispenser d'accepter de nouveau ce poste de confiance, mais il obtint la promesse d'être rendu à son diocèse trois ans après. Pendant cette période, il fut associé à toutes les affaires importantes de l'administration pontificale, et le biographe de Clément VII, Fiordibello, ajoute : Plût à Dieu que ce pontife eût toujours suivi les sages conseils de Sadolet, car il eût évité tous les malheurs qui marquèrent son règne.

Sadolet vit arriver avec joie l'époque prochaine de son retour à Carpentras. Il confia à un navire qui allait faire voile pour la France ses riches collections, ses tableaux et sa blibliothèque ; mais à peine le navire est-il en pleine mer, que la peste vint à fondre sur l'équipage. Le capitaine et un de ses compagnons survécurent seuls au terrible fléau. Le navire, repoussé à son arrivée en France, disparut sans retour. Cette perte irréparable fut pour Sadolet la cause d'un violent chagrin, dont il fut longtemps à se remettre.

Le 11 mai 1526, Sadolet obtint de Clément VII un nouveau bref dans lequel l'authenticité du Saint-Mors est reconnue une fois encore. Pour lui donner plus d'importance en l'entourant de plus de respect, il restreint au jour de la fête de saint Siffrein la permission d'exposer solennellement la sainte relique ; enfin il accorde, pendant trois ans, une indulgence plénière à tous ceux qui assisteront à l'exposition du Saint-Clou ou qui visiteront l'église de Saint-Siffrein le jour de sa fête. Cet hommage et ces faveurs furent confirmés par un autre bref du même pape, daté de Bologne le 8 novembre 1529. (1)

Le 17 avril 1527, quinze jours avant le sac de Rome par le connétable de Bourbon, Sadolet quitta Rome pour revenir à Carpentras, où il arriva le 3 mai. Un de ses premiers soins fut de faire dresser l'inventaire des reliques insignes renfermées dans le trésor de son église, et de faire terminer les derniers travaux d'ornementation de la cathédrale, qu'il dota de deux superbes chandeliers en argent, de deux mitres magnifiquement brodées et d'un ostensoir enrichi de pierres précieuses.

L'année suivante, l'évêque eut la consolation de procéder à la cérémonie solennelle de la consécration de la cathédrale, au milieu d'une foule considérable de fidèles.

(1) *Le Saint-Mors de Carpentras et son reliquaire*, page 20.

Enfin il confia au pinceau de Vincent de Marmonde le soin de décorer quelques-unes des chapelles latérales de peintures pieuses (1). M. le curé Illy a été assez heureux pour retrouver, sous une couche épaisse de badigeon, quelques-unes de ces peintures, et pour en assurer la conservation par une restauration intelligente.

Ayant trouvé enfin dans le silence de son palais le repos d'esprit après lequel il soupirait depuis si longtemps, Sadolet s'adonna complètement à l'étude et à l'exercice de sa charge pastorale. Après avoir commenté, avec l'autorité qui s'attachait à son talent, les psaumes L et XCIII, il fit un commentaire en latin de l'épître de saint Paul aux Romains, qu'il dédia à François Ier, ce roi si populaire, dont le titre le plus glorieux fut celui de *Père des lettres*.

Mais le travail le plus complet, celui qui, de nos jours surtout, devait être le plus répandu, c'est son *Traité de l'éducation* (2), où rien n'est oublié des devoirs réciproques des parents et des enfants et où les instituteurs de notre temps devraient apprendre comment ils peuvent former les jeunes âmes qui leur sont confiées pour la science et la vertu. On n'était pas alors sous le régime de l'*école neutre*, nom menteur sous lequel l'enseignement officiel abrite de nos jours une audace irréligieuse, qui ne prend même plus la peine de dissimuler, et dont le caractère est l'athéisme et l'impiété.

Sadolet, usé par l'étude, et craignant que son goût pour les travaux de l'esprit ne fût une occasion de négliger les obligations de sa charge, demanda au pape Clément VII de lui donner dans la personne de Paul

(1) Archives municipales, travée 6, regist. 142, rayon 1.
(2) Traduit par notre compatriote M. Charpenne.

Sadolet, son neveu, un coadjuteur qui fût un autre lui-même et qui lui permît de présider longtemps encore aux destinées de son diocèse. Le pape, qui déjà appréciait le caractère et les mérites du jeune Sadolet, n'hésita pas à le lui accorder vers la fin de l'année 1533.

Clément VII mourut à Rome, le 25 septembre 1534. L'apostasie de Luther avait déjà jeté dans le monde chrétien un ferment de discorde et de relâchement qui devait le diviser bientôt. Un des premiers soins de Paul III, successeur du pape défunt, fut d'appeler à Rome six personnes des plus recommandables par leur science et leur vertu, et de leur demander les réformes les plus urgentes pour le bien et l'intégrité de l'Eglise, déjà battue en brèche par les erreurs de Luther. Sadolet fut du nombre et se hâta d'obéir à la voix pressante du pape.

Quand il eut terminé le travail qui lui avait été confié, Sadolet s'apprêtait à rentrer dans son diocèse, lorsque Paul III, voulant l'attacher pour toujours à la cour romaine et récompenser ses mérites, le créa cardinal dans le consistoire du 22 décembre 1536.

Associé dès lors plus intimement au gouvernement de l'Église, le nom du cardinal Sadolet se trouve mêlé aux négociations les plus importantes de son temps. C'était l'époque où les querelles de François Ier et de Charles-Quint menaçaient de troubler la paix de l'Europe. Paul III redoutait pour le bien de l'Église, déjà menacée, les conséquences de la guerre et se fit le négociateur infatigable de la paix. Il obtint que les deux princes viendraient à Nice conférer avec lui et il les y amena à signer, le 18 juin 1538, une trêve de dix ans. Le pape fut puissamment aidé dans cette difficile mission par le

17

cardinal Sadolet, qui fit entendre aux deux puissants monarques de respectueuses mais énergiques remontrances.

Se trouvant ainsi à proximité de son diocèse, Sadolet demande au pape la consolation de le visiter. Car, comme le dit un de ses biographes, l'air de Rome n'était pas favorable à sa santé, ni si agréable que celui de Carpentras ; il ne respirait avec joie que l'air de sa ville épiscopale et il n'en sortit jamais qu'à regret et par ordre du pape. Paul III ne put lui refuser cette satisfaction et il lui permit même de passer sept ans au milieu de son peuple.

Le cardinal Polus, une des gloires du Sacré-Collège, profita du retour de l'évêque de Carpentras dans son diocèse, pour venir passer avec lui tout l'été de 1538.

C'est vers la même époque que se passe une des plus touchantes pages de l'histoire de Sadolet.

François Ier guerroyait avec le duc de Savoie, et avait pris à sa solde un corps nombreux de lansquenets, commandé par le comte de Furstemberg, sous les ordres de l'amiral de Brion. Ceux-ci, traversant le Vénaissin, commirent de si graves désordres dans les environs de Carpentras, que les habitants de la ville s'armèrent, tuèrent quelques-uns d'entre eux et chassèrent les autres. Le Comte furieux rassemble aussitôt ses hommes et marche sus à la ville pour la châtier. Les habitants, saisis de terreur et jugeant une défense inutile, ne savaient quel parti prendre. Mais ils comptaient sans leur évêque, qui sut trouver, au moment du danger, une résolution suprême. Comme autrefois saint Léon allant au devant d'Attila, Sadolet part pour le camp ennemi et demande à parler au comte de Furstemberg.

— Qui êtes-vous, demande celui-ci ?

— Je suis l'évêque de Carpentras, qui vient demander grâce pour son peuple.

— Laissez-moi, repart le guerrier, je tondrai tellement vos brebis qu'elles n'auront plus la force de crier.

— Mais alors, M. le Comte, au moins me permettrez-vous de parler à l'amiral ?

— Allez, dit Furstemberg, je vous attendrai.

Le cardinal Sadolet demande à parler à l'amiral de Brion, qui lui adresse la même question :

— Qui êtes-vous ?

— L'évêque de Carpentras, répond-il.

A ce nom l'amiral descend de cheval, s'agenouille, baise la main du prélat et signe aussitôt l'ordre au comte de Furstemberg de s'arrêter.

— Il était temps, repart celui-ci, car le canon allait jouer.

— Vous m'auriez bien attendu, dit Sadolet ?

— Et pourquoi, Monseigneur ?

— Le premier boulet appartenait au pasteur, répond le prélat ; les brebis ne seraient venues qu'après (1).

Cependant l'hérésie de Luther se propageait au loin et laissait pressentir déjà les ruines qu'elle allait accumuler sur la vieille Europe. Nul ne jugea plus sainement la gravité de la situation, et n'en ressentit plus justement les alarmes que le cardinal Sadolet. Il écrivit le 18 mars 1539 aux calvinistes de Genève une lettre fameuse pour les conjurer de ne pas briser l'admirable unité de l'Eglise et pour les rappeler à la concorde des enfants de Dieu.

(1) Gaillard, *Histoire de François* 1er.

Le pape, touché de cet acte de courage, lui écrivit le 5 juin suivant et lui donna tous les pouvoirs nécessaires pour informer contre les hérétiques du Comtat. L'hérésie y avait fait déjà de nombreuses victimes, et nous verrons bientôt les malheurs qu'elle attira sur nos populations.

La trêve conclue en 1538 entre François 1er et Charles Quint ne fut pas de longue durée. Dès l'année 1542 des symptômes alarmants se manifestèrent, et la paix, un moment assurée, se trouva de nouveau en péril. Le pape se hâta de rappeler le cardinal Sadolet, qu'il députa auprès de François 1er avec la mission de prévenir les désastres d'une guerre. Sadolet eut des difficultés très grandes à surmonter pour ramener la paix, qui ne fut conclue entre les deux monarques que le 18 septembre 1544.

Le cardinal Sadolet passa les dernières années de sa vie à Rome, où le retenaient les devoirs de la pourpre dont il était honoré et les infirmités précoces de sa constitution, ruinée par un travail incessant. Il s'en était remis des soins du diocèse de Carpentras à Paul Sadolet, son neveu et son coadjuteur.

Au commencement de l'automne de l'année 1547, il fut pris d'une maladie qui mit bien vite ses jours en danger. Au moment de recevoir les derniers sacrements, il voulut se faire soulever sur sa couche, pour adresser publiquement à Dieu une prière suprême. Les sanglots étouffèrent sa voix, et il ne put dire que quelques mots. Il recommanda ensuite son cher diocèse à la sollicitude de son neveu et rendit son âme à Dieu, le 18 octobre 1547, âgé de 70 ans trois mois, et six jours. Il fut provisoirement inhumé dans son église cardinalice de Saint-

Pierre-ès-liens, sans pompe aucune, comme il l'avait demandé. Ses neveux, Paul et Camille Sadolet, lui élevèrent un tombeau avec l'épitaphe suivante :

D. O. M.

JACOBO SADOLETO EPISCOPO CARPENTORACTENSI S. R. E. PRESB. CARD. VIRO MORVM GRAVITATE PRVDENTIA ET VITAE INTEGRITATE PRAESTANTISSIMO DOCTRINA ET ELOQVENTIA CVM IIS QVOS MIRATA EST ANTIQVITAS COMPARANDO.

PAVLVS SADOLETVS EPISCOPVS CARPENTORACTIS
ET CAMILLVS SADOLETVS FRATRVM FILII MOESTISSIMI
MVLTIS CVM LACRYMIS PATRVO BENEMERENTI
PRO TEMPORE POSVERVNT
VIXIT ANNOS LXX MENSES III DIES VI.

Un siècle plus tard, en 1646, le chapitre obtint que les dépouilles de l'illustre cardinal fussent réunies à celles de Paul Sadolet, son successeur (1).

On fit graver sur leur tombe commune l'inscription suivante :

(1) Mgr de Terris, alors curé de St-Siffrein, voulant s'assurer si les restes du cardinal Sadolet reposaient réellement dans la cathédrale, fit ouvrir sa tombe et trouva effectivement les deux corps de l'oncle et du neveu. Le 5 septembre 1873, ces restes précieux furent déposés dans une caisse neuve en bois de chêne, divisée dans sa longueur par une cloison pour séparer les deux corps, au-dessus de laquelle il fit placer l'inscription suivante :

OSSA
JAC. SADOLETI CARD.
ET P. SADOLETI
EPISC. CARP.

(Voir le *Comtat* des 9 et 16 octobre 1873.)

D. O. M.

JACOBO SADOLETO EPISCOPO
CARPENTORACTIS S. R. E. PRESB.
CARDINALI.
VIRO MORVM GRAVITATE PRVDENTIA
ET VITÆ INTEGRITATE
PRÆSTANTISSIMO.
DOCTRINA ET ELOQVENTIA
CVM IIS, QVOS MIRATA EST ANTIQVITAS
CONFERENDO.
PAVLVS SADOLETVS
EPISCOPVS CARPENT.
CVM NE SEPVLCHRO QVIDEM
AB EO VELLET ESSE SEJVNCTVS
CVM QVO, EJVSDEM REGENDÆ
ECCLESIÆ OFFICIO
DEO AVCTORE CONJVNCTVS FVISSET :
PATRVO DE SE OPTIME MERITO
FECIT ET SIBI.
ANNO AB ORTV SALVATORIS
M. D. L. V I.

Armes : D'*argent à trois bandes bretessées et contre-bretessées d'azur, au chef cousu d'or chargé d'un corbeau essorant de sable portant au bec un anneau d'azur.*

Le sceau épiscopal du cardinal Sadolet, de 85 mill.,

représente au *milieu* et *sous un édicule gothique : Un évêque mitré, crossé, bénissant de la main gauche, une vierge debout tenant l'Enfant Jésus dans ses bras ayant à ses côtés Saint Pierre portant une clef. Au-dessous l'écusson aux armes de l'évêque surmonté de la mitre et accosté de deux branches d'olivier, avec la légende : Sigillum Rever. Domi. Jacobi. Sadol. Epi. Carientora.* (*i* pour le *p*).

Sceau du cardinal Sadolet

LXXXIV

PAUL II SADOLET

(1547)

Paul Sadolet, neveu et coadjuteur de l'illustre cardinal dont nous venons d'esquisser la vie, naquit du mariage d'Alphonse Sadolet avec Marie Bembo.

Le cardinal Farnèse lui confia la Rectorie au mois de mai 1541, et il gouverna le Comté-Venaissin, en cette qualité, jusqu'à la mort de son oncle, en 1547.

Il prit possession du siège épiscopal le 17 novembre de la même année (1), et, déchargé des obligations de la Rectorie, il donna tout son temps et consacra tout son zèle à l'administration de son diocèse. Moins brillant que son oncle, il avait la même simplicité que lui et fit revivre sur le siège épiscopal ses vertus et son

(1) Mns. du P. Justin, à la bibl. d'Avignon, tom. I. pag. 35.

aménité. Il porta la houlette dans des temps difficiles, mais sa vigilance fut à la hauteur des dangers qu'il eut à traverser, et il ne faillit pas un seul instant aux obligations de sa charge.

Le pape Paul III l'autorisa, le 5 décembre 1547, à céder à Jean François Sadolet, son frère, le fief de Blauvac, à recevoir en échange une grange de 80 salmées et une maison sises à Bezaure. Quelques années après, en 1566, il céda à noble Claude d'Astouaud, seigneur de Murs, tout ce que la mense possédait des fiefs de St-Lambert et de Bezaure, moyennant une pension de 292 écus sur la ville d'Avignon.

Paul Sadolet eut à soutenir vigoureusement les droits de son Église dans des circonstances particulières.

Les moines de Montmajour, prieurs de Bédoin, lui contestèrent d'abord une redevance dont l'origine remontait à un temps immémorial. L'évêque revendiqua ses droits et obtint, le 10 janvier 1549, une transaction dans laquelle les moines, reconnaissant les droits de l'évêque, lui cédèrent en échange le prieuré de St-Pierre de Pernes, et s'engagèrent en outre à lui servir chaque année, au 15 août, quatre salmées de blé.

Vers l'année 1558, les officiers royaux soulevèrent à nouveau les prétentions, contre lesquelles Michel Anglici avait eu à se défendre un siècle auparavant, au sujet de la propriété de l'île de Cadenet, près Mornas, acquise pour le compte de la mense par le cardinal d'Albano et Raimond de Lanconia, après la mort d'Hugues de Lésignan. L'évêque fit cette fois encore triompher ses droits et obtint du roi Henri II des lettres patentes qui en assurèrent la propriété à ses successeurs. Il prêta, le 15 juin 1559, l'hommage qu'il devait de ce chef au roi de France.

L'année suivante, Paul Sadolet fut chargé à nouveau de la Rectorie, dont il se démit quelques mois après.

Le cardinal Hippolyte d'Este, nonce en France, se rendant en Italie vers la même époque, s'arrêta quelques jours à Carpentras auprès de Paul Sadolet, pour lequel il avait la plus grande estime. L'évêque, qui lui était également très attaché, voulut l'accompagner et profita de cette occasion pour aller rendre ses devoirs au Pape.

L'hérésie cependant commençait à exercer ses ravages dans le Comté Venaissin. Une sourde agitation ne tarda pas à se produire parmi le peuple, et il fallut toute la sollicitude de l'évêque pour éviter que la contagion ne vînt l'atteindre.

Alexandre Farnèse, légat du Comté-Venaissin, et Fabrice Serbelloni, général des troupes pontificales, organisèrent la défense du pays, menacé par l'armée des huguenots, que commandait le baron des Adrets. Le danger était si pressant que le légat écrivit le 22 décembre 1561 aux Consuls de Monteux pour les avertir que les huguenots s'apprêtaient à venir détruire leur ville et incendier leur couvent des Observantins, qui comptait déjà trois siècles d'existence. Les religieux prirent la fuite au dernier moment, et le lendemain de leur départ, 13 mai 1562, l'hospitalière maison des fils de saint François fut incendiée par ces misérables.

Cependant les huguenots comptaient quelques adhérents à Carpentras. On comprit que leur présence, alors surtout que l'ennemi était à nos portes, devenait un danger pour la sécurité de la ville, et on se vit dans la nécessité de les expulser. L'un d'eux, nommé Dalmas, convaincu de trahison et pris en flagrant délit d'intelligence avec les gens du baron des Adrets, fut même puni de mort (1). Sa maison, qui était tout près de la cathédrale de St-Siffrein, devenue vacante, fut provisoirement assignée aux Observantins de Monteux (2).

Chassés de la ville, les huguenots allèrent au devant de leurs coreligionnaires, et leur firent entendre que la ville n'oserait même pas essayer de se défendre et qu'elle s'empresserait de leur ouvrir ses portes. Le baron des Adrets lui-même se laissa persuader et vint camper dans les environs de Carpentras le 28 juillet 1562.

Faulquet de Sainte-Jalle, gouverneur de la ville, fit fermer les portes et se prépara à soutenir le siège. Il avait avec lui sept compagnies parfaitement équipées, et tous les hommes valides vinrent se mettre volontairement sous ses ordres pour la défense de leurs autels et de leurs foyers.

Quelques jours après, les catholiques de Carpentras ouvrirent leurs portes pour courir à l'ennemi : ils jettèrent le trouble dans ses rangs et le déconcertèrent. On raconte que, peu après cette sortie, un canonnier de la ville, pointa si habilement sa couleuvrine qu'un boulet vint tomber dans la tente même du farouche baron. Dans sa colère, des Adrets jeta aux traîtres qui lui avaient annoncé la reddition de la ville l'apostrophe suivante :

(1) Le P. Justin, *Histoire des guerres de Religion*, tom. I. pag. 153.
(2) N.-D. de l'Observance à Carpentras, pag. 6 et suivantes.

Gens de Carpentras, ce sont donc là les clefs que vous m'aviez promises?

Pendant ce temps, Serbelloni, général des troupes pontificales, se disposait à venir au secours de la place, mais la bravoure de nos pères suffit à jeter le découragement dans l'armée ennemie, et des Adrets abandonna le siège dans la nuit du 3 au 4 août.

Lorsque tout danger parut conjuré, on songea à créer aux pauvres Observantins un établissement définitif et convenable. Une commission nommée à cet effet se mit à l'œuvre; la ville, qui se faisait alors un honneur de favoriser toutes les entreprises religieuses, vota des fonds importants, et, après 25 années de laborieux efforts, l'église put être livrée aux cérémonies du culte.

Nous avons donné déjà la monographie du couvent des Observantins (1); on nous permettra de glisser désormais sur son histoire, pour ne pas revenir sur des faits trop connus.

Paul Sadolet fut investi une troisième fois de la Rectorie en 1568. Le pape ne crut mieux faire que d'abandonner le gouvernement du Comtat à sa sagesse et à sa prudence, au milieu de tous les dangers qui le menaçaient.

Il mourut le 26 février 1572, laissant après lui d'unanimes regrets. L'évêque de Vaison vint officier à ses funérailles, assisté de l'évêque de Cavaillon. Un concours énorme de fidèles vint rehausser l'éclat de la funèbre cérémonie, et témoigner de la place qu'il avait

(1) *Notre-Dame de l'Observance à Carpentras*, (1563-1880). — Paul Tourette à Carpentras, 1880, brochure de 32 pages.

su prendre au milieu de son peuple. Il fut enseveli d'abord dans la Chapelle de St-Claude, et fut réuni plus tard, en 1647, aux dépouilles du cardinal, son oncle, que Monseigneur Bichi tint à honneur d'inhumer dans sa cathédrale.

Armes : *d'argent à trois bandes bretessées et contre-bretessées d'azur, au chef cousu d'or chargé d'un corbeau essorant de sable, portant au bec un anneau d'azur.*

LXXXV

JACQUES SACRATI

(1572)

Jacques Sacrati naquit à Ferrare, vers l'année 1518, d'une illustre maison que les auteurs rattachent à celle de Mayol.

La famille de Mayol était originaire du Midi de la France, où elle possédait des biens immenses dès les premières années du moyen-âge. Princière et Souveraine, elle adopta le nom héréditaire de Mayol, vers le XIe siècle, en souvenir du grand Saint-Mayol, ou Mayeul, un des siens, IVe abbé de Cluny. Les invasions sarrazines l'obligèrent à se retirer à Mâcon chez un noble parent, d'où elle se transplanta en Italie.

L'historien Sardo nous a gardé le souvenir de la belle conduite d'Hector de Mayol, de Parme, en 1248. Humbert, son fils, se fixa à Ferrare, où il quitta le nom de Mayol pour prendre celui de Sacrati, tandis qu'un autre rameau de sa famille redevenu français, vint s'établir en Velay où il posséda la seigneurie de Joux, et plus tard en Forez, où les comtes de Mayol de Lupé tiennent aujourd'hui encore un rang distingué (1).

La famille Sacrati fut féconde en prélats illustres. Un de ses membres était évêque de Camacchio en 1563 et eut pour successeur, en 1617, Alphonse Sacrati, son neveu. François Sacrati, contemporain de l'évêque de Carpentras, fut honoré lui-même de la pourpre romaine.

Le comte Jean Baptiste Sacrati, légiste distingué, eut de Marguerite Sadolet, son épouse, sœur du cardinal, dix-huit enfants, parmi lesquels l'évêque de Carpentras. Celui-ci reçut au baptême le nom de Jacques, en souvenir de ses deux oncles, le cardinal Sadolet et le chevalier Jacques Sacrati.

Paul Sacrati, également issu de cette union, fut chanoine de Ferrare et devint un des meilleurs écrivains de son siècle (2).

Enfin Flaminio Sacrati, neveu de l'évêque, se fixa à Carpentras et y vécut si saintement que les Pères capucins voulurent qu'il partageât leur sépulture.

Le jeune Jacques Sacrati était naturellement porté à la piété et aux choses religieuses et s'acquit, jeune encore, une réputation qui préludait déjà aux destinées que la Providence lui ménageait.

Nommé au siège épiscopal le 2 juin 1572, à la mort

(1) A consulter : Archives de Mayol au château de la Vigne, à Bourg-Argental (Loire) ; Cartulaire de Cluny ; *Necrologium Cluniense ; Ferrara d'oro d'all' Abbate Antonio Libonari ;* Ughelli, Sardo ; etc., etc.

(2) *Ferrara d'oro... d'all' Abbate Libonari,* pag. 131.

de Paul Sadolet, son cousin, Jacques Sacrati fit son entrée solennelle à Carpentras, le 30 septembre suivant. Les consuls et les notables de la ville allèrent le recevoir près de Monteux, et lui offrirent, suivant l'usage, du vin blanc et quelques boîtes de dragées et de confitures (1).

Le 15 octobre, il fit don lui-même à sa cathédrale de huit pièces d'étoffes brodées, représentant l'histoire de Judith et d'Holopherne (2).

Le pape Grégoire XIII lui avait déjà confié la Rectorie, et il exerça cette charge jusqu'à la fin de l'année 1576, pour l'exercer à nouveau en 1581 et enfin de 1588 jusqu'à sa mort. Il gouverna avec tant de sagesse qu'il s'attira pendant son administration une estime et une popularité générales.

Sa piété, sa prudence et son excessive charité ne le rendirent pas moins recommandable dans le gouvernement de son diocèse, où il laissa des traces profondes de son passage.

Un de ses premiers soins fut de terminer le différend qui, depuis longues années, divisait le chapitre, et qui fut réglé par une transaction du 25 avril 1575.

Il s'appliqua ensuite à une œuvre qui eût été à elle seule la gloire de son épiscopat. Les difficultés des temps rendaient difficile, pour ne pas dire impossible, le recrutement du clergé paroissial. Pour favoriser les vocations ecclésiastiques, il fonda, le 12 octobre 1581, un séminaire pour l'éducation des clercs qui se desti-

(1) Mémorial des affaires importantes qui ont eu lieu à Carpentras de 1553 à 1632. Archives municipales AA 9 f° 1.
(2) Mns. du P. Justin à la bibliothèque d'Avignon, f° 39.

naient au sacerdoce et le dota de plusieurs bénéfices importants. Il lui assigna d'abord le prieuré de Saint-Blaise de Bédoin, la chapellenie de St-Jacques à Venasque, et plus tard les prieurés de St-Étienne de Bédoin et de St-Barthélemy de Pernes. Les séminaristes portèrent un costume violet jusqu'au jour où les Jésuites reçurent la mission de fonder un séminaire et où l'œuvre de Monseigneur Sacrati lui fut adjointe avec ses revenus et ses bénéfices.

Nous avons vu déjà qu'en l'année 1447, le conseil de ville, de concert avec l'évêque Guillaume Soïberti, avait donné un asile aux pauvres orphelines dans la maison de ville. Jacques Sacrati établit, en 1577, une congrégation qui eut pour but de pourvoir à tous leurs besoins spirituels et temporels. En 1584, les syndics et les recteurs de l'œuvre achetèrent, de Jacques Eymard, une maison spacieuse de la rue Notre-Dame pour les y établir. Cette maison fut vendue plus tard, en 1676, et le prix en fut remis aux Ursulines, qui prirent l'œuvre à leur charge.

La confrérie des Pénitents blancs fut fondée à Carpentras en 1585, et demanda à l'évêque l'autorisation de construire, sous le vocable de Notre-Dame de Pitié, une chapelle, qui fut reconstruite en 1705 (1).

Dans le courant de la même année 1585, il approuva les nouveaux statuts de son chapitre, où il fonda la dignité de Pénitencier, le 10 mars 1588, sous le pontificat de Sixte V.

Un des derniers actes de l'épiscopat de Jacques Sa-

(1) Mns. de Barbier, pag. 125.

crati fut d'établir, le 9 avril 1591, un couvent de capucins dans la ville. Carpentras comptait plusieurs de ses meilleurs concitoyens dans cet ordre célèbre et parmi eux les trois frères de Chaussande, qui travaillèrent à fonder un de leurs couvents dans notre religieuse cité. Ils se logèrent provisoirement dans la rue de Gigondas, aujourd'hui rue des Frères, mais la ville et les fidèles leur fournirent bien vite les moyens de construire, sur la route de Mazan, le beau couvent que les religieuses du St-Sacrement occupent aujourd'hui (1).

Monseigneur Sacrati tomba malade peu après, il fit son testament le 2 juillet 1592 (2) et mourut pieusement dans son palais épiscopal, le 1er janvier 1593, à l'âge de 75 ans.

Sa mort fut un deuil public pour la ville et le diocèse. Les pauvres, ne pouvant contenir leurs sanglots, criaient dans les rues qu'ils avaient perdu leur père. Ses funérailles furent un triomphe et témoignèrent de l'estime et des regrets dont il était l'objet.

Son corps fut inhumé dans la chapelle de St-Claude, avec cette épitaphe :

D. O. M.

Mihi vivere Christus est et mori lucrum.
Renascentis anni et Christi circumcisi luce,
hora meridie prima, sempiternæ memoriæ Rdus Jacobus Sacratus Ferrarius,
Carpen. Episcopus Rectorque patriæ dignissimus,
Cum perfecta XV lustra binos menses et trinos
Soles complesset, gemente clero et omni populo, obiit.
Hic namque veræ pietatis, devotionis et castitatis
exemplar XX annorum VII mensium, et

(1) V. Nostradamus, Hist. de Provence, pag. 812-813.
(2) Mns. du chanoine Farel, pag. 186.

unius diei spatio ; qui episcopatum rexit,
semper fuit gregis templi, domûs morum
et rerum frugifer instaurator,
peregrinorum et pauperum affabilis altor,
Orphanotrophii et Seminarii munificus sator,
Sacri officii et sacrificii amplissimus cultor.
Ejus a secretis et domesticis præfectus dnus Joannes
Panonatus Sacrista lugens, cum omni familiâ,
optimo parenti statim juxtà hanc posuit
et dicavit urnam, mense martio MD LXXXXIII.

Le cardinal Bichi fit ouvrir, en 1664, le tombeau de Jacques Sacrati. Son corps était parfaitement conservé et *blanc comme neige*, tandis que les vêtements dont il était revêtu étaient presque entièrement détruits.

Armes : *d'azur à la pierre funéraire d'argent, chargée de deux anneaux de sable et accompagnée de six étoiles d'or, 3 en chef et 3 en pointe (1).*

(1) Ces armes sont ainsi décrites dans l'ouvrage de Libanori : *Una lapida bianca con due annelli di ferro e sopra tre stelle e tre di sotto d'oro, il tutto in campo azzuro.*

LXXXVI

FRANÇOIS SADOLET

(1593)

Jacques Sacrati, se voyant âgé et voulant se décharger du poids de l'administration, avait demandé et obtenu pour coadjuteur, du pape Innocent IX, François Sadolet, son cousin, évêque *in partibus* de Nicomèdie. Le pape étant mort avant que les bulles eussent été expédiées, Clément VIII, son successeur, se hâta de ratifier cette nomination par sa bulle du 5 des ides de février 1592.

François Sadolet, troisième enfant de Camille Sadolet et de Marie de Grandis, était le petit-neveu du cardinal et cousin de Jacques Sacrati lui-même.

Il était à Rome lorsque sa nomination fut faite, et il n'avait pu encore venir à Carpentras quand la mort vint surprendre Monseigneur Sacrati. Il se hâta de faire prendre possession de son siège par Paul-Emile Sadoet, son procureur, et vint ensuite dans sa ville épiscopale. Il y demeura peu, et, quelques mois après, il repartit pour Rome, où l'appelaient des affaires pressantes et où la mort devait le frapper.

Les Capucins purent achever, sous son épiscopat, leur établissement dans la ville. Après avoir obtenu, en 1596, une somme de trois cents livres à titre de secours, ils en obtinrent encore, en 1599, une somme de vingt-six écus pour leur permettre d'achever les constructions de leur couvent (1).

François Sadolet mourut à Rome le 23 juin 1596 et fut inhumé dans l'église de Saint André *Delle Fratte*.

Armes : *d'argent à trois bandes bretessées et contre-bretessées d'azur, au chef cousu d'or chargé d'un corbeau essorant de sable, portant au bec un anneau d'or.*

(1) Le couvent des capucins compta des religieux illustres. Etienne de Cohorn, capitaine au régiment de Flassans, embrassa leur règle et leur donna tous ses biens. Mais le plus célèbre de tous fut, sans contredit, Jean-François Boudin, en religion Père Justin, auteur de l'*Histoire des guerres de religion dans le Comtat*, et qui a laissé des travaux historiques restés manuscrits. M. Barjavel a publié sur le P. Justin, en 1859, chez M. Devillario, une notice bio-bibliographique, tirée à 50 exemplaires.

LXXXVII

HORACE CAPPONI

(1596)

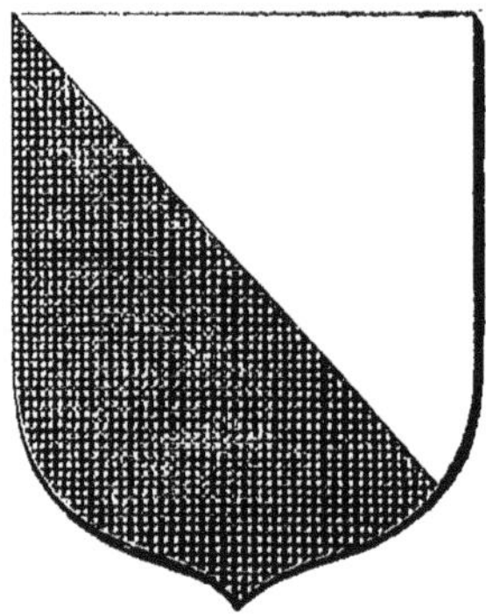

François Sadolet était mort depuis quelques jours à peine, lorsque le pape Clément VIII nomma Horace Capponi pour lui succéder.

Originaire de Florence et parent du cardinal Louis Capponi, archevêque de Ravenne, notre nouveau prélat appartenait à une ancienne maison de la ville d'Orvietto, transplantée plus tard à Florence, où elle compta dix gonfaloniers, cinquante-sept prieurs de la liberté (1) et de nombreux et vaillants capitaines.

(1) V. *La Toscane française*, par L'hermite de Solliers, pag. 223. La plus glorieuse alliance de cette famille est celle de Clarisse Capponi avec Vincentio Magaloti. Constance Magaloti, leur fille, épousa Charles Barberini, frère du pape Urbain VIII, qui eut trois fils : les cardinaux Fran-

Le 27 juin 1596, il fit son entrée solennelle dans sa ville épiscopale. Parti à cheval d'Avignon, Monseigneur Capponi arriva vers les cinq heures du soir au pont des Vaches, où était venue l'attendre une députation de son chapitre. Après les humbles révérences du prévôt et de sa suite, il revêtit son *domino* violet, et le cortège poursuivit sa route.

A quelque distance de Monteux, les consuls de Carpentras, accompagnés d'une troupe nombreuse des notables de la ville, vinrent à leur tour souhaiter la bienvenue à l'évêque.

Arrivé à la porte de Mazan, à Carpentras, Monseigneur descendit de cheval pour prendre ses habits pontificaux dans une chapelle que le chapitre avait fait dresser pour la circonstance. Revêtu de la chape et de la mitre blanche, l'évêque monta sur un cheval blanc et entra dans la ville sous un riche dais en damas cramoisi, porté par les trois nouveaux consuls et les trois anciens. Il descendit à la porte de la cathédrale, où il fut reçu avec le cérémonial accoutumé.

Le dais fut pris alors par les gens de l'évêque, et le cheval blanc, selon l'usage, par Antoine Balbi, lieutenant de l'abbé de la Basoche.

Après la cérémonie religieuse, le prélat se retira dans son palais, où M. de Sobirats, premier consul, le harangua en latin avec beaucoup de distinction.

Le renom de science qui avait précédé le nouvel

çois et Antoine Barberini et Thadée Barberini, préfet de Rome. Une branche de la famille Capponi, devenue française, a porté les titres de comtes de Feugerolles et barons de la Roche, et a produit un gentilhomme de la chambre de Louis XIII.

évêque se trouva si pleinement justifié, que le chapitre crut devoir bientôt remercier le Saint-Père de sa nomination. Le pape voulut répondre, le 13 août 1597, par un bref élogieux pour le nouveau prélat.

Son premier soin fut de donner à l'œuvre du séminaire, créé par Monseigneur Sacrati, la chapellenie de la Sainte-Croix, fondée dans l'église de Serres, en attendant qu'il pût confier le séminaire lui-même aux soins intelligents des Jésuites.

Le 17 décembre suivant, Horace Capponi succéda à Jérôme Léopardi en la rectorie du Comté-Venaissin. Cette nouvelle fonction, qu'il exerça jusqu'en l'année 1600, ne lui fit point négliger les devoirs de sa charge pastorale.

Le 20 mai 1598, il autorisa les consuls de Carpentras à porter le chaperon cramoisi et ratifia quelques mois plus tard la donation d'une somme de cent florins et d'une pension de sept écus d'or faite par le capitaine Antoine de Seguins, dans son testament du 27 août de la même année, en faveur de l'hôpital de la ville, à la condition que l'on y recevrait les pauvres français de passage (1).

Le 20 octobre suivant il transigea avec le vicaire de Mormoiron et s'engagea à lui fournir annuellement deux salmées de vin en échange de la dîme des raisins sur les terres du prieuré de St-Alban, qui fut attribué à la mense épiscopale.

Horace Capponi partit, le 9 septembre 1600, pour Rome, où des affaires pressantes le retinrent plus d'une

(1) Archives de l'Hôpital, reg. B., 71, travée 4°.

année. Il profita de son voyage pour aller vénérer à St-Maximin les reliques de sainte Magdeleine et voulut même aller faire ses dévotions à la Sainte-Baume. L'austérité des lieux, les impérissables souvenirs de l'illustre pénitente le touchèrent si fort, qu'il fit graver sur une table de marbre l'inscription suivante, dans laquelle il voulut perpétuer le souvenir de ses propres émotions :

AD SANCTAM
MARIAM MAGDALENAM

QUÆ TUA TAM RITE HIC LACRYMIS ERRATA LAVISTI,
FAC TALIS CULPAS ABLUAT UNDA MEAS.
ANGELICI CANTUS VIVENS NI DIGNER HONORE,
SPES MIHI SIT SALTEM PERFRUAR UT MORIENS.

Horatius Capponius Florentinus, episcopus Carpentoractensis, Rector Comitatus Venayssini a Clemente VIII Pont. Max. etiam pacis et catholicæ religionis in hoc regno instauratore, creatus. Post SS. Annæ et Mariæ Magdalenæ devotionis ergo visitatas veneratasque reliquias, istud venerandum invisens antrum, ibi quoque sacrum faciens, timore, tremore, amore repletus, hasce meditabatur preces, quas deinde ut etiam absens perpetuo funderet, ad tantum pœnitentiæ monumentum transmisit. M.D.C. (1).

Dans le courant de la même année, il avait présidé déjà à la restauration de la chapelle de Notre-Dame de Vie à Venasque, où il fonda peu après un couvent de Minimes, pour lequel Magdeleine Sagnet d'Astouaud, dame de Mazan, donna des sommes considérables (2).

(1) Manuscrits de Haitze, Description de la Sainte-Baume ; Faillon, tom. I, pag. 1055.

(2) Voir sur N.-D. de Vie le recueil n° VIII de la collection Tissot, à Carpentras ; Fornery, *Hist. manuscr. du Comté-Venaissin*, pag. 187 ; Courtet, *Dictionnaire des communes de Vaucluse ; Revue des Bibliothèques paroissiales*, n° du 10 avril 1852 ; l'abbé Prompsault, *Le vénéré sanctuaire de N.-D. de Vie.*

A son retour de Rome, il apprit avec douleur la sacrilège manifestation des juifs qui, le jour du Vendredi-Saint, parodiant les mystères de la passion du Sauveur, traînèrent dans les rues de la ville un homme de paille qu'ils clouèrent ensuite à une croix. L'évêque se hâta de faire procéder à une enquête sévère, et condamna les coupables à payer de leurs deniers une grande croix de marbre, qu'il fit élever devant la porte de la cathédrale, avec l'inscription suivante :

HORATIUS CAPPONIUS FLORENTINUS EPISCOPUS
CARPENTORACTENSIS, CRUCEM HANC SUMPTIBUS
HÆBREORUM EREXIT, UT QUAM IRRISERANT
MAGIS CONSPICUAM, VERENDAM AC
VENERANDAM ASPICERENT. XI FEBRUARII 1603

Cette croix fut détruite par les juifs, le 16 février 1793, et remplacée par un arbre de la liberté, qu'ils avaient d'abord planté dans leur rue.

Le 18 mai 1603, Horace Capponi fit ouvrir la châsse où reposaient les reliques de saint Siffrein et en détacha deux doigts qu'il donna l'un à l'église de Venasque et l'autre à celle de Mazan, ainsi que quelques parcelles destinées à la consécration d'autels portatifs.

Il entreprit à nouveau, quelques années après, le voyage de Rome et assista, avec de nombreux évêques, le 7 mai 1607 à l'ouverture que fit Paul V de la tombe du pape saint Léon. Il quitta Rome vers l'automne et revint dans le Comté-Venaissin avec de nouvelles provisions de la charge de recteur, dont il fut obligé de se démettre, au mois de novembre 1609, à la suite de violents démêlés qu'il eut avec les consuls de la ville.

Nous avons vu déjà de nombreux ordres religieux venir fonder des maisons à Carpentras, et cependant il manquait à la ville un ordre enseignant pour l'éducation de la jeunesse. L'épiscopat de Monseigneur Capponi vit encore cette importante et difficile fondation. Un catholique ardent, Pierre de Sobirats, chevalier de l'ordre du roi et procureur-général des Etats du Vénaissin, en fut le principal promoteur. Mais la ville d'Avignon prit ombrage d'abord du projet, et crut voir dans la proximité de Carpentras une menace pour le collège des jésuites qu'elle possédait déjà.

La ville de Carpentras s'en remit à l'intelligence de Pierre de Sobirats et le députa auprès de Paul V pour obtenir d'abord la confirmation de ses antiques privilèges et ensuite l'autorisation de confier aux religieux de la Compagnie de Jésus le collège fondé depuis longues années déjà.

Il fallut au délégué de la ville onze mois de persévérantes démarches pour aboutir, mais enfin le pape lui accorda, le 19 juin 1606, un bref qui confirmait l'établissement désiré.

La ville se mit à l'œuvre aussitôt pour faire construire le nouveau collège sur le plan dressé par le Père Martellange (1).

Ce ne fut pourtant que le XIII des calendes d'avril 1628 que Monseigneur Cosme Bardi, pro-légat d'Avignon et évêque de Carpentras, vint poser la première pierre de l'église, comme nous le verrons plus tard.

(1) Voir la Notice publiée sur le P. Martellange, jésuite, par M. Charvet, de Lyon, ainsi que la *Bibliothèque de l'École des Chartes* 1re et 2e livraisons de 1886.

C'est encore sous l'épiscopat de Monseigneur Capponi que Sébastien de Seguins, seigneur de la Roque-sur-Pernes, dont le nom est encore si noblement représenté à Carpentras, fonda dans la cathédrale, et dans la chapelle de sainte Anne, une chapellenie dont il réserva le juspatronat à ses héritiers. Il fit dresser le 12 octobre 1611 (1), l'acte de cette fondation, à laquelle il assigna une grange avec son tènement de 25 salmées de terre, au quartier de Terradou. Le revenu devait servir d'abord à l'entretien d'un recteur qui célèbrerait la messe dans la chapelle tous les jours de l'année à perpétuité, et ensuite à distribuer, le jour de la Saint-Sébastien, trois pains et un sol tournois à cinquante pauvres de la ville.

Cette chapelle de Ste-Anne appartenait depuis longues années à la famille de Seguins, qui y avait sa sépulture. Déjà, le 8 octobre 1594, Jean de Seguins, procureur général du pape et frère de Sébastien de Seguins, avait fait une fondation qui permettait aux recteurs de l'hôpital de doter chaque année deux pauvres et honnêtes filles de la ville. Ces deux filles, fiancées toutes deux à la même époque, ne devaient sortir de l'hôpital que pour aller à l'autel le jour de leur mariage. La touchante cérémonie avait lieu dans la chapelle de Ste-Anne, où le pieux fondateur avait voulu être inhumé (2).

Horace Capponi, dont la santé était ébranlée, se démit de son évêché vers la fin de l'année 1615, pour se retirer

(1) Colin Tache, notaire d'Avignon.

(2) Voir le reg. VII de la chancellerie épiscopale, f° 305; le tome IV de la collection Tissot, et la Monographie de Sébastien de Seguins par l'abbé Trichaud, pag. 63.

en Italie. Mais il garda dans sa retraite, pour sa ville épiscopale et pour son diocèse, une affection qui ne finit qu'avec lui.

Après avoir fondé le Mont-de-Piété de Carpentras, où l'on conserve encore son portrait, il donna à sa cathédrale quatre beaux chandeliers en argent et un ornement complet, brodé en or, pour servir aux offices des grandes fêtes de l'année. C'est encore à sa munificence que la cathédrale dut sa chaire (1) et ses fonts baptismaux, ainsi que les colonnes de marbre qui ornent sa façade.

Il fit son testament le 18 mars 1622, et mourut le 22, à Rome, où il avait passé les dernières années de sa vie.

Armes : *Tranché de sable et d'argent.*

(1) Cette chaire fut remplacée, en 1784, par celle que fit sculpter Mgr de Béni.

LXXXVIII

COSME BARDI

(1616)

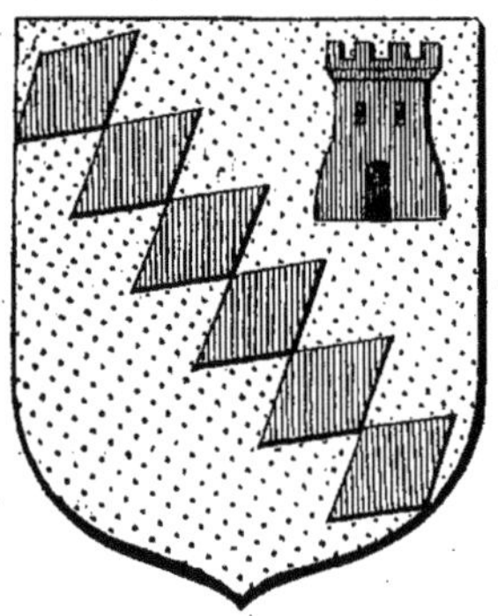

Cosme Bardi, des comtes de Verni, naquit à Florence du mariage de Jean Bardi et de Lucrèce Salviati, et descendait ainsi de deux des plus illustres familles de la ville (1). Par son père, il appartenait à une maison qui avait déjà donné à l'Église Barthélemy Bardi, évêque de Spolète ; Alexandre Bardi, évêque de Saint-Papoul ; Guillaume Bardi, archevêque d'Embrun, et Robert Bardi, chancelier de l'Université de Paris. Son

(1) Philadelfo Mugnos, en son Nobiliaire de Sicile, fait sortir les comtes Bardi d'un prince de Lombardie, et parle de leur illustration dans la Toscane et la Ligurie depuis l'an 805 jusqu'en 1316. (L'hermite de Soliers, *La Toscane française*, pag. 126).

frère, Philippe Bardi, occupait lui-même le siège épiscopal de Cortone, lorsque le pape conféra, le 16 avril 1614, à notre nouvel évêque, la rectorie du Vénaissin. Il exerçait cette charge depuis quelques mois à peine, lorsque, sur la démission de Monseigneur Capponi, Paul V le nomma au siège épiscopal, par un bref du 5 février 1616.

Le 3 mars suivant, il fit prendre possession du siège par son mandataire, Accurse de Chaussande, prieur de St-Roman (1). Après son sacre, il se hâta de venir dans son diocèse et fit, le 12 mai, son entrée solennelle à Carpentras. Il reprit alors sa charge de recteur qu'Octave Mancini, évêque de Cavaillon, avait exercée depuis le 7 août précédent.

Le 17 juillet suivant, il commença sa tournée pastorale et la fit chaque année, dans toutes les paroissses de son diocèse, avec la plus touchante sollicitude.

Son administration était si paternelle, et il sut si bien se gagner l'affection des comtadins, que les États du pays supplièrent le pape de le maintenir à la tête de la rectorie. Paul V touché de la spontanéité de cette délibération lui conserva effectivement cette charge jusqu'en 1621.

Une grande cérémonie eut lieu, le 14 mai 1617, dans le couvent des Observantins, à la suite de la réunion du chapitre provincial de l'ordre. A cette occasion, quelques étudiants soutinrent publiquement des thèses de

(1) Cette prise de possession donna lieu à un incident assez vif. Accurse de Chaussande ayant exigé que les chanoines lui prêtassent l'obédience, ceux-ci s'y refusèrent, prétextant qu'ils ne devaient jurer obéissance que l'évêque présent. (Ms du P. Justin, pag. 39).

philosophie et de théologie, dédiées à Monseigneur Bardi, qui présida lui-même cette fête (1).

L'année suivante, le 27 mai, il consacra dans sa cathédrale l'autel de saint Charles Borromée, et donna peu après le fief de St-Pierre-de-Vassols à noble Jean-Baptiste de Tonduti, moyennant 1,500 écus d'or et la redevance annuelle d'un cierge de quatre onces, le jour de la fête de saint Siffrein.

L'année 1619 fut une année d'extrême sécheresse et néanmoins de grande abondance. Cosme Bardi, non moins pieux évêque que sage gouverneur (2), voulut rendre grâces à Dieu de ce qu'il avait donné plus de biens qu'on n'en attendait cette année, et ordonna une procession générale qui eut lieu le 15 septembre, et à laquelle assistèrent quatre-vingts religieux capucins, réunis à Carpentras pour le chapitre provincial de l'Ordre.

Les lois de l'Église sur l'abstinence étaient alors plus rigoureuses qu'aujourd'hui. En effet, nous trouvons un mandement, du 28 février 1620, par lequel Monseigneur Bardi défend que l'on mange et même que l'on vende en secret ou publiquement de la viande, des œufs et du laitage pendant le carême.

Le 26 mai 1621, Cosme Bardi partit de Carpentras pour aller à Florence et de là à Rome, où il demeura deux ans. Les consuls, les gentilshommes et les bourgeois de la ville, au nombre de cent-vingt, tous à cheval, voulurent lui faire une escorte d'honneur jusqu'à l'extrémité du territoire.

(1) L'*Église de l'Observance*, pag. 17.
(2) Cottier, *Hist. des Recteurs*, pag. 274.

Le gouvernement pontifical appréciait tellement les talents et les vertus de Cosme Bardi, qu'il fut élevé, en 1623, à l'importante charge de vice-légat, qu'il exerça jusqu'au 26 août 1629.

Le 8 janvier 1624, il prescrit, par un mandement, le cérémonial à suivre pour l'exposition de la relique du Saint-Mors (1), et félicite sa cathédrale de posséder un pareil trésor. Il institue en même temps une commission chargée de rechercher les miracles opérés soit par la vertu du saint Clou, soit par l'intercession de saint Siffrein et de saint Antonin, de colliger et de transcrire sur un registre spécial les dépositions et les témoignages recueillis.

A cette époque, vivait à Carpentras un noble et pieux gentilhomme, qui consacrait aux bonnes œuvres la plus grande partie de son temps et la meilleure portion de ses biens. Étienne de Pol (2) avait épousé Lucrèce de Raffélis-Roquesante, dont il n'eut pas de postérité. Il se consacra dès lors aux œuvres pieuses et tout spécialement à la fondation d'un monastère d'Ursulines dans la ville. Il vit, après des difficultés sans nombre, le succès couronner son œuvre, et les Ursulines arriver à Carpentras le 12 janvier 1627, où elles fondèrent un couvent qui prospéra dans la suite.

Le 21 mars suivant, ce furent les religieuses du Car-

(1) Ms du P. Justin, p. 78.

(2) Étienne de Pol, dont Pithon-Curt paraît ne pas avoir eu connaissance, était fils de Charles de Pol, mort par accident, le 29 mars 1600, étant tombé dans le Rhône, en revenant d'Avignon à Carpentras. C'est la même famille à laquelle appartient M. le vicomte Oscar de Poli, ancien préfet, publiciste distingué, président du Conseil héraldique de France.

mel qui vinrent à leur tour demander un asile à Carpentras. Le renom de sainteté qui s'attachait au souvenir de sainte Thérèse, leur illustre réformatrice, décédée le 5 octobre 1582, canonisée depuis cinq ans à peine par Grégoire XV, valut à la fondation naissante les sympathies de la ville entière. Les filles du Carmel se recrutaient habituellement parmi les familles les plus distinguées du pays, ce qui donnait à leur établissement une chance nouvelle de succès. Elles acquirent la maison de M. de Manissi, rue de l'Aigle, où elles établirent un vaste couvent, dont il ne reste aujourd'hui que des vestiges. Mais l'ordre du Carmel, dispersé par la Révolution, ne tarda pas, après l'orage, à voir refleurir à Carpentras ses rameaux rajeunis ; et, aujourd'hui encore, notre ville a le bonheur de posséder comme autrefois les filles de sainte Thérèse, qui font revivre les vertus austères et cachées de leurs devancières.

Nous avons vu déjà les difficultés que Pierre de Sobirats eut à surmonter pour la fondation du collège des Jésuites, sous l'épiscopat d'Horace Capponi. De nouvelles difficultés surgirent sans doute, car ce ne fut que le 20 mars 1628 que Monseigneur Bardi vint bénir solennellement la première pierre de la chapelle. Le recteur, Perse Caraccio, assista à la cérémonie, entouré de tout ce que la ville comptait de distingué. On grava sur la pierre l'inscription suivante, pour en rappeler le souvenir (1) :

(1) Cottier, *Hist. des Recteurs*, pag. 287.

Anno sal. MDCXXVIII. — S. N. D. Urbano Papâ VIII. — Illmo Francisco Card. Barberino Legato Avenionensi. — Illmo Cosmo de Bardi, Prolegato et Episcopo Carpent. — Reverendissimo Persio Caraccio, Rectore Comitatus Venascin. — Almæ civitatis Carpentoracti Collegii Societatis Jesu et Templi hujus fundatricis, Illustres et Magnifici Consules. D. D. Guillelmus Johannis, J. U. D.; Jacobus de Grandis, eques; Poncetus Brutinel; Clero, Optimatibus, Populo processione celeberrimâ pie prosequentibus, B. B. parentibus purissimæ V. Deiparæ, S. S. Joachimo et Annæ, ædi faciendæ primum lapidem posuerunt XIII Calendis Aprilis, S. Joachimo sacro.

L'année 1629 fut marquée par un des événements les plus extraordinaires de notre histoire religieuse. La peste avait fait de grands ravages dans la ville pendant l'année 1587. Mais les années 1628 et 1629 furent particulièrement meurtrières, et le terrible fléau fit trois mille victimes dans le seul mois de novembre 1628. L'épidémie sévit pendant huit mois.

Les consuls de l'époque, Arnoul Gualteri, docteur ès-droits, Jean Scipion de Fougasse, baron de Sampson et Simon Duchaine, après avoir pourvu à tout ce que la prudence humaine put leur suggérer, ne craignirent pas de lever les yeux au ciel et de mettre officiellement la ville sous la protection de la Vierge et des Saints. Quelle leçon d'indépendance et de sagesse pour nos administrations municipales modernes, affectant d'en imposer à Dieu, et ne demandant qu'à la passion politique leurs inspirations et leur mot d'ordre !

La pieuse confiance des vaillants consuls fut exaucée, et, le 10 juillet 1629, la ville entière put entendre le tintement miraculeux de la cloche de la chapelle du Pont de Serres, qui sonnait à toutes volées sans que personne l'agitât. La population vit là une intervention céleste et se prit à reprendre courage.

L'évêque s'empressa d'ordonner une enquête sur le miracle du Pont de Serres, qui fut l'annonce de la cessation complète du fléau.

La ville reconnaissante donna à l'Oratoire le vocable, si populaire aujourd'hui, de Notre-Dame de Santé, pour perpétuer le souvenir de la puissante intervention de Marie.

Cette chapelle datait probablement de la construction du Pont de Serres, en 1401, et faillit être détruite le 22 juillet 1622, par une crue extraordinaire de l'Auzon, qui emporta le vieux pont (1).

La ville de Carpentras se hâta de fonder, en actions de grâce, dans la chapelle, une messe quotidienne et une chapellenie, dont elle se réserva le juspatronat.

Le Conseil de ville fit également plusieurs vœux aux saints protecteurs qu'il s'était choisis, et jusqu'à la Révolution les consuls ont tenu à honneur d'accomplir cet acte de pieuse reconnaissance (2).

(1) Salvatoris, dans ses Notes sommaires, dit que l'inondation eut lieu le 24 août 1622. Elle arriva à la suite d'une pluie torrentielle qui dura 14 heures, et qui causa dans la campagne des dommages évalués par les uns à deux cent mille écus, et à trois cent mille par les autres.

(2) C'est ainsi que chaque année, le jour de l'Ange Gardien, les consuls entendaient la messe à St-Siffrein et offraient six livres de cire. Le jour de Saint-Joseph, ils faisaient la même offrande aux Dames de St-Bernard, où ils entendaient aussi la messe. Le jour de Saint-Sébastien, ils ne fai-

C'est ainsi que chaque année, le 10 juillet, jour anniversaire du miracle, les consuls se rendaient à la chapelle de N.-D. de Santé pour y entendre la messe et faire une offrande de cire.

Jusqu'à ces dernières années, au jour anniversaire du 10 juillet, le maire de Carpentras, successeur des pieux consuls de 1629, est venu, en écharpe, accomplir le vœu de la ville et offrir la cire traditionnelle. Aujourd'hui l'impartiale histoire nous oblige de dire que la municipalité, imitant en cela les pratiques des jours mauvais, a renié les traditions du passé, et brisé avec les usages respectables de nos pères. La procession si populaire a été interdite au moment même où, par une amère dérision, le ciseau administratif souillait les façades de nos églises de la menteuse devise : *Liberté, Égalité, Fraternité.*

Monseigneur Bardi, au milieu des élans de foi que nous venons de rappeler, ne dut jamais penser que la ville mentirait un jour à sa parole. Urbain VIII, qui l'affectionnait beaucoup, ne tarda pas à le récompenser de son fécond épiscopat dans notre ville et le transféra à l'archevêché de Florence, son pays natal, le 9 septembre 1630. Il ne put en jouir longtemps, car il mourut le 18 avril 1631 (1).

Armes : *D'or à six losanges de gueules posés en bande, accompagnés en chef d'une tour crénelée de même.*

saient point d'offrandes, mais ils assistaient en cérémonie à la procession de la confrérie. Le jour de Saint-Joachim ils entendaient la messe au collège et offraient six livres de cire pour remplir le vœu fait à saint Joachim et à sainte Anne. Enfin le jour de la fête du B. Félix de Cantalice, les consuls allaient entendre la messe à l'église des Capucins et y faisaient la même offrande de cire.

(1) Le *Pontificium Carpentoractense* place la date de sa mort au 29 septembre.

LXXXIX

LE CARDINAL ALEXANDRE BICHI

(1630)

Alexandre Bichi naquit à Brême, vers l'année 1596, du mariage de Vincent Bichi et de Faustine Picolomini. Sa famille, une des plus illustres de l'Italie, était originaire de Sienne et avait déjà donné à l'Église deux rejetons de mérite : Metel Bichi, archevêque de Sienne, cardinal du titre de St-Alexis (1), et Cellio Bichi, auditeur de Rote.

Alexandre Bichi était, depuis le 5 mai 1628, évêque d'Isola, en Calabre, lorsque le pape Urbain VIII le nomma au siège épiscopal de Carpentras, vacant par la translation de Cosme Bardi à l'archevêché de Florence.

(1) L'Hermite de Solliers, *La Toscane française*, pag. 174.

Le pape, qui appréciait les mérites de l'éminent prélat, le choisit aussitôt pour occuper le poste important de nonce auprès du roi Louis XIII.

Monseigneur Bichi se hâta de quitter l'Italie pour venir prendre possession de son siège et pour se rendre de là à Paris où l'appelaient les devoirs de sa charge.

Arrivé le 29 octobre 1630 à Cavaillon, il expédia ses bulles à Raymond Villardi, archidiacre du chapitre et son vicaire général, afin qu'il prît possession pour lui du siège épiscopal. Cette cérémonie eut lieu le lendemain, quelques heures seulement avant l'entrée solennelle du jeune et illustre prélat.

Reçu dans l'après-midi du même jour au Pont des Vaches, suivant la coutume, par les consuls et les notables de la ville (1), Monseigneur Bichi fut accueilli avec enthousiasme par la population accourue au devant de lui. Il passa un mois à peine à Carpentras et se rendit à Paris, où l'attendaient de nouveaux succès. La distinction de sa personne, l'habileté dont il fit preuve et son dévouement pour les intérêts de la France, lui attirèrent bientôt l'amitié de Richelieu et l'estime du roi lui-même.

Louis XIII, qui récompensait largement les services qu'on lui rendait, lui donna l'abbaye de St-Pierre-du-Mont, au diocèse de Metz, et celle de Ste-Marie de Corneville, au diocèse de Rouen, qu'il échangea plus tard, avec Camille Savary de Brèves, contre l'abbaye

(1) *Mémorial des affaires importantes qui ont eu lieu à Carpentras*, f° 2 recto. Archives de la ville, AA. 10.

de Montmajour, dont la proximité de Carpentras lui rendait l'administration plus facile (1).

Après avoir séjourné quatre années entières à Paris, en qualité de nonce, Monseigneur Bichi vint habiter Carpentras, d'où il ne repartit qu'en 1637 pour aller à Rome recevoir le chapeau de cardinal que le pape lui avait accordé le 28 novembre 1633, à la prière du roi lui-même. Les élus des États du Vénaissin vinrent à cette occasion lui rendre officiellement en corps les devoirs du pays et députèrent l'élu de la noblesse et le procureur des États pour l'accompagner jusqu'à Marseille.

La cérémonie de la remise des insignes cardinalices eut lieu le 2 avril, et, peu après, le cardinal reprit le chemin de son diocèse. Une députation des États vint l'attendre au pont d'Orgon, et il rentra dans sa ville épiscopale au milieu des acclamations enthousiastes de la population.

Mais l'emploi qu'il occupait à la cour de France et la confiance dont l'honoraient à la fois le Saint-Père et le Roi, l'obligeaient à de fréquents voyages. C'est ainsi qu'il fit le voyage de Rome en 1639, 1642, 1644 et 1645, sans compter qu'il était tenu d'aller souvent à Paris, où il occupait toujours la charge de nonce. Mais les préoccupations de la vie publique ne lui firent jamais perdre de vue son diocèse de Carpentras, où il aimait à venir se reposer des luttes de la politique et se retrouver évêque.

Il entreprit et mena à bonne fin la reconstruction du

(1) *Hist. de Montmajour*, par M. de Marin, pag. 126.

palais épiscopal, dont il confia la direction à l'architecte avignonais La Valfenière. Ce palais est aujourd'hui un des plus beaux monuments de la ville, et sur la porte nous pouvons lire encore le nom de l'éminent prélat :

ALEX. CARD. BICHIVS EP.

On lui a bien reproché de n'avoir pas restauré l'arc antique qui se trouvait enseveli dans les constructions de l'ancien palais ; mais il est probable qu'il dut gémir le premier de ne pouvoir rendre à la lumière ce vieux témoin de la grandeur romaine parmi nous.

Il fit remplacer aussi le maître-autel de la cathédrale, construire et orner les deux tribunes du chœur et voûter enfin toutes les tombes de l'église (1).

Denoves (2) raconte que les ouvriers, travaillant à cette dernière réparation, trouvèrent dans l'une des tombes un lézard de la grosseur d'un pourceau de six mois. Un vigneron, du nom de Bérard, qui demeurait vis-à-vis le couvent des Carmélites, parvint à le tuer au moyen d'une fourche en fer. Cette singulière découverte produisit dans la ville une émotion facile à comprendre ; on en dressa procès-verbal et pendant plusieurs années l'animal empaillé fut porté à la procession des Rogations, en signe de délivrance.

(1) Les particuliers achetaient du chapitre le droit de posséder des tombes pour leur sépulture. Il fallait encore payer un droit pour se faire inhumer dans les tombes communes de la cathédrale, sinon le corps était enseveli au cimetière hors la ville, ou plus anciennement au cimetière qui se trouvait dans la cour des cloîtres. Quand une famille venait à s'éteindre, le chapitre était remis en possession de sa tombe privilégiée.

(2) Ms à la bibliothèque de Carpentras, pag. 758.

Une autre découverte que firent, en 1642, les ouvriers employés à la reconstruction des tombes, et qui causa dans la ville une émotion d'une autre nature, ce fut le cadavre d'une femme inhumée depuis longtemps et qui ne présentait aucune trace de corruption. Les esprits s'échauffèrent, et il fallut toute l'autorité du cardinal pour ramener le calme (1).

Prélat distingué, Monseigneur Bichi eut comme diplomate une carrière plus brillante encore.

L'année 1643 lui offrit l'occasion de déployer plus particulièrement son habileté et sa prudence. La guerre était alors fort vive entre le pape et les princes italiens ligués contre lui.

Louis XIII, voulant offrir sa médiation pour terminer ce regrettable conflit, confia au cardinal Bichi le soin de réconcilier les princes ennemis. Il y parvint pleinement, ce qui accrut encore sa réputation et son crédit (2). Aussi, en 1649, pendant la minorité de Louis XIV, personne ne fut jugé plus capable que lui de venir apaiser les troubles qui divisaient la Provence. Il vint à Aix, et fut assez heureux pour pacifier une fois encore les esprits.

Bichi fut moins heureux quand il tenta, en 1652, de

(1) Voir le traité du Père Th. Raynaud : *De incorruptione cadaverum occasione demortui fœminei corporis post aliquot sæcula incorrupti, nuper refossi Carpentoracti* (Avignon, chez Bramereau, 1645). — *Le Cardinal Bichi*, par M. Tamizey de Larroque, pag. XI. — *Dictionnaire* de Barjavel, art. Raynaud, etc., etc. — Ce phénomène, qui peut s'expliquer par des causes toutes naturelles, s'est produit il y a une dizaine d'années à Rians, (Var).

(2) V. *Hist. de Venise*, de Bapt. Nanni, tom. IV ; le *Mercure*, de Vittorio Siri, tom. IV, pag. 451, et les historiens de Louis XIII.

mettre fin aux troubles d'Avignon (1), à la suite desquels des jaloux firent entendre au pape Innocent X qu'il était un obstacle au rétablissement de l'ordre.

Il prit alors la résolution de se retirer à Rome, et de se choisir un coadjuteur pour l'administration de son évêché. Il jeta les yeux sur le jeune évêque de Cavaillon, Monseigneur Louis de Fortia de Montréal, qui vint faire revivre sur le siège de saint Siffrein l'exemple des plus admirables vertus. Le pape Alexandre VII se hâta de confirmer cet heureux choix par sa bulle du 20 septembre 1656.

Le cardinal Bichi survécut peu à cette grave détermination ; il mourut à Rome le 24 mai 1657.

Il fut inhumé dans l'église cardinalice de Ste-Sabine, dont il était titulaire, avec son frère Celio Bichi, et on grava sur sa tombe l'épitaphe suivante (2) :

Alexandro Bichio Senensi tit. S. Sabinæ S. R. E. presb. Cardinali Cælioque fratri Sac. Rotæ Rom. auditori, Metelli Cardinalis e Vincentio fratre nepotibus, vicaria A. C. jurisdictione perfunctis. Unde Alexander Urbani VIII. Pont Max. delectu in regno Neapolitano Insulanus ; in Gallicano Carpentoractensis antistes, utrobique nuntius. Æquanimi magnitudine per assidua raræ pietatis, ac prudentiæ documenta, extincto simul Francorum regis auspiciis intra Italiam exardescentium bellorum incendio, et pastis in Gallia provinciis, totius regni Galliæ apud Sanctam Sedem comprotector, gloriam nunquam quæsitam semper promeritus. Cælius vero pari laudum tenore sanctioribus pontificiæ molis curis adhibitus, archigymnasii almæ urbis præfectus, ac demum Alexandri VII. Pont. Max.

(1) M. Tamizey de Larroque, *Le Cardinal Bichi*, pag. XIII.

(2) *Gallia Christiana*, tom. I, pag. 913.

oraculo, Sanctæ Inquisitionis, ac sacræ pœnitentiariæ consultor, justissime in sapientissimo Rotali consessu annos 19 emensus. Galganus arcis Albaniæ marchio, fratribus mortalitate exutis, anno salutis MDCLVII. Cœlio, die 9 martii, æt. anno 57. Alexandro die 25 maii, ætatis anno 61. posuit.

Le siège épiscopal perdit en lui un de ses plus illustres évêques, la France un de ses protecteurs les plus dévoués, et l'Église un de ses plus éminents défenseurs.

M. Ph. Tamizey de Larroque, de l'Institut, dont la ville de Carpentras aime à garder si fidèlement le souvenir, a vengé le grand évêque de l'oubli auquel les biographes semblaient avoir condamné sa mémoire, en faisant revivre, il y a quelques mois à peine, sa physionomie si pleine d'intérêt et l'une des plus distinguées du XVIIe siècle (1).

Armes : *D'or à la tête de lion de sable, lampassée de gueules, surmontée d'un aigle de même, séparée par un filet aussi de sable.*

(1) *La Toscane française*, par L'Hermite de Solliers, Petra-Sancta, pag. 416 ; Ughelli, III, 760 ; *Le Cardinal Bichi*, par M. Tamizey de Larroque.

XC

LOUIS DE FORTIA DE MONTRÉAL

(1657)

Le pape Alexandre VII venait de donner à Monseigneur Bichi, depuis quelques mois à peine, le jeune évêque de Cavaillon comme coadjuteur, lorsque la mort vint surprendre l'illustre cardinal.

Louis de Fortia de Montréal naquit à Avignon en 1618. Il avait donc 39 ans à peine lorsqu'il vint s'asseoir sur notre siège épiscopal. Son père, Paul de Fortia, capitaine d'une des galères du roi, venait de se distinguer au combat de Gênes contre les Espagnols et appartenait à une antique maison, originaire de la Catalogne, qui se transplanta à Montpellier, au XVe siècle, et à Avignon, un siècle plus tard (1).

(1) Cette famille s'est divisée en plusieurs branches : celle des marquis d'Urban, dont le dernier rejeton, membre de l'Institut, est mort à Paris en

Nommé à l'évêché de Cavaillon, en 1656, il reçut la consécration épiscopale à Rome, des mains du cardinal Caraffa, le 23 septembre de la même année.

Le 23 juin de l'année suivante, devenu évêque de Carpentras par la mort du cardinal Bichi, il vint prendre possession de son nouveau siège.

Au milieu de la longue chaîne de prélats que nous venons de parcourir rapidement, on aime à contempler la physionomie pieuse du jeune Louis de Fortia. D'autres ont laissé dans nos annales les traces glorieuses de leur martyre, le souvenir de leur héroïsme, ou bien encore l'exemple de leurs vertus austères; Monseigneur de Fortia, lui, repose la vue par la sainteté de sa vie tranquille et rappelle saint François de Sales par l'aménité de son caractère et l'amabilité de ses manières.

Autour de lui, la vie religieuse débordait alors de toutes parts dans notre ville : c'était comme un concert d'âmes justes dominant les bruits de la terre et jetant sans cesse à l'espace les hymnes de la sainteté.

Parmi les âmes d'élite qui faisaient alors revivre dans nos murs les plus admirables vertus, il en est deux que nous ne pouvons oublier ici : le vénérable Paul d'Andrée et la bienheureuse Esprite de Jossaud.

Paul d'Andrée naquit le 18 octobre 1609 et fut pourvu

1843 ; celle des seigneurs de Montréal, à laquelle appartenait notre prélat, et enfin celle des Barons des Piles, devenus ducs de Baumes. Consultez sur cette famille : Bougerel, *Mémoires pour servir à l'histoire de plusieurs hommes illustres de Provence*, pag. 121-144 ; *Pithon-Curt*; le Dict d'Achard ; Bouche, *Hist. de Provence*, tom II, p. 500 ; les biographies générales ; Barjavel, *Dict. de Vaucluse ;* Expilly, *Dict. des Gaules*, au mot Peyruis ; tous les nobiliaires de France ; Vertot, *Catalogue des chevaliers de Malte ; Monographie de St-Siffrein*, etc.

d'un canonicat par le cardinal Bichi. Il n'entre pas dans mon sujet de raconter ici sa sainte vie (1), toute parsemée de faits extraordinaires, et qui exerça une si grande influence sur ses contemporains ; mais ce que je ne puis taire, c'est l'intimité qui ne tarda pas à s'établir entre Monseigneur de Fortia et lui. L'évêque, dont la charité inépuisable égalait la modestie touchante, fit du chanoine d'Andrée le confident et le dépositaire de ses largesses envers les pauvres.

On raconte que, ne voulant pas que l'on pût même soupçonner tout le bien qu'ils répandaient autour d'eux, l'évêque et le chanoine choisissaient l'obscurité de la nuit pour porter des secours aux pauvres honteux. Souvent on put les voir tous deux, chargeant chacun sur l'épaule un sac de blé, aller le déposer ensuite à la porte des malheureux et prenant la fuite lorsqu'après y avoir frappé timidement, ils la voyaient s'ouvrir.

Nous ne pouvons oublier non plus la sainte fille, Esprite de Jossaud, que le peuple a de son vivant qualifiée bienheureuse, et dont l'étonnante vie est une suite non interrompue d'admirables actions. Née le 28 janvier 1628, elle mourut le 7 août 1658, après avoir édifié la ville entière par la pratique des plus austères vertus (2).

A la nouvelle de sa mort, on accourut de toutes parts

(1) La *Vie du vénérable serviteur de Dieu messire Paul d'Andrée* a été écrite par M. l'abbé de Monty. Avignon, imprimerie Guichard, 1783.

(2) La *Vie de la bienheureuse Esprite de Jossaud*, par M. Jean Dupont. Avignon, Chastanier, 1705, a été rééditée par le R. P. Potton, des Frères Prêcheurs. Paris, Poussielgue-Rusand, 1862. Remarquons que les qualifications de vénérable appliquée à Paul d'Andrée, et de bienheureuse à Esprite Jossaud leur ont été décernées par la voix publique, mais qu'elles n'ont pas été confirmées encore par un jugement de l'Église.

pour la revoir une dernière fois. La vénération dont elle était l'objet pendant sa vie devint alors le prétexte de manifestations qui tenaient du délire. Chacun voulant garder une relique de la défunte, on mit en lambeaux ses vêtements, on lui coupa les cheveux, et on alla même jusqu'à lui enlever une oreille et plusieurs orteils.

Ses funérailles furent une marche triomphale à travers les rues de la ville. Le corps fut enseveli dans une tombe neuve, au milieu de la cathédrale. Soixante ans après on ouvrit le cercueil, et on retrouva son corps aussi frais que le jour de sa mort. Le chapitre de St-Siffrein le fit alors enfermer dans un cercueil en cuivre, qui fut profané en 1792 par des mains criminelles.

Monseigneur de Fortia ne devait pas lui survivre longtemps.

Le jour du Vendredi-Saint de l'année 1661, il officiait comme de coutume à la cathédrale. Les cérémonies qui précédaient la messe l'avaient déjà profondément ému, et la lecture de la Passion ne fit qu'accroître sa pieuse émotion. Il voulut poursuivre néanmoins, mais lorsqu'il en fut au passage : *et inclinato capite tradidit spiritum*, ses forces l'abandonnèrent et il s'évanouit.

On le transporta de suite au palais épiscopal, où il annonça aux prêtres accourus pour le voir qu'il allait les quitter bientôt pour une vie meilleure. Il manda de suite auprès de lui le Père Antoine Lequieu (1), qui

(1) Né à Paris le 23 février 1601, le P. Antoine Lequieu institua, en 1636, une réforme de l'ordre de saint Dominique et fonda une série de couvents à Cadenet, à St-Paul-Trois-Châteaux, à Vaison, à Visan et à Sault, où il passa plusieurs années de sa vie. Il mourut à Cadenet le 7 octobre 1677, laissant un grand renom de sainteté dans tout le pays.

venait de fonder à Sault un couvent de Dominicains, et qui avait l'habitude de le diriger. Il se prépara à la mort avec une foi et une résignation touchante, et le 25 avril 1661, il s'endormit dans la paix du Seigneur, âgé de 43 ans à peine.

Le curé de la cathédrale nous a conservé le récit des derniers moments du saint prélat, à la suite de l'acte de décès qu'il consigna dans les registres paroissiaux.

Sa mort fut un deuil public, et les États du Vénaissin votèrent pour ses funérailles vingt-quatre flambeaux de deux livres aux armes du pays.

Cinq ans après, le 27 mai 1666, son corps fut transféré de la crypte où il avait été provisoirement déposé, dans le tombeau qui lui fut élevé au bas de l'église, à droite des Fonts baptismaux, sur lequel on grava l'inscription suivante :

D. O. M.

LUDOVICO FORTIÆ
PRIMUM CABELLIONENSI AC
DEINDE CARPENTORACTENSI
EPISCOPO, PASTORI OPTIMO,
QUI DUM OMNEM SUAM INDU-
STRIAM ATQUE PRUDENTIAM
IN ANIMARUM CURA COLLO-
CARET, FACULTATES IN PAUPE-
RUM SUSTENTATIONE CONSU-
MERET MULTISQUE VITAM SUA LIBE-
RALITATE PROROGARET, SIBI MORTEM
LABORIBUS, PIETATIS CAUSA SUSCEP-
TIS, NIMIA ERGA SE SEVERITATE ET

IMMODERATA CORPORIS AFFECTA-
TIONE MATURAVIT, EXSTINCTUS
ANNO ÆTATIS XLIII A
CHRISTO MDCLXI, VI KAL. MAIAS.
GASPAR FORTIA MONTREALIS
FRATER MŒSTISSIMUS, MONUMENTUM
ERIGENDUM CURAVIT.

Au dessous de cette épitaphe, on lit quatre distiques latins que Jean de Saint-Geniès (1) composa en l'honneur du prélat :

Dum morere, æterna præsul dignissime vita,
Interitu virtus est rea facta tuo.
Imposuit magnos nimium tibi dura labores
Diminuitque tuos immoderata dies.
Omnibus ornarat te dotibus et tibi mentem
Finxerat et mores rexerat una tuos.
Cumque tui in terris miros exciret amores,
Te subito e terris ipsamet eripuit.

SANGENESIUS.

Le chanoine Curet a fait mention de la translation des restes de Monseigneur de Fortia dans le registre des décès, et voulu constater que son corps était alors parfaitement conservé.

Il y a quelques années à peine, en 1859, une pierre du tombeau s'étant détachée, il fut possible, au moyen d'une lumière introduite dans l'intérieur du monument, de s'assurer que le corps était encore dans un état si

(1) Né à Avignon en 1607, mort chanoine d'Orange en 1663. V. Dict. de Barjavel, tom. II, pag. 385.

parfait de conservation qu'on eut dit que la mort venait de le frapper à peine.

Armes : *D'azur à la tour d'or crénelée et maçonnée de sable, posée sur une montagne de sept copeaux de sinople mouvant de la pointe de l'écu.*

Devise : *Turris fortissima virtus.*

XCI

GASPAR DE LASCARIS DU CASTELLAR

(1665)

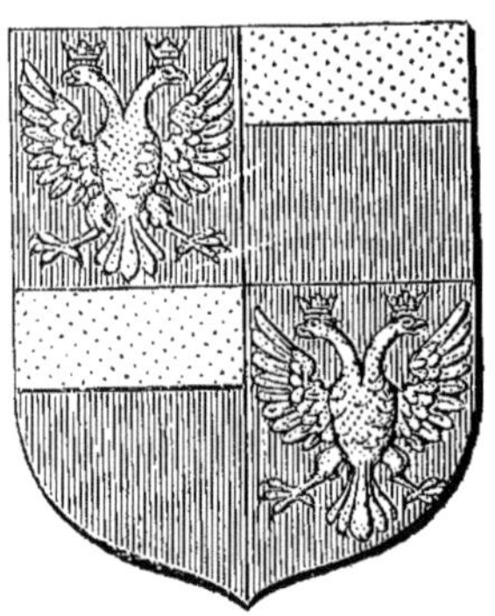

Après la mort de Monseigneur de Fortia, le siège épiscopal resta vacant pendant plus de quatre ans.

Pendant la vacance, Jacqueline Goudon fonda dans la ville un couvent des Sœurs du tiers-ordre de saint François et leur fit, en 1663, une donation importante que M. Trobati, notaire de Mormoiron, attaqua près d'un siècle plus tard (1).

Gaspar de Lascaris fut enfin nommé au siège épiscopal le 28 septembre 1665.

Gaspar de Lascaris du Castellar, protonotaire apos-

(1) Voir le Recueil de Tissot, n° 5, une consultation de l'avocat Pascal, du 20 septembre 1770.

tolique, référendaire de l'une et l'autre signature, abbé de St-Pons, près de Nice, seigneur de St-Blaise et co-seigneur de St-André, naquit au château de Castellar, de Claude de Vintimille et de Camille de Lascaris (1).

Nommé vice-légat du St-Siège à Avignon le 29 janvier 1659, il administra avec une grande prudence l'Etat pontifical. Son séjour à Avignon ne fut pas de longue durée, mais il fut marqué par un évènement considérable qui nous donne une idée de la fermeté de son caractère.

Le 19 mars 1660, Louis XIV, allant épouser l'Infante Marie-Thérèse d'Espagne, séjourna à Avignon accompagné d'une cour nombreuse et brillante. Monseigneur de Lascaris reçut le roi au palais et lui donna une somptueuse hospitalité jusqu'au 1er avril suivant.

Bien que les relations entre la cour de France et le St-Siège fussent alors assez tendues, le vice-légat fut plein d'attention pour son hôte illustre, et le roi voulut, en retour, le combler d'honneurs. Mais, comme toutes choses en ce moment, ces brillantes journées eurent un pénible lendemain (2).

A la mort du cardinal Mazarin, le roi, voulant faire oublier l'hostilité latente qui fermentait entre le pape et lui, résolut d'envoyer à Rome une ambassade solennelle sous les ordres du duc Charles de Créqui.

L'ambassade fit son entrée publique à Rome le 11

(1) L'Hermite de Solliers, *Hist. généalog. de la noblesse de Tourraine*, Paris, 1665, pag. 513.

(2) V. dans les *Annales de l'Académie de Vaucluse*, tom. Ier, pag. 69, une fort intéressante étude de M. Duhamel, qui est restée malheureusement inachevée, mais dont il a bien voulu me communiquer les notes.

juin 1662, et on put espérer un moment la réconciliation complète entre les deux gouvernements.

Elle ne fut pas de longue durée, car, si les apparences étaient correctes de part et d'autre, il n'en était pas de même entre les Français qui formaient la suite de l'ambassadeur et les gardes corses du pape. Une sourde mésintelligence ne tarda pas à couver entre eux et finit par éclater le 20 août suivant. Cette journée fut pour la ville de Rome pleine de périls et de deuil. Français et Corses en étaient venus aux mains et s'entr'égorgeaient dans les rues. La garde corse en vint jusqu'à cerner le palais Farnèse et tira plusieurs coups de mousquet sur l'ambassadeur lui-même, qui avait paru au balcon pour essayer d'en imposer à ses agresseurs.

Le 30 août suivant, Louis XIV écrivit au pape une lettre de protestation, et n'ayant pas obtenu la satisfaction qu'il demandait, le parlement de Provence rendit, le 26 juillet 1663, un arrêt prononçant la réunion du comté Vénaissin et de l'État d'Avignon à la couronne.

L'arrêt fut signifié à Monseigneur de Lascaris par les huissiers du parlement, avec injonction de sortir immédiatement d'Avignon avec sa garde italienne. Le vice-légat refusa avec énergie de satisfaire aux injonctions du roi de France, menaçant des censures ecclésiastiques quiconque attenterait à sa liberté. Il fut néanmoins enlevé de force dans la nuit du 27 juillet et conduit jusqu'à Aix dans le carrosse du duc de Mercœur, gouverneur de Provence. Il se rendit ensuite à Nice, où il se fixa en attendant les évènements.

L'annexion de l'État pontifical à la France ne fut que temporaire, et le 20 août 1664, le comte de Mérinville, gouverneur général pour le roi, en fit la restitution à Monseigneur Chigi, nonce apostolique, en vertu du traité de Pise. Celui-ci en reprit possession au nom du pape et se hâta de réintégrer dans la charge de vice-légat Monseigneur de Lascaris, dont la conduite avait été si correcte et si digne d'éloges.

Le 20 août, le vice-légat, couché dans une litière, à cause de son état de santé, fit son entrée à Avignon, au milieu des acclamations enthousiastes de la population.

Remplacé le 21 septembre suivant par Alexandre Colonna, Monseigneur de Lascaris alla se fixer à Rome ; mais le pape, voulant le récompenser de sa belle et fière attitude au moment de l'annexion, lui donna, le 28 septembre 1665, l'évêché de Carpentras, vacant par le décès de Monseigneur de Fortia.

Le 4 octobre suivant, il reçut la consécration épiscopale des mains du cardinal Charles Pio, et le 23 du même mois, il prit possession de son siège par procureur.

Il quitta Rome peu de temps après pour se rendre à Carpentras, où, pendant dix-neuf ans, il gouverna son diocèse avec une grande distinction.

Parmi les œuvres qui marquèrent son épiscopat, il en est une que je ne puis passer sous silence. Nous avons vu déjà combien, à l'ombre du siège épiscopal, la charité chrétienne avait inspiré de pieuses institutions destinées au soulagement des pauvres.

Indépendamment de la fondation d'Hugues de Lésignan, le chapitre avait établi un hôpital aux portes de la cathédrale, tandis que les chanoines de Notre Dame du Grès, les Dominicains et les Observantins distribuaient largement du pain et des légumes à la porte de leurs monastères.

Un obscur mais pieux habitant de la ville, Jean Bernard, voulut ajouter encore à ce que la charité avait fait jusque-là; le 10 juin 1669, il fit donation de tous ses biens à la ville, à la charge d'en employer les revenus au soulagement des malheureux recueillis dans une maison qu'il voulut affecter à cet objet. Telle fut l'origine de la maison de la *Charité*, dont la générosité des habitants ne tarda pas à venir accroître les ressources (1).

L'administration municipale de Carpentras, deux siècles après la mort du charitable fondateur, a pensé que les bienfaits de l'école sans Dieu remplaceraient avantageusement dans notre ville les bienfaits de la charité chrétienne; et, à l'heure qu'il est, il ne reste rien de l'œuvre de Jean Bernard. Les pauvres ont dû faire place à un collège laïque de jeunes filles, en attendant qu'une administration plus respectueuse de la volonté des défunts rende le bel établissement de la Charité à sa destination naturelle.

L'épiscopat de Monseigneur de Lascaris vit encore fonder à Carpentras deux établissements religieux fort importants : le monastère des religieuses de la Visitation en 1670, et le couvent des Carmes déchaussés en 1678.

De nombreuses tentatives avaient été faites déjà du

(1) François des Isnards lui donna une maison à Carpentras, rue du Grand-Touve, en 1678 ; Marguerite de Mot, veuve d'Étienne de Baculard de St-Hilaire, donna six mille livres en 1720; Adrien de Chaussande, de St-Roman, institua la maison de Charité pour son héritière universelle en 1742, et Monseigneur Buti lui donna, en 1705, 1800 écus d'or pour doter une pauvre fille, dont le choix devait être fait par un membre de sa famille.

vivant de la fondatrice, sainte Jeanne-Françoise de Chantal, par une de ses pieuses compagnes, la Mère de Blonay, et les Visitandines d'Apt, pour fonder dans notre ville un couvent de leur ordre. Le chanoine Paul d'Andrée, après des difficultés sans nombre, eut le bonheur de mener cette œuvre à bonne fin.

L'ordre de la Visitation, jeune de quelques années à peine, s'était déjà répandu au loin, et l'auréole qui s'attachait au nom de saint François de Sales et à celui de la Mère de Chantal, lui assurait une brillante carrière.

La Mère Françoise-Madeleine de Chaugy (1), une des gloires de la Visitation, reçut la mission de venir fonder le couvent de Carpentras.

Née le 1er janvier 1611, dans le Bourbonnais, elle était fille de Hugues de Chaugy et de Claudine de Toulongeon, dont le frère avait épousé une fille de Mme de Chantal.

Vers la fin de l'année 1622, elle vit saint François de Sales à Moulins chez le maréchal de St-Gérans, et le saint évêque lui annonça qu'elle serait un jour religieuse de la Visitation.

C'est elle, en effet, qui, après avoir reçu l'habit religieux des mains de l'évêque de Genève, et devenue supérieure du couvent de Crest en Dauphiné, vint, avec la sœur Marie-Joseph Fournier, sa fidèle compagne, la sœur Thérèse-Madeleine d'Alos et deux autres religieuses, assurer la fondation de Carpentras.

Douée d'un mérite supérieur et honorée de l'estime d'Alexandre VII, elle fut parfaitement accueillie par

(1) Sa vie a été publiée à Orange chez Escoffier, imprimeur, en 1839.

Monseigneur de Lascaris et par le conseil de ville lui-même, qui donna son adhésion formelle à la fondation le 8 janvier 1673.

Elle se berçait de l'espoir de finir ses jours à Carpentras même, lorsqu'elle reçut l'ordre d'aller à Turin auprès de la princesse Marie-Françoise de Nemours, qui venait de perdre le duc de Savoie, son mari.

Après elle, l'œuvre commencée ne cessa de prospérer sous l'administration de la Mère de Sales de Banières, petite-nièce de saint François de Sales, et entre les mains des supérieures qui lui succédèrent.

Les Carmes déchaussés ne reçurent pas le même accueil et eurent à triompher d'une formidable opposition pour s'établir dans notre ville.

Jean de Mot, né en 1625, du mariage de François de Mot et de Marie de la Plane, leur donna tous ses biens pour favoriser leur établissement. Pour rappeler sa mémoire, les Carmes reconnaissants firent placer ses armes sur la porte de leur église avec cette inscription :

JOANNES DE MOT, EQUES, FUNDAVIT ANNO 16...

Le conseil de ville, prétextant de la multiplicité des ordres religieux à Carpentras, s'opposa énergiquement à l'ouverture de leur chapelle au public.

Le 28 janvier 1678, l'évêque réunit son chapitre afin de prendre des mesures pour mettre un terme au fâcheux conflit qui s'était élevé.

Le pape dut lui-même intervenir, et, le 24 janvier 1724, il expédia un bref en vertu duquel les religieux purent enfin ouvrir leur chapelle aux cérémonies publiques du culte.

Le conseil de ville protesta plusieurs fois encore contre la décision pontificale; mais, en 1742, le conflit paraît apaisé pour toujours (1), grâce à l'intervention de Monseigneur d'Inguimbert.

Monseigneur de Lascaris eut encore à défendre contre la ville les droits honorifiques de sa mense, mais il obtint, le 10 juillet 1683, une transaction qui mit fin aux débats.

Il mourut le 16 décembre de l'année suivante, et ne laissa après lui que des regrets.

On lui éleva un superbe mausolée, sur lequel on voyait son buste ainsi que deux statues d'un réel mérite artistique: l'une représentant la Vérité, un miroir à la main, l'autre la Charité allaitant un petit enfant, avec l'inscription suivante :

D. O. M.

HIC REQUIESCIT
GASPAR DE LASCARIS DU CASTELLAR NICIENSIS,
E VINTIMIGLIÆ COMITIBUS, EPISCOPUS CARPENT.
AB UTROQUE PARENTE NOBILITATE CLARISSIMUS,
QUI E LEGATIONE AVEN. CUI TEMPORE VALDE DIFFICILI
QUADRIENNIO DIVINA PROVIDENTIA PRÆFUERAT,
AD HANC CATHEDRAM AB ALEXANDRO VII P.O.M. EVECTUS,
POSTQUAM CLERUM ET POPULUM SIBI COMMISSUM,
PER ANNOS XIX MAGNA CUM DOCTRINA, PIETATIS

(1) Les Carmélites occupent actuellement l'ancien couvent des Carmes.

ATQUE IN PAUPERES CARITATIS EXIMIÆ LAUDE REXISSET.
OBIIT D. VI XBRIS A MDCLXXXIV,
NON SINE INGENTI CIVIUM DOLORE AC GEMITU.
REQUIESCAT IN PACE.

Armes : *Écartelé : au premier et quatrième de gueules à l'aigle à deux têtes éployée d'or et couronnée de même,* qui est de l'Empire d'Orient, *au deuxième et troisième de gueules au chef d'or*, qui est de Vintimille (1).

(1) Broderie à St-Siffrein, et Petra-Sancta, pag. 658.

XCII

LE CARDINAL MARCEL DURAZZO

(1687)

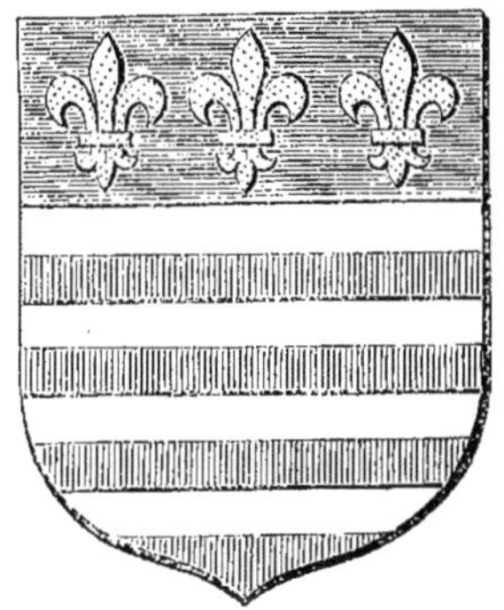

Né à Gènes le 6 mars 1630, Marcel Durazzo était fils de César Durazzo, doge de la république de Gènes, et de Jeanne Cerveti. Tour à tour protonotaire apostolique, vice-légat de Bologne, gouverneur d'Ancône, de Viterbe et de Pérouse, visiteur de la sainte maison de Lorette, vice-légat d'Avignon, archevêque de Chalcédoine, nonce apostolique en France, en Espagne et en Portugal, il fut créé cardinal-prêtre du titre de sainte Prisque, par Innocent XI, le 2 septembre 1686, et nommé à l'évêché de Carpentras le 9 novembre de l'année suivante.

Il prit possession de son siège, par procureur, dans les premiers jours de l'année 1688, et, par un acte passé à Madrid le 5 février suivant, il nomma pour son grand vicaire Antoine Barbe de Fogasse de la Royère, archidiacre de sa cathédrale.

Ses bulles ne purent être enregistrées au parlement de Provence que le 10 juin 1688 (1), et il ne vint lui-même prendre possession en personne de son évêché que le 7 du mois de septembre 1690.

Il y avait près de soixante ans que l'on travaillait à la belle église du collège. Marie de Brancas, marquise d'Ampus, dame d'honneur de la reine-mère, Anne d'Autriche, avait donné, en 1657, une somme de dix mille écus pour aider à la construction de l'édifice. Le dôme, cependant, ne put être terminé que dans les premiers jours de mai 1687 (2).

Louis XIV s'empara une seconde fois de l'État d'Avignon et du comté Vénaissin en 1688 (3), et c'est probablement la cause du retard que mit Monseigneur Durazzo à venir résider dans son évêché.

Le 10 octobre, les commissaires du roi se rendirent à Carpentras pour prendre officiellement possession au nom de Louis XIV. Le lendemain, un lieutenant de la maréchaussée alla de leur part auprès du recteur, Jean Rasponi, pour le sommer de sortir, dans deux heures, du palais rectorial et de la ville.

Celui-ci répondit qu'il n'avait à recevoir des ordres que du pape, son maître, et qu'il se serait fait un devoir

(1) Les évêques de Carpentras étaient obligés de faire enregistrer leurs bulles au parlement de Provence, et de payer les frais de cet enregistrement. Cette formalité leur était nécessaire parce qu'ils avaient dans leur diocèse les *terres adjacentes*, Sault, Murs, St-Lambert, etc.

(2) Cottier, *Histoire des Recteurs*, pag. 315.

(3) *Ibid.*, pag. 316.

de résister, s'il avait des forces suffisantes pour s'opposer par les armes à l'injonction qui lui était faite.

Le recteur, le vice-recteur et les autres officiers pontificaux partirent bientôt pour se rendre à Nice, mais, le 3 novembre suivant, Louis XIV, voulant montrer à Alexandre VII, qui venait d'être élevé à la papauté, toute sa déférence, lui restitua ses États de France.

Le cardinal Durazzo fut transféré, vers l'année 1691, à l'évêché de Spolète, laissant dans notre ville le souvenir d'un homme de grand mérite.

Il mourut le 27 avril 1710, à l'âge de quatre-vingts ans.

Armes : *Fascé d'argent et de gueules de huit pièces, au chef d'azur chargé de trois fleurs de lys d'or* (1).

(1) Guarnaci, tom. Ier, pag. 217.

XCIII

LAURENT BUTI

(1691)

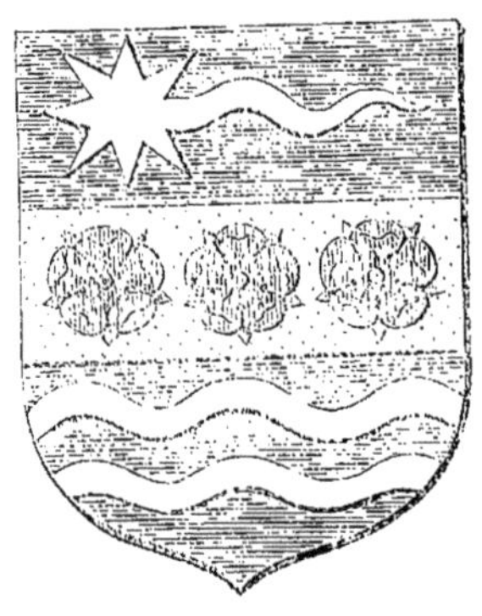

Laurent Buti, patrice romain, fut choisi par le pape pour succéder, en 1691, au cardinal Durazzo, transféré à l'évêché de Spolète. Il avait déjà occupé des charges importantes à la cour pontificale et notamment celle de préfet de la signature de grâce et de justice, lorsqu'il fut élevé à l'épiscopat.

Le 17 février 1691, il écrivit lui-même aux consuls de Carpentras pour leur annoncer sa nomination, et le 25 du même mois, il prit possession du siège par procureur.

Il se hâta de venir dans son diocèse, et le Père Justin, dans ses notes historiques, remarque la simplicité avec laquelle il fit son entrée publique dans la ville.

Son administration fut celle d'un homme de bien, fuyant l'éclat des pompes humaines et tout entier à son œuvre. Bien que les lourdes charges qui pesaient sur lui ne lui permissent pas de faire des dépenses considérables, il confia au talent de Bernus (1) la belle gloire de St-Siffrein que nous admirons, et apporta de Rome, pour sa cathédrale, l'excellente toile représentant saint Laurent, son patron, dont l'original est de Pierre de Cortone.

Le chanoine Paul d'Andrée, malgré son grand âge et ses infirmités, était encore à la tête de toutes les fondations pieuses de la ville. Après avoir relevé de ses ruines la chapelle de la Sainte-Famille, il eut la pensée d'établir, sous le titre de Notre-Dame de Sainte-Garde, une maison de refuge pour les domestiques sans maîtres et pour les filles repentantes qui voulaient demander au retour des pratiques religieuses la réhabilitation de leur passé.

Dieu ne permit pas qu'il vît le succès couronner ses efforts. Depuis longtemps déjà, brisé par les veilles et les jeûnes, le vénérable chanoine souffrait d'une ancienne et douloureuse maladie.

Il vit sans crainte la mort approcher, et après avoir édifié la ville entière par sa touchante résignation et sa piété profonde, il s'endormit pieusement, le 29 juillet 1697, de son dernier sommeil.

La nouvelle de sa mort se répandit bientôt dans la

(1) Jacques Bernus naquit à Mazan le 15 décembre 1650, et s'est acquis une grande réputation comme sculpteur. Il a trouvé, de nos jours, un biographe distingué en la personne de M. l'abbé Requin, vicaire à St-Symphorien d'Avignon.

ville, et de toutes parts on accourut pour contempler ses traits une dernière fois. Des gardes furent placés à l'entrée de sa demeure pour la protéger contre l'envahissement de la foule, mais ce fut peine inutile, car le peuple escalade aussitôt les murailles, monte sur les toits et passe par les fenêtres, sans qu'il soit possible de le contenir.

Au moment des funérailles, un conflit s'éleva entre le chapitre et les religieuses de la Visitation. Les uns et les autres, se basant sur deux testaments différents, réclamaient l'honneur de posséder ses dépouilles. Monseigneur Buti donna gain de cause aux chanoines, et l'inhumation fut faite dans la cathédrale. Les Dames de la Visitation en appelèrent à Rome de la décision de l'évêque, et obtinrent plus tard que le corps de leur fondateur leur fût rendu.

Les funérailles eurent lieu au milieu d'un concours immense de fidèles. A mesure que la foule voyait apparaître, reposant dans sa bière, le visage du vénéré défunt, transfiguré par la mort, c'étaient des manifestations indescriptibles.

Pour ne pas exposer le corps à de pieuses profanations, on fut obligé de tromper la vigilance du peuple et de le descendre dans sa tombe presque à l'improviste.

Mais quelques jours après la mort du chanoine Paul d'Andrée, on reprit l'œuvre commencée par ses soins, et on présenta, le 3 août 1697, à l'évêque une supplique, à l'effet d'autoriser la maison de N.-D. de Sainte-Garde. Monseigneur Buti se hâta de donner son approbation et nomma pour gouverner la maison le chanoine Esprit d'Andrée, neveu du défunt, Joseph-François de Lantiany, chanoine-sacristain, Toussaint La Blache, Paul Charvet, bénéficier, M. de Ste-Marie, Mesdames de St-Amant, de La Garde, de Lirac, de Thézan-Venasque, de Lopis, de Piedfaucon, de St-Roman, de Ranguisy, ainsi que Mesdemoiselles Martin, Aubert et Firmin. Ce conseil de surveillance devait choisir deux filles ou femmes irréprochables pour administrer la maison sous son autorité.

L'œuvre prospéra dans la suite, et M. de Joannis de Verclos, Anne de Thomé et Françoise Poly l'instituèrent pour leur héritière universelle.

Monseigneur Buti fit son voyage *ab limina* au mois d'août 1699, et, le 25 mars suivant, le pape, qui l'estimait, lui conféra le titre de prélat assistant au trône pontifical.

Le 8 décembre 1707, il donna encore une somme de mille écus à la maison de la Charité, dont nous avons raconté la fondation.

Le 11 mai 1708, il fit son testament en vertu d'un indult apostolique, et après avoir fait de nombreux legs au profit des œuvres de son diocèse, il nomme pour ses héritiers la marquise Prudence Buti, sa nièce, Anne-Cécile Buti, son autre nièce, religieuse à Rome, et Charles Buti, son neveu (1).

Enfin, après un épiscopat de dix-neuf ans, l'éminent prélat rendit son âme à Dieu, le 22 avril 1710, à l'âge de 72 ans.

On lui éleva, dans sa cathédrale, un magnifique tom-

(1) V. ce testament dans le manuscrit de Farel, fol. 225.

beau, que la Révolution a respecté jusqu'ici, et qui est dû au ciseau de Bernus lui-même. Au-dessus d'un sarcophage Renaissance, on voit la statue de l'évêque, revêtu des insignes pontificaux, à genoux sur un coussin, dans l'attitude de la prière, et devant lui un ange tenant un livre ouvert. Au-dessus, la figure du Temps avec sa faulx soulève une draperie (1).

Son épitaphe est ainsi conçue :

HIC JACET
LAURENTIUS BUTIUS, PATRITIUS ROMANUS, EPUS CARPENTORACTENSIS,
SSMI DNI NRI PRÆLATUS DOMESTICUS EJUSQUE SACRI SACELLI ASSISTENS,
QUI
PLURIBUS DITIONIS PONTIFICIÆ PROVINCIIS
IN ITALIA 20 ANNIS ETIAM CUM POTESTATE
SANGUINIS PRÆFUIT, SUPREMIS SIGNATURARUM
GRATIÆ ET JUSTITIÆ ALIISQUE ALMÆ URBIS
TRIBUNALIBUS PER DECENNIUM JUS DIXIT,
HANC CARPENTORACTEN. ECCLESIAM
AB ANNO 1691
SUMMA CUM LAUDE REXIT PER ANNOS 19
TANDEM OBIIT ANNO 1710,
ÆTATIS SUÆ 72. D. 22 APRILIS.

Du côté de l'Épître, on voit encore l'inscription suivante rappelant une fondation de Monseigneur Buti :

LAURENTIUS BUTIUS, EPUS CARPEN., S. S. DNI NOSTRI PRÆLATUS
DOMESTICUS EJUSQUE PONTIFICII SACELLI ASSISTENS,
AD AUGENDUM IN DEIPARAM CULTUM ANNUOS REDITUS HUIC
INSIGNI CATHEDRALI DONAVIT, UT SINGULIS SABBATIS
LITANIÆ BEATÆ VIRGINIS MUSICALI CONCENTU

(1) *Monographie de St-Siffrein*, pag. 135.

DECANTARENTUR ET PROPOSITA SOLEMNI POMPA
EUCHARISTIÆ SACRAMENTO ETIAM IN FESTO SANCTI
LAURENTII POPULO BENEDICERETUR, INDULGENTIAM
ITIDEM A SUMMO PONTIFICE INNOCENTIO XII
PERPETUO OBTINUIT, SEPTEM SCILICET ANNORUM
ET TOTIDEM QUADRAGENARUM SINGULIS PRIMIS
SABBATIS CUJUSVIS MENSIS ET SINGULIS FESTIVITATIBUS
B. VIRGINIS ET CENTUM DIERUM DE INJUNCTIS
PŒNITENTIIS IIS QUI RELIQUIS ANNI
SABBATIS EISDEM LITANIIS INTERFUERINT
ANNO DNI 1702.

Armes : *D'azur à la fasce d'or chargée de trois roses de gueules, accompagnée en chef d'une comète d'argent et en pointe de deux burelles ondées de même.*

Sceau de Monseigneur Buti.

XCIV

FRANÇOIS-MARIE ABBATI

(1710)

Monseigneur Abbati apppartenait à une noble famille de Pesaro, dans le duché d'Urbin, où il naquit le 13 janvier 1660. Successivement auditeur à la nonciature de Lisbonne et de Vienne, il fut nommé le 18 février 1702 recteur du Vénaissin par Clément XI, son cousin germain, et arriva à Carpentras le 20 mai suivant.

En succédant à Flavius Barbarossa à la rectorie, il s'attacha à faire oublier l'opposition faite par celui-ci à Monseigneur Buti, vécut toujours en parfaite harmonie avec lui, réglant sa conduite sur celle du vénérable évêque et travaillant de concert pour le bien des populations confiées à sa garde.

Il ne tarda pas, avec cette mansuétude, qui était le fond de son caractère, à s'attirer l'estime et l'affection générales. Aussi, lorsqu'en l'année 1707 Monseigneur Abbati fut nommé à l'évêché de Riéti, le Conseil de ville, touché des regrets qu'il avait à quitter Carpentras, lui décerna le 7 mars le titre de citoyen de la ville.

Monseigneur Abbati fut très sensible à cette distinction et lorsque, après le décès de Monseigneur Buti, il fut nommé lui-même pour lui succéder sur le siège épiscopal, il se hâta, le 29 juin 1710, d'en informer les consuls de la ville, en se prévalant du droit de cité qui lui avait été précédemment accordé.

Son premier soin, après qu'il eut reçu l'institution canonique, fut d'aller visiter le tombeau des Apôtres et de prendre congé du pape, son illustre parent. Clément XI lui conféra avant son départ, le 14 avril 1711, le titre de prélat assistant au trône.

Le 4 juin suivant, le nouvel évêque fit son entrée solennelle dans la ville, où la population l'accueillit avec enthousiasme.

L'enregistrement de ses bulles au parlement de Provence ne se fit pas sans difficultés. La cour de France émit la prétention que l'évêque devait prêter au roi le serment de fidélité. Cette nouvelle exigence sans précédent trouva chez l'évêque une résistance énergique, et le parlement finit par y renoncer.

Après avoir établi dans son diocèse les conférences ecclésiastiques (1), Monseigneur Abbati s'efforça de

(1) Mandement du 8 avril 1713. V. n° 10 de la collection Massillan, à Avignon.

corriger les abus et de rendre aux cérémonies du culte leur ancienne splendeur.

Le 2 mai 1713, il donna en arrière-fief à Paul Aldonce François de Thézan-Venasque, marquis de St-Gervais, la seigneurie de St-Didier, à la charge de lui en faire foi et hommage et moyennant la redevance annuelle d'un flambeau de cire blanche. En retour, le marquis de Thézan céda à l'évêque une nouvelle part de la seigneurie de Venasque et une pension de 300 livres (1).

Monseigneur Abbati fit un nouveau voyage *ad limina* en 1716, et à son retour il fut momentanément chargé de la rectorie du 7 mars au 2 juin suivant.

Le 11 avril 1717 il vint consacrer lui-même l'église du monastère de la Visitation, où il donna l'habit religieux à Sylvie de Sales, fille du marquis Joseph de Sales et petite-nièce du saint évêque de Genève.

L'année 1720 et les suivantes furent pour la Provence, la ville d'Avignon et une partie du comté Vénaissin, une époque de terreur et d'épouvante. La peste moissonnait sans merci des populations entières, et de toutes parts on faisait des prodiges pour lutter contre la marche du fléau. Tandis qu'au point de vue humain, on organisait dans chaque localité des bureaux de santé et des compagnies pour empêcher toute communication avec les pays contaminés, l'évêque ordonnait des prières publiques, recommandait la pratique des bonnes œuvres, la fuite des cabarets, la cessation des procès et

(1) Acte reçu par Floret, notaire, copié dans les Ms de Farel, pag. 109.

la réconciliation des ennemis, afin d'obtenir la divine miséricorde dans ce temps de tribulation (1).

La ville de Carpentras fut préservée du fléau. Nos pères attribuèrent cette grâce à la protection du Saint-Clou, dont la cathédrale de St-Siffrein est toujours la gardienne, et en reconnaissance la ville fit, le 14 septembre 1723, le vœu de faire célébrer chaque année, à la chapelle du St-Clou, une messe d'actions de grâce. Les consuls assistaient à cette messe, et offraient chacun un cierge de deux livres portant le blason municipal avec la légende : *Vœu de la ville fait en 1723 pour avoir été préservée de le peste.*

La ville voulant, en outre, donner un témoignage durable de sa reconnaissance, fit faire encore à cette occasion la belle tribune en fer forgé, d'où l'on donne la bénédiction du St-Clou, au-dessus de la porte latérale, avec cette inscription commémorative :

SACRO REDEMPTORIS CLAVO A CONTERMINA PESTE
ILLÆSA CIVITAS POSUIT MDCCXXIV

Indépendamment d'autres embellissements dont il enrichit sa cathédrale, Monseigneur Abbati fit reconstruire le château de St-Félix, près Malemort, qui devint un lieu de repos pour les évêques, et la crypte funéraire qui se trouve dans le chœur de la cathédrale, devant le maître-autel, et dans laquelle il a seul reçu la sépulture.

(1) Lettre pastorale du 19 octobre 1720, imprimée à Carpentras, chez Dominique Eysséric.

La maison de la Charité possédait autrefois le portrait du charitable prélat, au bas duquel on a inscrit de lui le plus bel éloge :

Vivens aluit pauperes, moriens hæredes fecit.

Enfin, non content de travailler au bien des âmes, il s'attacha encore au bien-être matériel de ses diocésains. Usant de son crédit auprès de Clément XI, il obtint, le 16 janvier 1726, du cardinal Paulucci, secrétaire d'État du pape, la continuation des travaux de l'aqueduc monumental qui donne encore à la ville ses belles eaux. Interrompus pendant quelque temps, les travaux furent repris en 1729 et terminés en 1734.

Ce magnifique ouvrage coûta huit cent mille livres à la ville. Aussi Monseigneur Abbati, dans sa dernière maladie, ne dissimulait pas le regret qu'il éprouvait d'avoir usé de son influence pour un monument qui avait été si onéreux quoique si nécessaire. Touchant scrupule auquel ne sont guère accessibles de nos jours ceux qui ne craignent pas d'obérer nos finances publiques, pour tant de travaux d'une nécessité plus que contestable !

Sentant sa fin approcher, et au moment de recevoir les derniers sacrements, il parla avec tant d'onction à la pieuse assistance, que tout le monde fondait en larmes.

Monseigneur Abbati mourut le 22 avril 1735, après un épiscopat de 25 ans. Il fut inhumé dans le caveau qu'il avait fait construire dans le chœur de la cathédrale, et sur lequel il avait fait graver l'inscription suivante :

F. M. Episcopus sibi et successoribus.
Anno Domini MDCCXXXI

Armes : *D'azur à l'église d'argent posée sur une montagne de trois copeaux de même, cantonnée en chef à dextre d'une comète aussi d'argent.*

Sceau de Monseigneur Abbati.

XCV

MALACHIE D'INGUIMBERT

(1735)

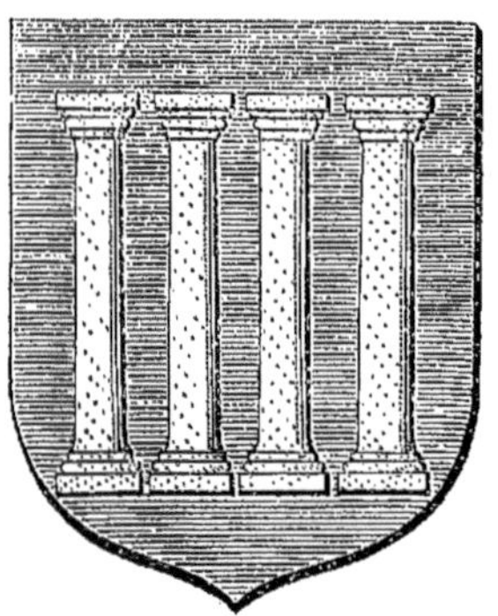

La grande figure dont je vais esquisser rapidement les traits est certainement l'une de celles dont le souvenir est resté le plus populaire à Carpentras.

Près d'un siècle et demi nous sépare de sa mort, mais ses œuvres sont encore si vivantes parmi nous, et tout dans notre ville parle de lui avec tant d'éloquence, qu'on se demande si cet évêque bienfaisant, ami de la science et du pauvre, n'est point encore notre contemporain.

Il me sera bien difficile de résumer en quelques pages cette belle vie, sur laquelle on a écrit des volumes(1),

(1) Voir le *Mémoire historique sur la vie et les écrits de Dom Malachie d'Inguimbert*, de l'abbé de St-Véran, publiée en 1859, par le Dr Barjavel;

mais, obligé de me restreindre dans des limites bien étroites, je vais tâcher d'en donner du moins les traits les plus saillants.

Joseph-Esprit d'Inguimbert naquit à Carpentras, le 26 août 1683, du mariage d'Esprit-Joseph d'Inguimbert et d'Anne de la Plane. Par son père, il descendait d'une antique race, dont les rameaux nombreux s'étaient illustrés dans la magistrature et sur les champs de bataille. La famille de sa mère, fixée depuis quatre siècles à Carpentras, avait fourni déjà vingt-quatre membres au corps consulaire.

Après avoir passé à Pernes les années les plus tendres de sa jeunesse, il vint à Carpentras continuer ses études au collège des Jésuites, où il obtint de brillants succès.

Il avait quinze ans à peine lorsqu'il demanda à ses parents de consentir à ce qu'il entrât dans l'ordre des Frères Prêcheurs, et, sur leur agrément, il prit, en 1698, la blanche livrée des fils de saint Dominique.

Après son noviciat, il fut attaché au couvent d'Aix-en-Provence pour y étudier, et ensuite pour enseigner lui-même la philosophie et la théologie. Ses supérieurs n'hésitèrent pas à l'envoyer passer quelques années à Paris pour lui permettre de fréquenter les riches bibliothèques et de terminer ses études. Il y contracta des amitiés solides avec les savants de l'époque, Rollin, Fleury, les PP. Hardouin, Tournemine, Berthier et Mabillon.

Nouveau Dict. Hist., par Chaudon, au mot Inguimberti ; Oraison funèbre, par le P. Magy ; *Éloge*, par Maxime de Seguins-Pazzis ; Cottier, *Les Recteurs du Comtat ; Hist. de Mgr d'Inguimbert*, par l'abbé Ricard ; *Dict. de Vaucluse*, de Barjavel, etc., etc.

D'une nature ardente et généreuse, le jeune dominicain eut un moment la pensée d'aller dans la mission d'Amérique se consacrer à l'évangélisation des infidèles, mais il fit une maladie sérieuse qui l'obligea à renoncer à la vie apostolique.

Il dut recevoir la prêtrise des mains du cardinal de Noailles le 3 mars 1708.

Il vint alors passer deux ans dans sa famille, et se disposait à se rendre à Paris pour continuer encore ses études de théologie, lorsque des affaires pressantes l'appelèrent à Rome. Il y demeura six mois, et tandis qu'il rentrait à Carpentras pour aller ensuite à Paris, il s'arrêta quelques jours à Florence, où il assista à une thèse de physique publiquement soutenue en présence de Côme III, grand-duc de Toscane. Il demanda la permission de donner son avis personnel, et il parla avec une telle élégance que le grand-duc lui conféra spontanément, le 12 décembre 1711, une chaire de théologie à la célèbre Université de Pise. Il y enseigna pendant deux ans et demi.

Mais la réputation qu'il ne tarda pas à se faire dans toute l'Italie n'allait pas à son goût de la solitude et à sa piété austère. Trouvant même que la règle de saint Dominique ne le séparait pas assez du monde, il sollicita et obtint de Benoît XIII l'autorisation d'embrasser la règle plus austère de la Trappe à l'abbaye de Notre-Dame de Buonsolazzo, qui se trouvait à quelques lieues de Florence.

Il y prononça ses vœux solennels, le 2 août 1715, sous le nom de frère Malachie, qu'il ne devait plus quitter.

Deux ans après sa profession, il publia son premier ouvrage : *Massime sante, tradotte del francese.*

Le P. Malachie était à Buonsolazzo depuis trois ans à peine, lorsqu'il fut choisi avec quelques-uns de ses frères pour aller introduire la réforme dans l'abbaye de Casamarí, sur les frontières du royaume de Naples. C'est dans cette solitude qu'il composa, en 1718, son *Traité du schisme* et sa *Vie de l'abbé de Rancé* (1).

Il quitta peu après Casamari pour se rendre à Rome auprès du cardinal Albani, qui lui confia un ouvrage considérable pour la défense des vérités religieuses. Son *Specimen catholicæ veritatis* parut à Pistoie, en 1722, et lui valut les éloges de nombreux cardinaux et de ses savants contemporains.

Après avoir professé quelques mois la théologie au Lycée de Florence en 1720, l'évêque de Pistoie lui confia, le 1er mars 1721, la direction de son séminaire, où toute la noblesse de Toscane s'empressa d'envoyer ses enfants.

Au commencement de l'année 1723, le cardinal Albani rappela dom Malachie auprès de lui et le chargea d'écrire la vie du pape Clément XI, son oncle. Des jaloux le desservirent auprès du cardinal, qui lui donna l'ordre de quitter Rome sans retard et de rentrer à la Trappe.

Le P. Malachie était prêt à se soumettre sans murmurer, mais il crut de sa dignité de se justifier auprès

(1) Le cadre restreint que je me suis imposé ne me permet pas d'énumérer tous les nombreux et savants ouvrages de notre éminent prélat. On en trouvera la liste complète dans le Dict. du Dr Barjavel, et dans ses autres biographes.

du cardinal, et même auprès du pape Benoît XII.

La loyauté de l'humble moine ne tarda pas à triompher des préventions qu'on avait conçues contre lui. Le pape le retint à Rome, lui donna le prieuré de Flassans et plus tard celui de Buisson; plusieurs grands personnages, parmi lesquels la princesse de Piombino, s'intéressèrent à lui, et le cardinal Corsini, après l'avoir nommé son théologien, le prit pour son bibliothécaire.

A la mort de Benoît XIII, le cardinal Corsini fut élevé au souverain pontificat, sous le nom de Clément XII. Dom Malachie put désormais attendre avec confiance l'avenir qui s'ouvrait devant lui.

Le nouveau pape, en effet, se hâta de rendre justice à ses mérites et de le combler de faveurs. Après l'avoir nommé consulteur du St-Office, prélat de sa maison, assistant au trône pontifical et abbé de Cîteaux, il lui conféra, le 16 des calendes de janvier 1731, l'archevêché de Théodosie, *in partibus infidelium*, vacant par la nomination au siège de Bologne du cardinal Lambertini, qui fut élevé, quelques années plus tard, sur le trône pontifical, sous le nom immortel de Benoît XIV.

Le grand-maître de Malte lui-même se hâta de lui faire remettre, par son ambassadeur, la croix de son ordre.

Arrivé ainsi, après une vie laborieuse et pleine de tribulations, au faîte des honneurs, il eut pu prétendre à la pourpre romaine, mais il s'y refusa, et, désireux de trouver une vie plus modeste, il préféra accepter l'évêché de Carpentras, quand il devint vacant par la mort de Monseigneur Abbati.

Clément XII, en le nommant à Carpentras le 23 mai 1735, le vit à regret s'éloigner de Rome.

Le 23 juin suivant, Monseigneur d'Inguimbert fit son entrée solennelle dans sa ville épiscopale. Complimenté par le vicaire capitulaire, par Monseigneur Cervini, recteur du Vénaissin, et par l'avocat Poyol, premier consul de la ville, il fut acclamé par la population accourue au devant de lui, fière et heureuse de voir un compatriote illustre venir s'asseoir sur le siège épiscopal.

Dès lors commence pour Monseigneur d'Inguimbert une vie nouvelle. Jusques là il avait travaillé presque exclusivement au développement de ses connaissances et à la publication de ses nombreux et savants ouvrages ; mais du jour où il sentit peser sur ses épaules la charge épiscopale, il abandonna pour toujours ses travaux d'érudition, et il renonça même à correspondre avec les illustrations de son temps, pour se donner entièrement et sans partage au troupeau qui lui était confié.

D'une austérité toute monacale, il était, d'après son grand-vicaire, le *premier levé de tout son diocèse*, et passait la plus grande partie de ses journées à travailler dans une étroite et pauvre cellule qu'il s'était choisie sous les combles de son palais, ou bien encore à prier dans la tribune de la cathédrale qui communiquait avec sa cellule. La dignité épiscopale ne lui fit pas abandonner un seul jour la règle rigoureuse de la Trappe qu'il avait embrassée.

Le 4 mars 1736, il érigea canoniquement la communauté de la Sainte-Famille, fondée à Caromb par le P. Étienne Viste de la Compagnie de Jésus et approuvée déjà par Monseigneur Abbati. Il donna à ces saintes filles l'habit et les règles des religieuses hospitalières, avec la sœur Marie-Blandine du Barroux pour supérieure, et c'est à cette communauté que Monseigneur

Vignoli s'adressa plus tard, lorsque fut terminé le magnifique hôpital, dont nous allons raconter la fondation.

Un des caractères distinctifs de l'épiscopat de Monseigneur d'Inguimbert fut l'exquise charité avec laquelle il aimait à soulager les malheureux. Après avoir fondé, en 1736, l'œuvre de la Miséricorde, il donna une somme de trois mille livres, en 1741, pour permettre aux familles pauvres de son diocèse de retirer gratuitement le linge qu'elles avaient dû engager au Mont-de-Piété pour se procurer des secours.

Provisoirement chargé de la rectorie, le 3 avril 1745, en attendant que le Saint-Siège eût donné un successeur à Alexandre Guiccioli, nommé évêque de Rimini, Monseigneur d'Inguimbert autorisa l'établissement des Récollets, que le conseil de ville avait acceptés, le 20 du même mois d'avril, à la condition qu'ils ne pourraient jamais avoir de couvent dans l'enceinte même de la ville. L'évêque voulant tout concilier, leur donna la maison de la Sainte-Famille, sur la route de Pernes, dont la chapelle avait été restaurée quelques années auparavant par le chanoine Paul d'Andrée. Les Récollets l'habitèrent jusqu'en 1773, époque à laquelle ils l'abandonnèrent.

Charitable à l'excès, Monseigneur d'Inguimbert avait conservé pour l'étude une véritable passion. Dès lors il résolut de poursuivre deux généreux projets : la fondation d'une bibliothèque publique et la construction d'un magnifique hôpital.

Il avait déjà apporté de Rome un grand nombre de livres choisis, qu'il destinait à former le noyau d'une bibliothèque, et il ne manquait jamais l'occasion d'en acquérir de nouveaux.

Il apprend un jour que M. de Thomassin de Mazaugues venait de mourir et que sa précieuse bibliothèque de 16.000 volumes était en vente. Il part aussitôt pour Aix et en conclut secrètement l'acquisition au prix de quarante mille livres. Sachant que le parlement de Provence désirait lui-même conserver pour la ville d'Aix ce riche dépôt, il se hâta de faire emballer les livres et de les expédier à Carpentras. Douze charrettes furent chargées à cet effet. Lorsque le parlement apprit que la vente en était consommée, il envoya des gens pour arrêter les charrettes, pensant quelles étaient encore en terre de Provence; mais déjà elles venaient de traverser la Durance et se trouvaient en terre pontificale, à l'abri des réclamations du parlement.

Monseigneur d'Inguimbert acheta alors l'hôtel de de Grandis pour y installer la bibliothèque, qu'il enrichit encore des manuscrits de Peyresc, d'un médailler considérable et de manuscrits précieux, et qu'il dota d'une somme de soixante mille livres pour en assurer l'existence à l'avenir.

Le pape Benoît XIV confirma la fondation de la bibliothèque publique de Carpentras par sa bulle du 27 janvier 1746.

Le 24 septembre 1747, Monseigneur d'Inguimbert présidait une cérémonie touchante. A peu de distance du bourg de St-Didier, messire Alexandre Martin, curé du lieu, avait jeté les bases d'une maison de prière et de travail, où deux ecclésiastiques des plus respectables du Comtat, MM. Laurent-Dominique Bertet et Joseph-François de Salvador, fondèrent la congrégation des Missionnaires de Notre-Dame de Ste-Garde. L'évêque, qui avait applaudi à cette fondation, venait consacrer, ce jour-là, l'église brillante de jeunesse et de lumières, au milieu d'un concours considérable de prêtres et de fidèles.

Le berceau de la congrégation de Ste-Garde est aujourd'hui devenu petit séminaire diocésain ; mais l'œuvre de MM. Bertet et de Salvador, formellement approuvée par Benoît XIV lui-même, après s'être conservée jusqu'à la Révolution, a été reprise en 1851, par quelques prêtres aussi dévoués que pieux et instruits. Elle se voue comme autrefois à l'évangélisation des villes et des campagnes, et elle a envoyé dans plusieurs diocèses des colonies d'ouvriers apostoliques qui continuent avec fruit le ministère que leurs pères avaient exercé sous l'autorité de Monseigneur d'Inguimbert.

Le 3 novembre 1747, l'évêque de Carpentras donna la somme de 5,000 livres pour l'agrandissement de la chapelle de N.-D. de Santé, dont le conseil de ville avait voté l'urgence le 23 mars 1732.

Nous avons déjà dit qu'après avoir élevé dans sa ville épiscopale une bibliothèque, dont la réputation est aujourd'hui européenne, l'éminent prélat voulut, à côté de l'élément intellectuel qui relève l'âme, élever encore un monument destiné au soulagement des déshérités de ce monde.

En voyant aujourd'hui ce superbe Hôtel-Dieu, qui, par ses proportions grandioses et la pureté de ses lignes, rappelle les monuments de Rome, on ne peut qu'admirer les prodiges que peut seule opérer la charité inspirée par la foi.

M. d'Allemand, parent de l'évêque et architecte en renom, dressa le plan monumental que nous connaissons et dont l'exécution fut confiée, au prix de 35,000 livres, aux entrepreneurs Lambertin et Jourdan.

Nous aimons à croire que la fureur de laïcisation, qui trône en maîtresse dans les conseils de la France, saura s'arrêter à la porte de la charitable demeure, car elle n'arriverait pas à faire oublier les prodiges de la charité chrétienne, en présence des lâches apostasies de ce temps.

Monseigneur d'Inguimbert entreprit, le 1er septembre 1750, malgré son âge, le long et pénible voyage de Rome. Benoît XIV l'accueillit avec tous les égards possibles et fit de grandes instances pour le retenir quelques mois auprès de lui. L'évêque prétexta des œuvres qui l'attendaient dans son diocèse pour rentrer au plus tôt à Carpentras, où il arriva le 30 octobre.

Pendant son absence, le 18 septembre, le chanoine d'Allemand bénit en son nom la première pierre de l'hôpital en présence du recteur du Comtat et des consuls de la ville, et, après dix ans de laborieux efforts, les malades y furent solennellement transférés, le 6 septembre 1761 (1).

Monseigneur d'Inguimbert agrandit encore le château de St-Félix, dans le but d'y réunir, chaque année, les prêtres de son diocèse pour une retraite de huit jours.

Il serait trop long d'énumérer toutes les largesses du charitable évêque : la maison de la Charité, la chapelle des Pénitents noirs, et toutes les œuvres et chapelles de la ville et du diocèse trouvèrent en lui un bienfaiteur. Ses libéralités se firent même sentir au dehors,

(1) Les frais de cette translation s'élevèrent à 83 livres 12 sols. (Archives municipales, C. C., 544).

car il donna, sous le règne de Frédéric II, une somme de six mille livres pour l'érection d'une église catholique au centre de Berlin.

La cathédrale fut plus particulièrement l'objet de ses largesses. Après avoir donné la balustrade du chœur, le lutrin, des livres de chant magnifiques, plusieurs calices précieux et des ornements tissés d'or, il voulut encore l'enrichir, le 29 octobre 1756, de six chandeliers de quatre pieds de haut avec leur croix et quatre reliquaires en argent d'une rare beauté, ciselés et portant les images des saints protecteurs de la ville. Ce beau travail fut confié à Martin Boucthay, belge d'origine, et fixé depuis quelques années à Carpentras, où il a laissé le souvenir d'un grand artiste. Il fut évalué à la somme de 18,500 livres, et échangé, en 1792, contre du blé avec des Gênois ; on suppose qu'il appartient aujourd'hui à la cathédrale de Gênes.

Déjà le 8 mars 1755 l'illustre évêque avait fait son testament, où personne ne fut oublié. Après avoir nommé les divers couvents de la ville, les établissements charitables, ses parents, sa cathédrale, ses aumôniers, ses exécuteurs testamentaires et jusqu'à ses domestiques, il instituait l'hôpital pour son héritier universel.

Il restait encore à Monseigneur d'Inguimbert une grande œuvre à accomplir. Le 31 août 1756, il inaugura un synode diocésain où furent traitées toutes les questions relatives à l'intégrité de la foi, à la sainteté des mœurs, et à la discipline ecclésiastique.

Le curé de Caromb, Ambroise Gaudibert, docteur en théologie, prononça le discours d'ouverture, après lequel furent nommés les promoteurs et autres officiers du synode.

Les statuts synodaux rédigés à la suite des délibérations prises en assemblées générales restent aujourd'hui encore comme un modèle achevé d'un corps complet de discipline ecclésiastique. Rien ne manque à ce recueil, écrit dans ce beau latin dont on n'avait pas encore perdu le secret et où la prévoyance la plus sage le dispute à la plus sévère orthodoxie.

Le jour de la promulgation des décrets du synode, ce fut une fête des plus émouvantes que l'on pût voir. La lecture en fut faite solennellement par messires Antoine Chabaud et Élzéar de Raoulx, docteurs en théologie, en présence de très illustres seigneurs Jean-Louis d'Astouaud de Murs, bailli et commandeur de Malte, et Paul-Marie-Pierre-Antoine de Thézan-Venasque, chevalier du même ordre, témoins du synode.

L'assistance était nombreuse et recueillie, et c'était touchant de voir le vieil évêque, accablé d'infirmités et courbé sous le poids des ans, venir présider lui-même cette solennité, porté par ses familiers, au milieu des acclamations de son clergé et de son peuple.

Cette cérémonie fut l'une des dernières que put présider l'éminent prélat. Menacé d'apoplexie, il se sentit frappé à mort, et dès lors il ne songea plus qu'à se préparer à sa fin prochaine comme il convient à un austère religieux et à un saint évêque. Conservant jusqu'à la fin la plénitude de ses facultés, il apprit sans défaillance que sa dernière heure était proche. Quelques larmes toutefois trahirent un moment d'émotion, mais il se recueillit bien vite pour donner à Dieu, dans toute la sérénité de son âme, son dernier soupir. C'était le mardi 6 septembre 1757, à deux heures de l'après-midi.

Le lendemain de sa mort, son corps fut exposé dans

une des salles du palais, et le surlendemain on le porta dans la cathédrale, où il demeura exposé jusqu'au vendredi soir.

Après l'oraison funèbre, prononcée par le P. Marçois, recteur du collège des Jésuites, le corps du prélat fut provisoirement déposé dans le caveau des évêques jusqu'au 5 septembre 1764, où il fut transféré à l'hôpital, qui venait d'être terminé, et dans un superbe mausolée en marbre blanc où figure son buste, ayant à ses côtés les statues de la Charité et de la Science, avec l'épitaphe suivante :

D. O. M.

HIC QUIESCIT
D. MALACH. D'INGUIMBERT,
EPISCOPUS CARPENTORACTIS,
PATRIÆ DECUS ET PATER,
QUI
BIBLIOTHECAM MAGNIFICENTISS.
DE SUO CONSTRUCTAM
PUBLICE PATERE
VOLUIT,
EGENISQ. ÆGROTANTIBUS
QUOS ETIAM FECIT HEREDES
HOCCE NOSOCOMIUM
EREXIT.
OBIIT VIII ID. SEPTEMB. AN. MDCCLVII,
ÆTATIS LXXV. EPATUS XXIII.

La reconnaissance publique lui a élevé, en 1858, une belle statue en bronze sur la place même de l'Hôpital.

Armes : *D'azur à quatre colonnes d'or.*

Sceau de Monseigneur d'Inguimbert.

XCVI

JOSEPH DE VIGNOLI

(1758)

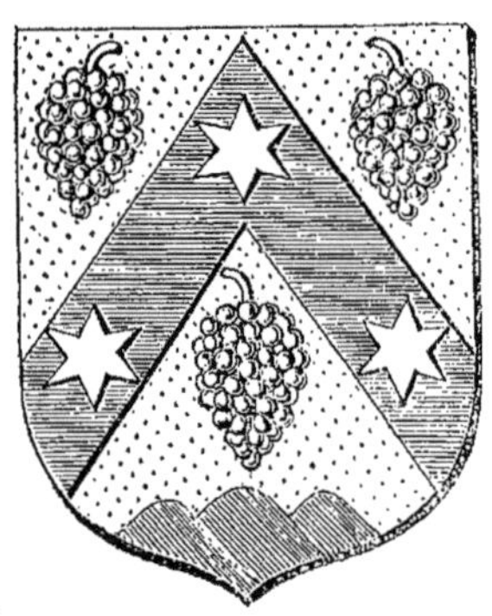

Monseigneur Joseph de Vignoli, né à Camérino, en 1710, était déjà évêque de San-Severino, lorsqu'il fut transféré, le 12 décembre 1757, à l'évêché de Carpentras.

Après avoir pris possession de son siège par procureur le 4 janvier 1758, il écrivit, le 17 décembre suivant, une lettre au clergé et aux fidèles de son diocèse pour leur annoncer sa prochaine arrivée parmi eux.

Il arriva effectivement à Carpentras le 14 avril 1759, mais il dut renvoyer au 28 juin la cérémonie de son entrée solennelle, à cause du retard que mirent ses équipages à lui parvenir.

Vers les quatre heures de l'après-midi, il se rendit à l'Hôpital en carrosse, accompagné de M. l'avocat de Sibour et de M. l'abbé de St-Véran, et suivi d'un second carrosse où prirent place un de ses aumôniers avec

MM. Devillario, père et fils, secrétaire et chancelier de la cour épiscopale.

La place de l'Hôpital était occupée déjà par quatre compagnies de fantassins sous les armes, de cinquante hommes chacune, commandées par le capitaine Fabre, et par une brigade de la maréchaussée sous les ordres de M. Martin.

Après quelques instants de repos dans une des salles de l'hôpital, Monseigneur remonta en carrosse pour en redescendre à la porte de Notre-Dame, où l'attendaient le chapitre et le clergé de la ville. Monseigneur revêtit alors ses habits de chœur, fit une courte prière, baisa la croix qui lui fut présentée par M. d'Aurel, prévôt du chapitre, et bénit la foule.

Les consuls de la ville, MM. Valoris, de Chaussande et Fortunet, s'approchèrent alors de lui, revêtus de leurs chaperons, et accompagnés de tout le corps de ville, et lui souhaitèrent la bienvenue.

Le cortège se rendit ensuite dans l'église des Frères Prêcheurs, admirablement illuminée, et où avaient pris place Monseigneur Charles Manzoni, patrice de Lugo, recteur du comté Vénaissin ; Jean-Joseph-François Proyet, vice-recteur ; MM. Floret, juge des premières appellations ; Pons, juge de la cour majeure ; de Sibour, avocat et procureur général de Sa Sainteté ; tout le corps de MM. les docteurs et avocats ; une grande partie de la noblesse, de la bourgeoisie et des notables de la ville.

Après avoir prié au pied du maître-autel, le prélat monta sur son trône, où MM. du Laurens d'Oiselay, archidiacre, de Curty, sacristain, et de Sobirats, théologal, le revêtirent de ses ornements pontificaux.

La procession se mit alors en marche au chant de

l'antienne *Sacerdos et pontifex*. Le pontife prit place sous un dais de soie blanche porté par les nouveaux consuls à droite et à gauche par les anciens consuls, MM. de St-Bonnet, de Valladier de la Beaumette et Bouchony. Autour du dais, les cavaliers de la maréchaussée, baïonnette au canon, le recteur, les magistrats et le conseil de ville, suivaient au son des trompettes, tambours et fifres. Les rues étaient pavoisées et le cortège escorté par les fantassins, qui formaient la haie jusqu'à la porte de la cathédrale.

Sur le seuil de l'église le prévôt du chapitre offrit à l'évêque l'eau bénite et l'encens et entonna le *Te Deum*, tandis que le cortège entrait dans la cathédrale au son majestueux de l'orgue.

Après avoir adoré le St-Sacrement, Monseigneur monta sur son trône, où il reçut l'obédience de tout son clergé.

Après la cérémonie, les autorités accompagnèrent l'évêque au palais épiscopal, au bruit de deux décharges de mousqueterie.

Pareille solennité n'avait pas eu lieu à Carpentras depuis l'entrée de Monseigneur Bardi, en 1616 ; aussi n'ai-je pas résisté au plaisir de la raconter dans toute sa pompe naïve et ses pittoresques détails (1).

Dès son arrivée, le premier soin du nouvel évêque fut de s'enquérir de tout ce qui pouvait intéresser la bonne administration de son diocèse et de continuer les

(1) La ville dépensa une somme de 222 livres à cette occasion (Archives municipales C. C. 536).

Le 11 février 1760, Monseigneur de Vignoli fit faire l'inventaire de tous les objets qu'il avait apportés d'Italie par l'auditeur général de la légation et en présence des officiers de la Chambre apostolique, pour les soustraire au droit de dépouille de son église.

œuvres que la mort ne permit pas à Monseigneur d'Inguimbert d'achever. Sa grande préoccupation fut dès lors de faire revivre la glorieuse mémoire de son illustre prédécesseur dans la ville épiscopale si pleine encore de son souvenir. Ce fut lui qui eut la consolation de présider aux derniers travaux d'aménagement de l'hôpital et d'y transférer solennellement les pauvres malades, le 6 septembre 1761. Dès l'année suivante, il confia le soin du somptueux établissement au zèle des religieuses hospitalières établies à Caromb par Monseigneur d'Inguimbert le 4 mars 1736.

Le 11 septembre 1762, l'évêque, de concert avec l'autorité municipale, régularisa l'administration temporelle de l'hôpital. Il nomma aux fonctions de recteurs trois ecclésiastiques de son choix : Joseph-Louis de Sobirats, théologal du chapitre, Louis Cabridel, chanoine de la collégiale de Notre-Dame du Bourg, et Jérôme Guyon, bénéficier de la cathédrale, tandis que le conseil de ville désigna pour les mêmes fonctions MM. de Sibour, Bouteille, Tissot, de Mathey, Barcilon, Olivier, de Guillaumont, Floret et Grimaud.

Monseigneur de Vignoli ne se contenta pas de donner à l'œuvre de son prédécesseur une organisation définitive, il voulut concourir lui-même à son amélioration. Il donna, à cet effet, une somme de 3,000 livres, dont le revenu servit à augmenter le traitement des médecins, pour qu'ils fissent aux pauvres malades deux visites journalières.

Son épiscopat fut encore marqué par une nouvelle occupation des États pontificaux de France. Le pape crut devoir s'opposer à une ordonnance du duc de Parme au sujet de la réforme de quelques monastères de son duché, et signa, le 30 janvier 1768, un bref d'annulation.

Louis XV prit fait et cause pour le jeune duc, son petit-fils, et s'empara une fois encore, le 1er juin suivant, d'Avignon et du Vénaissin, dont il donna le commandement au marquis de Rochechouart.

Un officier de dragons vint ordonner au recteur, Charles Manzoni, de sortir sans délai du Comtat, et l'occupation était un fait accompli.

En conséquence de l'annexion, les Jésuites, dont le roi venait d'ordonner la suppression, durent abandonner la direction du collège, qui leur avait été confiée en 1607 par Monseigneur Capponi, et le conseil de ville nomma aux fonctions de directeur de l'établissement un homme d'un grand mérite, M. l'abbé Ducros, qui avait dirigé jusque là le collège de Beaujeu. L'ouverture du collège eut lieu le 23 décembre, sur les 11 heures du matin, en présence du marquis de Ripert de Monclar, procureur général au parlement de Provence, et des consuls en chaperon.

La situation de l'évêque, au milieu des difficultés diplomatiques que souleva l'occupation, dut être extrêmement délicate et difficile. Pour se soustraire à tous les ennuis qui en furent la cause, il alla à Rome en 1772 et y demeura jusqu'en 1775.

Dans l'intervalle, la paix fut rétablie entre la cour de Rome et celle de Versailles, et Louis XV rendit, le 10 avril 1774, au pape Clément XIV ses États de France.

Monseigneur de Vignoli avait été très affecté par les derniers évènements, et il se démit de l'évêché de Carpentras entre les mains du pape, qui le transféra au siège de Forli.

Il voulut annoncer lui-même cette grave nouvelle à son vicaire-général, et lui écrivit, à cet effet, le 10 mai

1775. Le clergé et le chapitre tentèrent de l'en dissuader et s'adressèrent au cardinal Pallavicini, ministre d'État, pour lui exprimer leurs regrets. Le cardinal leur répondit le 14 juin et le 2 août suivant, et le pape leur adressa lui-même un bref pour leur annoncer la nomination prochaine d'un nouveau prélat.

Le 1er juillet précédent, des prières avaient été ordonnées dans tout le diocèse pour demander à Dieu un digne successeur à Monseigneur Vignoli.

Celui-ci conserva toujours sur le siège de Forli un souvenir fidèle pour son ancienne ville épiscopale de Carpentras, et il sut le lui prouver dans bien des circonstances.

Le 28 mai 1778 il fit encore donation à l'hôpital d'Inguimbert d'une maison à Carpentras, rue du Dauphin, et de deux capitaux de quinze cents livres.

Il mourut à Forli en l'année 1785.

Armes : *D'or au chevron d'azur chargé de trois étoiles à six rayons d'argent, 1 et 2, accompagné de trois raisins au naturel, 2 et 1, et d'une montagne de trois copeaux de sinople en pointe.*

Sceau de Monseigneur Vignoli.

XCVII

JOSEPH DE BÉNI

(1776)

Joseph de Béni, naquit à Gubbio, dans le duché d'Urbin, en l'année 1729, de la famille patricienne des comtes de Castiglioni-Aldobrandi. Il était auditeur de la nonciature à Ferrare, lorsque le pape Pie VI le nomma le 29 septembre 1776 pour succéder à Mgr Vignoli.

Il réorganisa, en 1779, l'œuvre de la Miséricorde fondée en 1736 par Mgr d'Inguimbert, et fit un mandement à cet effet par lequel il ordonna que le bureau de l'œuvre serait composé désormais de quinze membres : un chanoine, deux curés, six dames et six demoiselles ; que l'on donnerait des secours aux pauvres honteux aussi bien qu'aux convalescents sortant de l'hôpital, et qu'un secret inviolable serait gardé sur les familles honteuses secourues par ses soins.

Il voulut encore laisser à sa cathédrale un monument de sa généreuse largesse, et fit faire à ses frais la belle chaire de St-Siffrein qui existe encore, ainsi que les placages en marbre de la chapelle des âmes du Purgatoire.

Son épiscopat s'écoula dans des temps difficiles. Les idées nouvelles commençaient à agiter et à troubler les masses, et déjà on pouvait prévoir les ruines que la Révolution allait accumuler sur notre malheureux pays.

Mais en présence des difficultés des temps, Mgr de Béni n'eut pas un instant d'hésitation pour accomplir son devoir.

Tandis qu'il apporta, dans la règle des religieuses de l'abbaye de St-Bernard, des réformes devenues nécessaires, il obtint le 9 août 1780 un bref pontifical qui diminuait les droits et le contrôle que la ville exerçait sur le collège.

Enfin il obtint une bulle du pape prononçant la sécularisation des chanoines de Notre-Dame-du-Grès.

Ces réformes lui valurent une opposition acharnée de la part des Bernardines et de la ville, lorsqu'il fut appelé à remplir momentanément la charge importante de recteur du Vénaissin. On put croire un instant que son administration serait une source de conflits, mais il y apporta un tel esprit de modération qu'on l'a accusé de s'être trop livré jusque-là aux inspirations du comte Zollio, qu'il venait de remplacer à la rectorie.

Son administration fut si paternelle pendant les deux années qu'il eut à exercer sa nouvelle charge, qu'un historien contemporain a pu dire que jamais les États pontificaux n'avaient été soumis à un gouvernement plus doux et plus paisible (1).

On a de lui un règlement relatif au bon ordre des prisons de Carpentras et aux fournitures que la confrérie des Pénitents noirs était dans l'usage de faire aux prisonniers.

Il eut encore, pendant son rectorat, à lutter contre le tribunal criminel qui siègeait à Avignon et qui reprochait aux officiers de la rectorie de commettre des irrégularités graves dans les pièces de procédure. Aussi fut-il heureux d'apprendre que le pape venait, le 10 mars 1787, de lui donner pour successeur dans cette charge Mgr Christophe Pieracchi, alors internonce à la cour de Versailles, et de voir ainsi la fin de tous ses désagréments administratifs.

L'hiver de 1789 fut extrêmement rigoureux et devint un nouveau prétexte d'agitation. En vain Pie VI fit-il acheter du blé dans toute l'Italie pour venir au secours d'Avignon et du Comtat en proie à la plus grande misère ; l'œuvre des sociétés secrètes cheminait dans l'ombre, et, sous le fallacieux prétexte de demander la réunion des États du pape à la France, les novateurs poursuivaient le pillage et le renversement de l'ordre social.

Le 3 septembre 1789, l'émeute gronda pour la première fois à Avignon. L'attitude énergique, du Vice-légat, Mgr Casoni, sembla déconcerter un instant les meneurs ; mais cette accalmie fut de courte durée.

De leur côté, le recteur Pierracchi et le vice-recteur Ignace Nicolas de Barcilon luttaient au poste périlleux qui leur avait été confié pour le triomphe de l'ordre et

(1) Cottier, *Les Recteurs...*, pag. 415.

de la saine liberté. Aussi Carpentras fut-il bientôt dénoncé aux vengeances des forcenés comme le repaire de l'aristocratie.

L'archevêque d'Avignon, Mgr Giovio, le Vice-légat, Mgr Casoni et Jean Celestini, délégué spécial du St-Siège pour pacifier les esprits, étaient venus, en effet, se réfugier dans notre ville, restée fidèle jusque-là au Souverain Pontife, son maître.

Les révolutionnaires avignonais prirent dès lors le parti de punir la ville et de la convertir par les armes aux principes nouveaux. Mais les Carpentrassiens fidèles jurèrent de défendre, à l'abri de leurs remparts, l'intégrité de leur foi et la liberté de leurs demeures, et repoussèrent les bandes de Jourdan Coupe-tête.

Cependant le parti de l'annexion gagnait chaque jour du terrain et toute l'éloquence de Maury, qui défendait pied à pied à l'Assemblée nationale les droits du St-Siège, ne put prévenir la réunion de notre pays à la France.

Le pape protesta solennellement auprès de toutes les cours de l'Europe contre le décret de l'Assemblée nationale, du 14 septembre 1791, qui avait prononcé l'annexion, au mépris de tous ses droits.

Déjà Mgr de Béni avait adressé, le 17 mars précédent, à tout le clergé de son diocèse une courageuse lettre dans laquelle il flétrit la constitution civile du clergé de France, que l'on voulait imposer aussi au clergé des États pontificaux. C'est là une des pages les plus tristes de notre histoire religieuse que la lutte engagée par le pouvoir séculier pour bâillonner la liberté de l'Église et soumettre les consciences de force. Mais il faut le reconnaître à la gloire du clergé persécuté : à part quelques défaillances regrettables, les courageux pasteurs, animés par l'exemple de leurs évêques, résistèrent à l'orage et préférèrent pour la plupart perdre leur repos et leurs biens plutôt que de trahir par une lâche apostasie, la religion, dont ils étaient les ministres.

« Qu'aucune crainte humaine, — leur disait Mgr de « Beni, dans cette admirable lettre, digne des âges hé- « roïques, — ne vous fasse trahir la vérité. Loin de nous « cette sagesse de la chair, réprouvée par l'Evangile, « qui cherche à s'accommoder aux circonstances et sa- « crifie lâchement ses devoirs. Montrons, s'il le faut, « qu'un évêque, qu'un prêtre ne craint que le péché, et « que si, dans ces temps de calamité, l'Eglise a des enfants « rebelles qui la persécutent, elle a aussi des ministres « courageux qui la défendent. »

Cependant le parti de la violence prenait le dessus à Avignon et à Carpentras ; l'heure du deuil et de la persécution sanglante avait sonné pour l'Église, pour ses ministres et pour ses fidèles enfants. Mgr de Beni, cédant à son tour devant l'orage qu'il était désormais impuissant à conjurer, quitta Carpentras le 3 mai 1792 : il se rendit à Aix et de là à Pesaro, dans les États pontificaux, dont le pape Pie VI lui confia l'administration provisoire.

Je n'ai pas à raconter l'histoire de l'Église de Carpentras aux heures néfastes de la Révolution. Qu'il me suffise de dire que M. l'abbé Roux, prêtre de St-Sulpice, ancien supérieur du Séminaire d'Avignon, administrateur apostolique des diocèses d'Avignon et de Cavaillon, fut également chargé par Pie VI de l'administration du diocèse de Carpentras pendant ces années de troubles et d'angoisses, et que, grâce à sa prudence et à sa fermeté, quelques prêtres courageux et fidèles purent continuer à travailler au salut des âmes, au péril de leur propre vie, jusqu'au retour de l'ordre et de la paix.

Quand se leva sur le monde l'aurore du dix-neuvième siècle, l'Eglise de Carpentras avait disparu dans la tourmente : le concordat de 1801 supprimait le diocèse de Carpentras pour en réunir le territoire au diocèse d'Avignon, réduit momentanément au rang de simple évêché. Mgr de Beni fut alors transféré au siège de Pesaro qu'i administrait déjà et où il mourut le 12 janvier 1806.

Armes : d'*argent à la bande d'azur chargée de quatre losanges, deux d'argent, 1 et 3, deux d'or, 2 et 4, au chef d'or à l'aigle éployée de sable couronnée à l'antique de même.*

Sceau de Monseigneur de Beni.

APPENDICE

Me voici arrivé au terme que je m'étais assigné.

Le diocèse de Carpentras, un des plus petits de l'ancienne France ecclésiastique, comptait vingt-huit paroisses seulement (1) : Aurel, le Bausset, Bédoin, Blauvac, Carpentras, Caromb, Crillon, Flassans, Loriol, Malemort, Mazan, Méthamis, Modène, Monieux, Monteux, Mormoiron, Murs, Pernes, La Roque-Alric, La Roque-sur-Pernes, St-Didier, St-Jean-de-Durfort, St-Pierre-de-Vassols, Sault, Velleron, Venasque, Verdolier et Villes.

Supprimé par le concordat de 1802, notre diocèse fut réuni à celui d'Avignon. Dès lors, l'histoire de l'église de Carpentras n'a plus sa personnalité originale et se confond avec celle de son nouveau diocèse.

Mais les archevêques d'Avignon, heureux de garder fidèlement le souvenir de nos gloires passées, ont tenu à faire revivre le nom même de notre siège épiscopal. Le pape Pie IX, d'illustre mémoire, ayant, par son bref du 6 août 1877, autorisé le métropolitain à relever le titre glorieux d'évêque de Carpentras, trois pontifes déjà ont pu l'ajouter au titre archiépiscopal d'Avignon.

(1) Non compris Bezaure, Javon, Meiras, St-Jean-de-Vassols, St-Lambert et Serres.

Mgr Dubreil survécut peu à la faveur qu'il avait sollicitée lui-même du Saint-Siège.

Mgr Hasley, son successeur, occupe aujourd'hui, avec la distinction que nous lui connûmes, le magnifique siège de Cambrai.

Le diocèse d'Avignon a le bonheur de posséder le troisième, Mgr Vigne, et il espère que son épiscopat si paternel se prolongera pendant de longues années.

Sous la houlette de nos archevêques, sans oublier les grandeurs de notre siège épiscopal disparu, qui a compté tant de saints et d'éminents prélats, nous restons fiers de nos nouveaux maîtres qui font revivre avec tant d'éclat les vertus et les talents de leurs devanciers.

On me permettra d'évoquer, une fois encore, en terminant ces pages, le souvenir du pontife que la cathédrale de St-Siffrein donnait, il y a dix ans, au siège épiscopal de Fréjus.

On n'a point oublié à Carpentras l'impression que produisirent les débuts du jeune vicaire de St-Siffrein en 1847 et les succès que l'archiprêtre devait y recueillir vingt ans plus tard. Nommé à l'évêché de Fréjus par décret du 17 mars 1876, préconisé le 7 avril suivant, Mgr de Terris fut sacré dans notre belle cathédrale, le 29 juin, par Mgr Dubreil, archevêque d'Avignon, assisté de Mgr Meirieu, évêque de Digne, et de Mgr de Cabrières, évêque de Montpellier, en présence de Mgr Forcade, archevèque d'Aix, de NN. SS. les évêques d'Hébron, de Nîmes, de Valence et de Gap et des abbés mitrés de Lérins et de St-Michel de Frigolet.

Mgr Mermillod prononça le discours du sacre. La

vieille église de St-Siffrein avait retrouvé ce jour-là ses splendeurs oubliées.

Le lendemain, le nouveau prélat célébrait sa première messe épiscopale dans le sanctuaire de Notre-Dame de Santé.

Le surlendemain, il consacrait l'autel de la chapelle du Saint-Clou, élevée et décorée sous son inspiration pour recevoir les précieuses reliques de la cathédrale.

Pendant son trop court épiscopat, Mgr de Terris est revenu à plusieurs reprises dans sa chère paroisse de St-Siffrein, où il reçut toujours l'accueil le plus empressé.

Décédé en son palais épiscopal de Fréjus le 8 avril 1885, les paroissiens de St-Siffrein ont eu à cœur de faire célébrer, le 18 avril suivant, pour le repos de l'âme de leur ancien curé, un service solennel, auquel la ville entière voulut assister.

A l'issue de la messe, M. l'archiprêtre Illy, le digne successeur du défunt dans la cure de St-Siffrein, prononça, au milieu de l'émotion de toute l'assistance, un touchant éloge funèbre qui a été livré à l'impression.

Si l'église de Carpentras n'a plus l'honneur d'avoir son évêque, elle a eu du moins l'honneur de donner de nos jours un grand évêque à l'Église et à la France.

Ce m'est un devoir bien doux de remercier en terminant le si distingué Conservateur de la bibliothèque d'Inguimbert de l'utile et bienveillant concours qu'il a bien voulu me prêter. Je ne puis oublier non plus M. le marquis Edmond de Seguins-Vassieux, qui a mis à ma disposition les précieux documents recueillis par lui sur notre histoire locale, avec un désintéressement qui me confond, ainsi que M. Laugier, l'éminent numismate marseillais, qui a bien voulu dessiner les blasons qui ornent ce travail, et enfin M. Vabre dont l'habile burin les a si pien interprêtés. Ils ont droit les uns et les autres à toute ma reconnaissance, et je me plais à la leur témoigner tout entière.

TABLE

Pages

AVIGNON. — IMPRIMERIE SEGUIN FRÈRES

ERRATA

Page 74, ligne 15, *présidonce*, lisez *présidence*.
— ligne 22, *Boëce siégea vingt et six mois*, lisez *vingt ans et six mois*.
Page 84, ligne 15, *l'original sur papier*, lisez *sur parchemin*.
Page 108, ligne 29, *à cette effet*, lisez *à cet effet*.
Page 201, ligne 8, 1557, lisez 1577.
Page 228, ligne 17, *devait*, lisez *devrait*.

www.ingramcontent.com/pod-product-compliance
Ingram Content Group UK Ltd.
Pitfield, Milton Keynes, MK11 3LW, UK
UKHW021100220726
13924UKWH00005B/2177